JN015535

世界の中央銀行

アメリカ 連邦準備制度（FRS） の金融政策

第2版

専修大学 経済学部教授

田中 隆之 著

一般社団法人 金融財政事情研究会

　本書の初版が2014年8月に刊行されてから、まもなく10年が経過しようとしている。当時FRSは、08年の世界金融危機後に発動した非伝統的金融政策の「正常化」を進めていた。刊行2か月後の14年10月に、一連の大量資産購入の最後に位置するQE3（量的緩和政策第3弾）のテーパリング（購入額の漸減）が終了する、そのタイミングだった。

　正常化はその後、利上げ、保有資産の縮小と順調に進んだかにみえたが、19年の世界経済の減速を受けて頓挫し、さらに20年初からの新型コロナウイルス危機に直面して、FRSは再び大量資産購入を中心とする超金融緩和策に突入する。だが、21年春からの経済活動再開と、翌22年2月のロシアのウクライナ侵攻開始で、40年ぶりの高インフレが引き起こされたため、政策は住宅バブル時を上回る大幅利上げに転じ、いまその最終局面にある。

　このように、10年間で経済情勢は大きく変動し、金融政策スタンスは引締め・緩和を行き来した。この動きのなかで注目すべきは、政策の枠組みが、非伝統的金融政策からそれ以前の短期金利誘導型に戻ることなく、「新常態」に移行せざるをえない状況が明らかになったことだ。筆者は、この新たな枠組みを、「超過準備保有型」金融政策と呼ぶことにしている。

　第2版では、14年以降の実体経済と金融政策の追加的な展開を記述し、それに対する政策論的な考察を提示することを念頭に、全面的な改訂を行った。第5章、第6章、終章を増補し、

第7章（コロナ危機と「超過準備保有型」金融政策への転換）を新たに書き下ろしたのに加え、それ以前の章も適宜加筆、修正している。

　改訂にあたっては、一般社団法人金融財政事情研究会の谷川治生氏、池田知弘氏にお世話になった。

　引き続き、本書がFRSに関するビジネスマンや学生の理解を深め、今後の金融政策論議と研究の一助となることを願うものである。

　2024年3月

著　者

■ （初版の）はじめに

　主要先進国の中央銀行は、現在、非伝統的金融政策と呼ばれる超金融緩和に踏み込んでいる。政策金利がゼロに達し、金利引下げという通常の緩和手段が使えない状況に直面したためだ。日本銀行はすでにこれに先立つ2001年の段階でこの「ゼロ金利制約」にぶつかり、非伝統的金融政策を06年まで展開した経験をもつ。しかし、08年の世界金融危機以降は、日米欧がともに同じ状況に陥り、日銀だけでなくアメリカ連邦準備制度（FRS）、イングランド銀行（BOE）、欧州中央銀行（ECB）も、同様の政策に突入している。

　アメリカの場合には、ベン・バーナンキ連邦準備制度理事会（FRB）前議長が、量的緩和政策（QE）と呼ばれる政策を第1弾から第3弾まで果敢に繰り出したが、その政策の妥当性に対する評価は分かれている。そもそも金融政策のメカニズムが複雑で、コンセンサスが得られていない部分が多いうえに、非伝統的金融政策は未踏領域の政策であるだけに、その効果を見極め、的確な評価と展望を与えることはきわめてむずかしい。

　2013年、FRSは創立100周年を迎えた。アメリカは、二度の世界大戦で欧州諸国が疲弊するなか、相対的に高い成長を遂げ、世界の産業を牽引することで覇権国の座に就いた。この間、金融システムは安定を実現し、設立当初のFRSに期待された役割も変化したかにみえた。しかし最近20年ほどの間に、再びバブルや金融危機、またデフレの懸念が顕在化し、FRBをはじめ世界の中央銀行の役割が根源から問い直されようとし

ている。

　本書ではこうしたなか、読者が、現在展開されているFRS
の金融政策を理解し、評価するために不可欠な情報を、できる
だけわかりやすく整理・解説して提供しようと試みた。金融為
替市場参加者に不可欠なフェドウォッチ（FRSの政策動向分析）
の基礎事項、FRSを理解するために必要な歴史的経験、そし
て最近の金融政策の展開とそれをめぐる論争点を、幅広くカ
バーするよう心がけた。もっとも、FRSの金融政策のアプ
ローチの変遷（第3章）、「平時」の金融政策と非伝統的金融政
策のメカニズムの整理（第2章・第5章）、資産購入の問題点を
めぐる考察（第6章）などを中心に、筆者の持論や独自の検討
の成果を盛り込んだつもりだ。

　筆者は、かつて勤務していた日本長期信用銀行（現・新生銀
行）で、ニューヨーク市駐在エコノミスト、資金為替・債券ディ
ーリングセクションのマーケットエコノミスト、調査部の経
済予測担当エコノミストなどを経験するなかで、長年、各国中
央銀行ウォッチを行ってきた。その後、大学に移り、現場を離
れてからは、財政金融政策、日本経済論などの講義を担当する
かたわら、日銀やFRSの金融政策を理論的な見地からも研究
対象としてきた。

　今回の出版にあたり、一般社団法人金融財政事情研究会の伊
藤洋悟氏にお世話になった。伊藤氏とは、銀行勤務時代からの
お付合いだが、今回、筆者のこのような経歴を勘案してか、お
声をかけてくださった。感謝申し上げる次第である。

なお、筆者は、2012年4月から翌13年3月までの1年間、勤務先の専修大学から研究休暇をもらい、ロンドン大学東洋アフリカ研究学院（SOAS）法社会学部経済学科に客員研究員として在籍した。本書は、この間の研究成果の一端である。同大学への受入れの労をとってくださったCostas Lapavitsas教授、当時学科長を務めておられたJan Toporowski教授、そして専修大学学務課・人事課の皆さんに大変お世話になった。在英中、ロンドン在留邦人の勉強会組織であるロンドン勉強会、フレミングス・クラブ、二水会（英国日本人会）の皆さんには、楽しい交流の場と知的刺激を与えていただいた。この機会に、御礼申し上げたい。

　本書が、FRSに関するビジネスマンや学生の理解を深めると同時に、今後の金融政策研究の一助となれば幸いである。

2014年8月

専修大学経済学部教授　田中　隆之

■著者略歴■

田中　隆之（たなか　たかゆき）
　1957年長野県生まれ。東京大学経済学部卒業。日本長期信用銀行産業調査部、同調査部ニューヨーク市駐在、長銀総合研究所主任研究員、長銀証券投資戦略室長チーフエコノミスト、専修大学専任講師などを経て、2001年より専修大学経済学部教授。博士（経済学）。この間、2012〜13年ロンドン大学（SOAS）客員研究員。2022年より経済学部長。
　専攻：財政金融政策、日本経済論。
〔主要著書〕
『現代日本経済 バブルとポスト・バブルの軌跡』（2002年、日本評論社）
『平成バブル 先送りの研究』〔共著〕（2005年、東洋経済新報社）
『「失われた十五年」と金融政策』（2008年、日本経済新聞出版社）
『金融危機にどう立ち向かうか』（2009年、ちくま新書）
『日本経済 未踏域へ』〔共著〕（2011年、創成社）
『日本経済 その構造変化をとらえる』〔編著〕（2012年、専修大学出版局）
『総合商社の研究 その源流、成立、展開』（2012年、東洋経済新報社）
『総合商社―その「強さ」と日本企業の「次」を探る』（2017年、祥伝社新書）
『アベノミクスと日本経済のゆくえ』〔共著〕（2017年、専修大学出版局）
『金融政策の大転換―中央銀行の模索と課題』（2023年、慶應義塾大学出版会）

目　次

> **第3章**　金融政策の目的・目標・枠組みの変遷
> （2008年まで）
> ―「短期金利誘導型」の形成過程―

第Ⅱ部　アメリカ経済と金融政策の展開

第4章　アメリカ経済の発展とFRS

第5章 世界金融危機と非伝統的金融政策

第6章　非伝統的金融政策をめぐる評価と問題点

第7章	コロナ危機と「超過準備保有型」金融政策への転換

| 終　章 | FRSの課題と展望
―世界金融危機とコロナ危機を経て― |

第 I 部

アメリカ金融政策の
制度・組織・運営方法

第 **1** 章

アメリカの金融制度と連邦準備制度（FRS）

アメリカの中央銀行である連邦準備制度（FRS：Federal Reserve System）はどのような組織であり、どのような特徴をもつのだろうか。アメリカの金融制度との関連で概観しよう。

アメリカの経済は、日本はもとより、欧州の主要国と比較した場合にも特異なシステム、つまり独自の法律や制度・慣行のうえに成り立っている。たとえば、よく知られているようにアメリカの統治機構は分権的である。州政府の権限が強く、連邦政府のなかでも行政・監督制度が複線的であり、複数の機関の権限が重複することが珍しくない。こうした特質が、中央銀行の機構や金融行政における役割を、日本やその他諸国の場合とかなり異なるものにしている。

FRSという中央銀行制度の組織と役割を、日本との相違点も念頭に置きながら明らかにしていこう。

1 FRSの組織

(1) 連邦準備制度（FRS）の構成

FRSは、その名のとおり連邦政府の組織である。つまり、分権的でしばしば州政府の権限が優越する局面があるアメリカの経済制度のなかで、連邦が設立し権限を行使する機関である。

それは、ワシントンに置かれた理事会（the Board of Governors：これが通常「FRB」と呼ばれる）と12の連邦準備銀行（地区連銀：Federal Reserve Banks）とからなる。FRBと地区連銀は、金融機関の規制監督、銀行など預金取扱金融機関と政府への金融サービスの提供、消費者への金融上の情報提供と公正な

サービスの確保に対し、責任を分かち合う、とされている[1]。

　金融政策に関しては、FRSの構成要素である連邦公開市場委員会（FOMC：Federal Open Market Committee）が、現在政策金利となっているFFレート[2]の誘導目標水準を決定する。そのメンバーは後述するように、FRBの理事たちと地区連銀総裁によって構成される。また公定歩合の変更については、地区連銀に形式的にこれを分担する要素が残されており、FRBに最終的な決定権限がある。

　こうした点は、日本の場合には、日本銀行という単一組織が中央銀行業務を所管するのに比べ、著しく分権的で複雑な制度となっている。

　日銀やイングランド銀行（BOE）などに対応する組織としてのアメリカの中央銀行は、FRS、FRB、各地区連銀、FOMCのうちどれなのだろうか。中央銀行業務全体を包含するFRSがこれに当たると考えるのが妥当だろう。日本では、アメリカの金融政策当局を指す場合に、慣例としてFRBの語を使うことが多いように思われるが、これは厳密にはワシントンに置かれた理事会を指す言葉だ。日本ではあまりなじみ深くないが、本書では、アメリカの中央銀行をFRSと呼ぶことにしよう。

　なお、Fed（「フェド」）という略称があり、かなり幅をもっ

1　FRB〔2005〕p.3。同書は、FRBが発行するFRSに関する公式の説明資料であり、第9版である（初版は1939年）。第7版には日銀職員などによる邦訳があるが、第8版以降には存在していない。
2　Federal Funds Rateの略。アメリカの市中銀行が連邦準備銀行に預け入れる（通常は）無利息の準備預金（Federal Fund）の過不足を調整するために、無担保で相互に貸借りをする際に適用される金利。

たあいまいな、しかし便利な使われ方をしている。アメリカの新聞報道や各国の金融為替市場参加者の間では、金融政策の決定主体を指すことが多い。この場合にはFRBやFOMCを指しているわけだが、連邦準備制度全体、つまりFRSを指して使われることもある。また、ニューヨーク地区連銀のことを「ニューヨーク・フェド」などと呼ぶのも一般化しており、この場合には連銀を指すことになる。

(2) 連邦準備制度理事会（FRB）

　理事会は7名の理事から構成される。理事は大統領が指名し、上院の承認が必要だ。任期は14年で、それぞれの任期は、偶数年の1月31日に任期切れとなるように2年ずつずらされている。任期を全うした後の再任は許されないが、任期途中で辞任した理事の残りの期間を務めた理事に関しては、再任が認められる。

　7名の理事のなかに、議長と副議長が置かれる。ともに大統領が指名し、上院の承認が必要だ。これらは、すでに理事を務めているか、または同時に理事となる必要がある。任期は4年である。

　理事会はワシントンに置かれ、内外経済金融情勢の分析、地区連銀業務の規制監督を行い、決済機構の円滑な運営や金融上の消費者保護に責任をもつ。

　金融政策（マネタリー政策）のうち、公開市場操作にかかわる政策はFOMCが決定するのに対し、理事会は支払準備率の変更を専管し、各地区連銀が申請した公定歩合の変更を認可す

る。

　信用秩序維持政策（プルーデンス政策。金融システム安定化策）の一環としての金融機関の規制監督も、FRSがほかの多くの連邦機関や州政府と分担して（あるいは重複して）行う重要な業務である。その場合、所管の金融機関の監督を、理事会とその権限を委譲された地区連銀が行う（本章2参照）。理事会が定める規制には、金融システム全体に及ぶものと、FRS加盟州法銀行および国法銀行にのみ適用されるものとがある。金融に関する消費者保護の法律を執行するための規制も理事会が通達する。日本では金融庁が所管する業務だ。これは銀行だけでなく、それ以外のさまざまな資金の貸し手に適用される。

　理事たちは、議会の委員会で政策に関する証言（testimony）を頻繁に求められる。とりわけFRB議長は、連邦準備法に基づき年2回、2〜3月と6〜7月に上院の銀行住宅都市問題委員会と下院の金融サービス委員会で議会証言を行う。アメリカ経済の現状・展望と、理事会およびFOMCが金融政策をどのように行っているかを説明するものであり、証言と同時に両委員会宛てのレポート（「金融政策レポート」）が提出される。理事会は大統領経済諮問委員会やその他の政府機関のメンバーと定期的に情報交換しており、FRB議長は大統領と時々会見し、財務大臣とは定期的に会合をもっている。

　議長は国際機関とも密接な関係をもっており、たとえば国際通貨基金（IMF）の理事を交替で務め、国際決済銀行（BIS）の理事を常任で務める。また、G7（7カ国財務大臣・中央銀行総裁会議）、G20（20カ国・地域財務大臣・中央銀行総裁会議）な

どにアメリカを代表して出席することになる。

　FRBは、四半期ごとに『フェデラル・リザーブ・ブリテン』を刊行し、統計やFRSの活動を公表してきたが、2022年をもって廃刊となった。その内容はウェブサイトにも載せられるようになっていたためだ。現在、議長をはじめ理事らの議会証言や講演の内容、FRSが決定した政策や経済・金融に関するレポート、各種統計はウェブサイトでみることができる。

　以上のような幅広い手段によって、理事会はFRSの説明責任（accountability）を果たしている。

　理事会は、会計監査法人とGAO（アメリカ会計検査院）の監査を受ける。ただし、金融政策の内容に関してはその対象外である。金融政策の内容は、直接議会によってモニタリングされている建前だからだ。

　なお、FRS設立当初は連邦準備理事会（Federal Reserve Board）と称しており、議長と4名の理事から構成され、理事のなかには財務長官と通貨監督官が含まれていた。しかし、1935年銀行法で連邦準備制度理事会（the Board of Governors of the Federal Reserve System）に改組され、基本的に今日の構造が導入された（ミューレンダイク〔2000〕35頁）。

(3)　連邦準備銀行（地区連銀）

　12の連邦準備銀行が、実質的なFRSの機能を担う。つまり、決済機構の運営、紙幣とコインの発行、加盟銀行と銀行持株会社の規制監督を行い、「政府の銀行」として連邦政府の預金を預かる。また、各連銀はそれぞれ割り当てられた地区（Reserve

District）に責任をもち、それぞれの地区の加盟銀行の準備預金を預かる。金融政策に関しては、地区内に適用される公定歩合の水準を決定する権限があり、これを理事会に申請する。この申請は形式上、2週間ごとに行われることになっている。

　現在はFRBが、FOMCでのFFレートの決定にあわせてこの申請を承認するので、FOMCでたとえばFFレートが0.25％引き下げられた場合、その前日までに公定歩合の同率の引下げを申請していた連銀には、その申請が承認される。しかし、そうでない連銀では承認が遅れるので、地区によって公定歩合の変更にバラつきが発生することが珍しくない。このようなケースでは、申請を行っていない連銀に対し、FRBが申請を要請することもあるようだ。

図表1－1　12の連邦準備銀行（地区連銀）

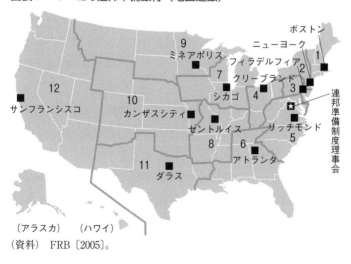

（資料）　FRB〔2005〕。

連銀は図表 1 － 1 にみるように、全米50州を12地区に分けて管轄しており、さらに支店が全部で25ある。理事会は各地区連銀の監督責任を負い、連銀の予算は理事会の承認が必要だ。連銀の設立は議会によって認可されており、FRSの一部として議会の監督に服する。またFRSのなかで、実体経済の情報を提供する役割を果たしている。この情報は、FOMCが金融政策を決定するにあたって判断材料とされるもので、FOMCの約 2 週間前にレポートとして公表される。俗に「ベージュブック」と呼ばれているのがそれである（次の(4)で後述）。

　12地区連銀中、ニューヨーク連銀は特殊な位置にある。つまり、公開市場操作を実施する唯一の連銀であって、FOMCがその方針を決めると、その結果が後述のように指令書として同連銀の公開市場操作担当支配人（デスク）に発せられる。

　連銀の業務のなかで、調査や情報提供は独自性を打ち出しやすく、これらの分野で特色を出している連銀が散見される。

　たとえば、フィラデルフィア連銀が毎月作成・発表する景況指数は、製造業の景況感を把握するために金融為替市場で注目されている。

　セントルイス連銀はFREDというデータベースを公開しており、アメリカの実体経済や金融情勢の分析のため、多くの研究者がこれを利用している。

　クリーブランド連銀は量的緩和政策の発動後、FRSが購入する資産の額をその種類別に示す時系列データをグラフ化してウェブサイトに載せている。

　またカンザスシティ連銀は、毎年 8 月の終わりから 9 月の初

めにかけて、ワイオミング州ジャクソンホールで中央銀行の政策に関するコンファランスを開いている。ここでは、金融政策を論じるマクロ経済学者が学界にも現実の政策にも影響力のある論文を発表してきた。グリーンスパンやバーナンキ、イエレン、パウエルなど歴代FRB議長が出席し、政策の先行きを示唆することもまれではなかったため、注目度が高い。

　各連銀の理事は9名と定められており、クラスA、クラスB、クラスCそれぞれの範疇から3名ずつが選ばれる。クラスAはその連銀が管轄するFRS加盟銀行の役員などのなかから、加盟銀行の投票によって選ばれる。BとCは一般人から選ばれるが、Bは加盟銀行の投票で選ばれ、CはFRBが指名する。クラスCのなかから、FRBが議長と副議長を指名する。こうして選ばれた理事たちのうちクラスB、Cの理事が総裁と第一副総裁を指命し、FRBがこれらを承認する。任期は5年である。

　連銀の収益は、公開市場操作の買いオペで保有する国債の利子、外貨資産への投資収益、加盟銀行に対する連銀貸出からの利息、小切手決済や送金の手数料からなっている。収益から経費を除いた分が毎年国庫（財務省）に納付されるのは日銀と同じである。連銀は理事会（FRB）と同様にGAOの監査を受け、各連銀の財務諸表を合計したものがFRBの「年報」（アニュアル・レポート）に掲載される。

(4)　連邦公開市場委員会（FOMC）

FOMCは、FRSの金融政策の中心的な手段である公開市場操

作の方針を決定する。その具体的な運営方法、つまり何を決定するのかには、第3章でみるように歴史的な変遷があり、1994年以降はFFレートの誘導目標水準を決定することが中心になった。しかし、2008年に非伝統的金融政策に踏み込んでからは、事実上FFレートの変更だけではなく、資産の買入れその他の手段も使われており、FOMCではそれらに関する決定も行われている（後述）。

　FOMCの委員（members）は全部で12名だが、FRBの7名の理事とニューヨーク連銀総裁、そしてその他地区連銀総裁4名がこれを務める。この4名には、ニューヨーク連銀以外の11地区連銀の総裁が1年ごとに輪番で就くことになっている[3]。残りの7名の地区連銀総裁は、会合に出席し意見をいうことのできる参加者（participants）だが、投票権は与えられていない。慣例としてFRB議長がFOMCの議長を務め、ニューヨーク連銀総裁が副議長を務める。

　会合は年8回開かれる。通常は2日間開催される。緊急の事態が発生したときなどに、その必要があれば、臨時会合や電話会議も行われる。金融危機の2007〜09年には、これらが頻繁に行われている。

3　ニューヨーク連銀以外の11連銀は4グループに分けられ、各グループから毎年1名の総裁がFOMCの委員に就任する。第一グループはクリーブランド、シカゴ、第二グループはボストン、フィラデルフィア、リッチモンド、第三グループはアトランタ、ダラス、セントルイス、第四グループはミネアポリス、カンザスシティ、サンフランシスコである。クリーブランド連銀とシカゴ連銀の総裁は1年おきに、それ以外の連銀総裁は3年に1度、委員となる。

会合での決定の結果、公開市場操作の方針が、ニューヨーク連銀の公開市場操作担当支配人に指令書（directive）のかたちで伝えられる。形式上は、この内容が最も重要だ。

　会合は朝から始まり、午後2時過ぎにはその結果の概要が公表文（Policy Statements）として発表される。そして3週間後に議事録要旨（Minutes）が、5年後に筆記録（Transcripts）が発表される。指令書は、議事録要旨のなかに含まれている。公表文が初めて出されたのは1994年2月であり、当初は政策に変更があったときに限られた。2000年以降、変更がない場合でも、会合後には必ず公表文が発表されることになった。このように、時代によってこれら会合の情報の公開方法や時期は異なっているが、時を追って公開の度合い（透明性）は高まっている。なお、現在では、公開されたものは直ちにウェブサイトに掲載される。

　会合の資料としては、地区連銀スタッフが作成する「ベージュブック」、FRBの調査統計局が作成する「グリーンブック」、同金融政策局が作成する「ブルーブック」が使われる。

　「ベージュブック」にはすでに述べたとおり、連銀各地区の実体経済情報が記載されており、会合の2週間前にFOMCメンバーに配付されると同時に公開される。

　「グリーンブック」は、アメリカ経済の現状と見通しを記したもので、会合のある週に参加者に配付されるが、公開は5年後に筆記録と同時に行われる。もっとも、3週間後に公開される議事録要旨にその要約が載っており、市場参加者はこれに注目している。

「ブルーブック」は、金融政策の選択肢を提示するもので、金利引上げ、据置き、引下げの選択肢につき、そのメリットとデメリットを客観的に示す仕立てになっている。これも会合の1週間前に参加者に配付されるが、公開されるのは5年後である。

　FOMCが現在のかたちを整えたのは1933年である（本章2(2)参照）。このように金融政策の方向をグループで（委員会方式で）決定するというやり方は、ブラインダー〔2008〕によれば、かつては例外であったが、いまや世界の中央銀行に広がっている。

　かつての例外はFRSとドイツのブンデスバンクであったが、多くの中央銀行が2000年前後から、独裁的な中央銀行総裁が金融政策を決定することが多かったかつての方式から転換し始めたと指摘している。イギリス、スウェーデン、スイス、ブラジル、そして欧州中央銀行（ECB）の設立がその例としてあげられているが、日本でも1998（平成10）年の日銀法改正により、経済政策決定会合による委員会方式の政策決定が取り入れられた。

2　FRS設立の経緯と経済安定化諸政策

(1)　FRSの設立

　FRSは、1913年連邦準備法（Federal Reserve Act of 1913）の成立によって設立された。多くの国では、資本主義の発展とともに複数の民間銀行が生まれ、それぞれ独自の銀行券を発行し

流通していたが、やがて中央銀行を設立して発券の集中を図った。日本では1868年の明治維新の14年後、82（明治15）年の銀行条例で日本銀行が発足した。

アメリカでも同様な歴史をたどるが、永続的な中央銀行が設立されたのは建国（1776年）から140年近くたった20世紀初頭のことだった。初代大統領ワシントンの政権のもとで1791年に第一合衆国銀行が設立されたが20年で姿を消し、1816年に設立された第二合衆国銀行も、20年後に免許更新の法案が議会を通過せずに廃止された。この背景には、州の権限が強いアメリカで、連邦政府に、銀行を含む株式会社を設立する権限があるか否か、という論争があった。

当時は一般の企業と同様、銀行も州法によって設立されていたのだが、1863年全国通貨法で、国法銀行（連邦法による商業銀行）の設立が可能になった。連邦政府が直接に銀行を設立するのではなく、民間の銀行に免許を与えて監督を行うという方法で通貨の安定を図ろうとしたわけだ。この制度のもとで、銀行券の発行は、各銀行が購入し預託した国債を担保として連邦財務省が統一的に行うことになり、国法銀行券が発行された。

しかし、19世紀には周期的に金融恐慌が発生し、銀行、企業の破綻、経済活動の停滞が引き起こされていた。たびたび起きた預金の取付けと銀行閉鎖で、貨幣供給は不安定化し、この発券制度もそのたびに硬直性が問題となった[4]。こうして、特に1907年恐慌を経て、通貨の弾力的な供給を行い、金融恐慌を防

4　たとえば、春田〔1989〕159頁、ミューレンダイク〔2000〕24頁など。

ぐための機関の設立機運が高まった。

その形態をめぐり、ニューヨークなど東部大都市の大手銀行や大企業と、そうした大都市の銀行に資金が集中することを警戒する地方の農業従事者や中小事業者との間に、激しい意見の対立がみられた。12地区連銀を民間主導で設立し、それを統括する理事会（FRB）を公的な組織として創設するというかたちが両者のバランスのうえに成立した。

こうしてFRSが設立され、各連銀に与えられた権限が連銀貸出（当初は手形割引のかたちが多かった）である。これによって、準備預金を銀行などの預金取扱金融機関に貸し付けて流動性の供給を行い、いわゆる「最後の貸し手（LLR：Lender of Last Resort)」機能を発揮することができるようになった。

(2) FRSに期待された機能

今日、FRSを含む各国中央銀行に期待される機能はまず金融政策、つまり景気刺激、インフレ抑制などを目的とする総需要調整策である。そして、中央銀行のもう1つの機能として金融システムの安定化がある。

FRSの設立時には、前述の経緯からも明らかなように、このうち金融システムの安定化こそが第一に期待される機能であった。そのため、「最後の貸し手機能」をもつと同時に、商業銀行の規制・監督の責任を、連邦規制当局や州規制当局と分かち合っている（本章3参照）。これは、連邦準備法によって設立と同時に課された役割だ。だが、総需要調整策としての金融政策を担うという機能は、連邦準備法立案者の念頭にほとんどなか

ったものと思われる。

　その後、経済の安定的な成長、雇用の拡大、対外収支の均衡、ドル価値の安定などが連邦政府の行う経済政策の目的として認識されるようになり、それら目的の一部に中央銀行の行動が影響を及ぼせることが次第に明らかになってきた。

　その経緯は次のように伝えられている。各連銀は、独立採算制で収入源は手形割引や保有有価証券の利子だった。当初、加盟銀行が持ち込む手形割引を主要業務としていたが、第一次世界大戦の戦後不況で手形割引が減ったことから、新たな収入源確保のため1922年から国債の購入量を増加させた。各連銀はこの操作を通じて、市場に大量の準備預金が供給されることが景気刺激に役立つのを発見したという。各連銀による任意の国債購入が市場に混乱を引き起こすことがないよう、同年5月に12地区連銀総裁会議が開かれ、公開市場買付けを統括する委員会の設置が決定された。これが29年の大恐慌を経て、33年銀行法（グラス＝スティーガル法）で設置されたFOMCへと発展した[5]。

　金本位制下では中央銀行の貨幣供給は金の保有残高に縛られたから、FRSが物価や景気を全面的にコントロールできたわけではなかったであろう。しかし、アメリカが金本位制を離脱し

5　フリードマン〔1982〕6頁等。Friedman et. al.〔1963〕によれば、1922年に設置された委員会は翌23年、発展的に解消して、公開市場投資委員会（OMIC）が設立された。OMICは、30年に公開市場政策会議（OMPC）に改組され、さらに33年銀行法で正式に認められて、現在のFOMCとなった（ミューレンダイク〔2000〕28〜36頁。また、Friedman et. al.〔1963〕Chap.6、フリードマン〔1982〕100頁、加藤・山広〔2006〕133頁）。

たのは1933年であり、ちょうどこの時期を境にFRSが総需要調整策を担うことのできる客観的条件が整っていったと考えられる。

FRSの総需要調整策は、大恐慌後から終戦直後まで、経済成長と雇用の確保に重点が置かれ、財政当局が行う財政出動をFRSがサポートするよう位置づけられていたとみることができる。この流れを追認し、雇用確保を政府の経済政策の目的として明文化したのが1946年雇用法（Employment Act of 1946）である。しかし、51年に財務省とFRSの間に有名な「アコード」が結ばれた後には、FRSは財政をサポートする位置を離れ、物価の安定にも注力できるようになった。もっとも、FRSに物価の安定が義務づけられるのは、77年の連邦準備改革法でのことである（第3章で後述）。

(3) 経済安定化諸政策の整理

このように、FRSに期待される機能、あるいはそれが担うことのできる経済政策は2つある。①景気刺激と物価安定のバランスをとるマネタリー政策（総需要調整策；monetary policy）と、②金融安定化のためのプルーデンス政策（信用秩序維持政策；prudential policy）である。

通常の景気循環においては、これを平準化するために総需要調整策としてのマネタリー政策が発動される。不況期に景気刺激を、景気過熱時にインフレ抑制を行うことで、景気循環が均される。しかし、これとは別に金融システムの不安定化を未然に防止する政策と、金融危機時にシステムの安定化を図る政策

とが必要であり、プルーデンス政策はこの両政策を含む。金融危機を伴う（あるいはそれを原因とする）景気後退が起きたときは、総需要調整策としての景気刺激とプルーデンス政策としての金融システム安定化策の双方の発動が必要になる。

なお総需要調整策としては、マネタリー政策のほかに公共事業や増減税、給付金支給などによる財政政策（フィスカルポリシー；fiscal policy）がある。

図表1－2は、以上のような広い意味での経済安定化策を、現代の主要国の状況を念頭に置いて一般的に整理したものである。プルーデンス政策は事前的対策と事後的対策に分けられる

図表1－2　経済安定化策の整理

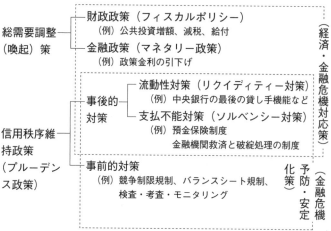

（注）　プルーデンス政策の事後的対策は、セーフティーネットとも呼ばれる。事後的対策としてのセーフティーネットを手厚く張りすぎると、金融機関経営者にモラルハザードが発生し、事前的規制が重要になる、という関係がある。
（資料）　田中〔2009②〕。

が、前者が金融危機を未然に防止するための制度であり、後者が一度起きてしまった危機への対応策、つまり金融安定化策だ。

事前的対策としては、個別金融機関の破綻確率を引き下げるため、バランスシート規制（BIS規制など）や競争制限規制、金融機関の監督・モニタリングなどが行われる。

事後的対策は、個別金融機関の破綻が起きてしまったときにそれが金融システム全体に広がるのを防止する措置と位置づけることができ、中央銀行の最後の貸し手機能、預金保険制度、金融機関救済・破綻処理制度などがある。

ただし、これらは事後的な危機対応策であると同時に、その制度の存在自体が「取付け」によるシステミックリスクの顕在化を防ぐという機能ももっている。なお、事後的対策のなかには、大別して流動性不足への対応としてのリクイディティー（liquidity）対策と、資本不足からくる支払不能への対策としてのソルベンシー（solvency）対策がある。

アメリカでは、総需要調整策のうち財政政策は政府（財務省）が、金融政策（マネタリー政策）はFRSが担う。プルーデンス政策は主として通貨監督庁（OCC）、連邦預金保険公社（FDIC）、各州の銀行局など、まさにそのために設置された政府諸機関が担うが、FRSもその一部を担う。FRSが所管するのは、事後的対策としての中央銀行の最後の貸し手機能（リクイディティー対策）と、事前的対策としての加盟金融機関の検査である。

このように中央銀行としてのFRSは、マネタリー政策とプ

ルーデンス政策（の一部）の双方を所管することになっている。本書のテーマはFRSの金融政策、すなわち前者であるので、後者については深く立ち入ることはできないが、アメリカにおける金融機関の構成と監督・規制の体系だけは、簡単にみておく必要がある。それは、前述のようにかなり複雑なので、節をあらためて検討することにしよう。

3 FRSを取り巻く組織と制度

(1) 預金金融機関とアメリカ固有の「二元主義」

アメリカにはどのような金融機関があるのか、をまず概観しておこう。

どの国でもそうだが、金融機関をまず預金取扱金融機関と預金非取扱金融機関に分けて整理することが重要である。預金取扱金融機関は、預金を受け入れる（＝発行する）ゆえに通貨（マネーストック）を発行することになり、したがって金融政策（マネタリー政策）上、重要な役割を果たすからである。また、それゆえ規制・監督が預金を取り扱わない金融機関より数段厳しくなる一方、システミックな危機に直面した際に公的資金による資本注入などの救済の理屈が立ちやすい、という意味で、プルーデンス政策上も特殊な扱いを受けるからである。

アメリカに存在する金融機関の種類とその資産規模を、図表1－3で概観してみよう。ここでいう「金融機関」のなかには、必ずしも「機関」のかたちをとらない投資信託やファンドも含まれている。同表中、網かけをした「預金取扱金融機関」

図表1-3　アメリカにおける金融機関の資産残高とそのシェア

(10億ドル、%)

	1945年	1970年	2000年	2010年	2022年	
合計（金額）	340	2,014	40,979	73,175	124,999	
合計（構成比）	100.0	100.0	100.0	100.0	100.0	
通貨当局	14.5	4.3	1.6	3.4	6.0	7,503
預金取扱金融機関[1]	49.4	38.6	18.3	18.7	20.5	25,615
損害保険	1.9	2.5	2.6	2.6	2.4	2,978
生命保険	12.9	10.0	7.9	7.7	7.1	8,851
年金基金[2]	17.2	33.5	23.5	21.8	19.3	24,088
MMF	0.0	0.0	4.5	4.1	4.2	5,223
投資信託[3]	0.7	2.6	12.8	12.7	14.1	17,585
ETF	0.0	0.0	0.2	1.4	5.2	6,477
政府支援機関（GSE）	0.7	2.3	4.8	9.1	7.4	9,188
政府系モーゲージプール	0.0	0.2	6.1	1.6	2.2	2,688
ABS発行体	0.0	0.0	3.7	3.2	1.2	1,469
金融会社（ノンバンク）	1.3	3.6	3.2	2.7	1.9	2,414
不動産投資信託（REIT）	0.0	0.0	0.1	0.3	0.4	524
証券会社	1.5	0.8	6.2	5.6	3.5	4,373
持株会社	0.0	0.7	2.2	4.4	3.8	4,754
その他	0.0	0.9	2.4	0.9	1.0	1,270

(注)1)　商業銀行、貯蓄金融機関、信用組合を含む。
　　2)　民間基金、連邦政府職員基金、州・地方自治体職員基金を含む。
　　3)　オープンエンド、クローズドエンドを含む。
(資料)　FRB「Financial Accounts of the United States」（L.108～L.132）
　　　より筆者作成。

には、商業銀行（commercial bank）、貯蓄金融機関（thrift insti-
tution）、信用組合（credit union）が含まれる。それ以外は、す
べて預金非取扱金融機関である（ただし、「通貨当局」はそのど
ちらにも含まれない）。

　アメリカの預金取扱金融機関の第一の特徴は、数が膨大で、
巨大なものもあるが非常に小規模のものが多いことである。商
業銀行が4,115、貯蓄金融機関が518、信用組合が4,760存在

し [6]（2022年現在）、日本では普通銀行（都銀、信託銀、地銀、第二地銀の合計）が98、信用金庫が241、信用組合が59、農協・労働金庫が410である（23年末）のに比べると際立っている。

　ちなみに、商業銀行と呼ばれるのが日本でいう普通銀行であり、預金金融機関の中心的存在として資金量のシェアも圧倒的に高い。貯蓄金融機関には、貯蓄銀行（savings bank）と貯蓄貸付組合（S&L：savings and loan association）があり、前者は零細貯蓄専門の金融機関で長い間貸付けを行わずに公債投資のみを行い、後者は個人住宅金融専門の組合組織金融機関だったが、戦後の金融自由化の過程でどちらも運用先を多様化した。その1つの帰結が、1980年代の多くのS&Lの破綻である。信用組合は、職域や地域を基盤とする協同組合金融機関であり、組合員向けに自動車ローンや教育ローンを提供するものだ。

　第二の特徴は、州と連邦からなる「二元主義」によって2本立ての根拠法を与えられていることである。銀行には、先にふれたとおり州ごとの銀行法に基づいて設立される州法銀行（state bank）と、連邦銀行法に基づいて設立される国法銀行（national bank）とがある。州法銀行の免許・監督当局は各州の銀行局であり、国法銀行のそれは財務省に所属する通貨監督庁（OCC）である。これと同様に、州法貯蓄銀行と国法貯蓄銀行、州法S&Lと国法S&L、州法信用組合と国法信用組合が存在する。

6　資料は、FRB［2021］、NCUA［2022］。貯蓄金融機関のうち、貯蓄銀行は222、貯蓄貸付組合（S&L）は296（S&Lは、そのものの数は確認できず、S&L持株会社数で代替）。

「小規模銀行が数多く存在する」という現象は、二元主義に基づく州政府の権限の強さにも由来している。とりわけ中部・西部の諸州では、地元の預金が東部の金融中心地に吸い上げられることに抵抗があったため、州法銀行は州内での営業が原則で、単一銀行制度という支店開設を全面的に禁止する措置までとる州もあったからだ。もっとも、支店規制や州境の越境規制は1990年代にほぼ自由化されたため、合併が相次ぎ、銀行数が減少するなかで、スーパーリージョナルと呼ばれる巨大地方銀行も登場した。

　アメリカでは、図表１－３にみられるように預金取扱金融機関の資産規模は合計で21％にすぎない。日本の場合にはこれが63％にも達しており、日本の金融システムが間接金融優位であるのに対し、アメリカは直接金融優位であることを示している（2023年９月末。資金循環表による）。預金取扱金融機関以外の金融機関としては、保険、年金、投信のほか、資産担保証券（ABS）の発行体やノンバンク、証券会社などがある。

　かつては銀行と証券、銀行と保険の間に厳格な分離を求める業際規制（業務分野規制）が課されていたが、1970年代から次第に緩和され、99年のグラム＝リーチ＝ブライリー法によって撤廃された。EU統合の進展で、欧州の金融機関がユニバーサルバンキング（諸金融業の兼営）を認められたことによる、グローバル競争上の問題も発生したからだ。アメリカの銀行は、銀行持株会社（BHC）の子会社形態をとることが多く、業務の多様化は銀行本体においてではなく、BHCの子会社として預金非取扱金融機関を保有することで行われてきた。同法におい

ては、新たに金融持株会社（FHC）の設立を認め、BHCがこれ
に転換すれば、保険業や総合証券業務を行う子会社を傘下に置
くことができるようになった。

　このような金融自由化の進展で、銀行間、また業態を超えた
金融機関間の合併が進んでいたが、2008年の金融危機後は、ダ
メージを受けた大手金融機関同士が生き残りをかけて合併を行
う動きが進み、上位金融機関の巨大化が進んだ。

(2)　規制・監督と連邦準備制度、預金保険制度

　FRSには、これら金融機関の一部を規制・監督する役割が与
えられている。この役割をFRSと分かち合う政府機関には、ど
のようなものがあるのだろうか。

　金融の規制監督で特に重要な対象となるのが、前述のとお
り、通貨を発行する預金取扱金融機関である。アメリカでは、
二元主義に基づいて制度が形成されているうえに、連邦準備制
度への加盟、預金保険への加入が任意であるために、当局によ
る規制・監督の権限がさらに複雑なものになっている。FRSは
預金取扱金融機関の規制監督において、各州銀行局、および連
邦機関としてのOCC、FDICと、権限を分かち合っている。

　連邦準備制度（FRS）はすでに本章1・2でみたとおり、地
区連銀を通して実質的な業務を行う。FRSへ加わるために、地
元の連銀の株主となった銀行がFRS加盟銀行であり、国法銀行
は強制加盟だが、州法銀行は任意加盟である。一方、預金保険
制度は、銀行が日頃から保険料を積み立て、銀行が破綻したと
きに預金者に一定限度の保険金が支払われる（ないし破綻処理

図表1-4　アメリカ商業銀行の種別

根拠法	連邦準備制度 (FRS)	預金保険公社 (FDIC)	商業銀行の種別
国法	加盟	加入	国法・FRS加盟・FDIC 加入銀行
州法	加盟	加入	州法・FRS加盟・FDIC 加入銀行
州法	非加盟	加入	州法・FRS非加盟・ FDIC加入銀行
州法	非加盟	非加入	州法・FRS非加盟・ FDIC非加入銀行

（資料）　筆者作成。

の原資として支出される）というもので、1933年にこれを担う
FDICが設立された。FRS加盟銀行は預金保険制度に強制加入
であり、非加盟銀行は任意加入である。したがって商業銀行
は、図表1-4にみられるような4つのタイプに分かれる。

　国法銀行はOCCが規制監督を行う。州法銀行は基本的に州
銀行局が監督するが、連邦機関として、FRS（つまり各地区連
銀）が州法FRS加盟銀行と銀行持株会社の、FDICが州法FRS
非加盟銀行（のうちFDIC加入行）の規制監督を行う。このよう
に、州法銀行の多くは州と連邦の二重の規制監督を受けること
になる。なお、銀行持株会社は、その子会社が国法銀行であろ
うと、州法FRS加盟銀行または州法FRS非加盟銀行であろうと
FRSの管轄である。

　図表1-5は以上の構造を示しているが、貯蓄金融機関や外

図表1－5　アメリカにおける預金取扱金融機関とその子会社の連邦監督・規制官庁

	FRS	OCC	FDIC	備考
銀行持株会社（BHC）（金融持株会社（FHC）を含む）	○			
国法銀行		○		
州法銀行（FRS加盟）	○			
州法銀行（FRS非加盟）			○	
BHCのノンバンク子会社	○			1)
S&L持株会社（SLHC）	○			2)
国法S&L		○		2)
州法S&L			○	2)
SLHCのノンバンク子会社	○			1)
エッジ法会社	○			
システム上重要な預金非取扱金融機関（SIFIs）、市場参加者（FMUs）、決済業者（PCS）など	○			
外国銀行				
支店・子会社（連邦認可）		○		
支店・子会社・駐在員事務所	○			3)
ノンバンク営業体	○			3)

(注) 1　連邦機関の規制・監督対象となる金融機関のみを掲載。ここでの「ノンバンク」は貸金業のみならず、証券、保険その他の金融業を広範に含む。
　　 2　1)　証券、商品先物、保険に従事する子会社は、それぞれ証券取引委員会（SEC）、商品先物取引委員会（CFTC）、州の保険監督局などに規制・監督される。
　　　　 2)　かつては、貯蓄金融機関監督局（OTS）の管轄下にあったが、2010年のドッド＝フランク法で権限が現在の3機関に移された。
　　　　 3)　預金保険に加入した場合は、FDICの規制・監督にも服する。
(資料) FRB〔2021〕p.65のFigure5.1より筆者作成。

国銀行の支店・駐在員事務所についても同表にみられるとおり
であり、一部重複を認めながら権限が分かち合われている。
FDICは、以上とは別に、加入金融機関に対し、預金保険を行
う立場からの特別な検査を行う権限をもっている。こうしたア
メリカ独自の複線的な制度は、権限が集中した日本などの構造
と大きく異なる。非効率で監督当局間の権限争いを招く点が批
判されるが、他方で当局による規制のあり方を競わせていると
して評価されることもある。

　このように複雑化した規制監督機関の意思統一を連邦レベル
で図るための機関として、連邦金融機関検査評議会（FFIEC）
がある。これに参加しているのはFRB、FDIC、全国信用組合
監督局（NCUA）、OCCの長である。

　ちなみに、FRS非加盟の銀行と貯蓄銀行、S&L、信用組合
は、FRSに加盟していないのでその規制監督を受けないが、現
在では、マネタリー政策上の必要性から連銀に所要準備を積み
立てることが義務づけられている。

　預金取扱金融機関以外では証券会社と保険会社の監督が重要
だが、前者は証券取引委員会（SEC）が、後者は各州の保険監
督局が監督する。ノンバンクに関しては、設立の根拠法として
連邦法が存在しておらず、各州の銀行局が管轄している。

(3)　金融危機後の新しい動き

　2007～08年の金融危機後に、金融の規制監督に関する新しい
動きがあった。それは、従来の規制監督体系の反省に立ち、
1960年代からの金融自由化にも一部逆行するかたちで規制強化

や新規規制の導入、あるいは規制体系全体の見直しを行う動きである。金融システムの動揺は、一連の金融安定化策によって2009年中に一応の収束をみる（第5章1参照）。そうしたなかで、規制の強化、見直しの検討が始まり、10年7月に成立した金融規制改革法（ドッド＝フランク法）に集約された。

　ここでは、そのうち規制監督体系にかかわる部分のみをみておこう。

　第一に、金融システム全体への監督を行う機関として、金融安定監視評議会（FSOC）が設置された。それは、世界金融危機のもととなったバブルの発生を事前に防止するために、マクロプルーデンス政策の考え方が必要だ、という議論が高まったことに端を発している。マクロプルーデンス政策は、「金融システム全体の安定」を直接的な政策目標としつつ、金融機関の行動や市場の動向をマクロ的な視点からモニターし、行動のゆがみや不均衡の積上りに対し早めに是正を促していく政策アプローチであるとされる[7]。

　FSOCは、財務長官を議長とし、そのメンバーにFRB議長、通貨監督庁（OCC）長官、証券取引委員会（SEC）委員長、預金保険公社（FDIC）議長、消費者保護局（BCFP）局長など、計10名の金融監督関連当局のヘッドが名を連ねる。ここで、諸関係監督機関の調整が行われ、金融機関・金融市場のリスクを把握して早期警戒機能が発揮されるものとされている。会合は第1回が2010年10月にもたれ、以後月1回のペースで開かれて

7　必ずしも一定の定義があるわけではないが、ここでは佐藤〔2010〕の説明を援用した。

いる。

　第二に、FRSが巨大金融機関を一元的に監督することになった。今回の危機の背景には、銀行だけでなく、投資銀行（証券会社）、保険会社、さらには製造業系のノンバンクまでもが、異常な信用の拡張を行ったという事実がある。そして、これらに十分に目が行き届かず、破綻の危機に瀕した際に、政府が救済せざるをえなかったという反省があった。

　この巨大金融機関に相当するのは、総資産500億ドル以上の大規模銀行持株会社（大規模BHC）と、FSOCが特に認定した預金非取扱金融機関である。つまり預金非取扱金融機関であっても、巨大なものは例外的にFRSが監督することになった。これらは、システム上重要な金融機関（SIFIs）と呼ばれ、通常の銀行よりも自己資本比率規制などにおいて高い健全性基準を適用されることになっており、年1回のストレステストが実施される。

　世界金融危機は、第5章でみるようにFRSのマネタリー政策の手段を大きく変化させている。同時に、プルーデンス政策の事前的対策に該当する規制監督の体制も、また改変されていることに注目しておく必要がある。

第 **2** 章

「短期金利誘導型」
金融政策のメカニズム

前章で概観したFRSの中央銀行としての諸業務のうち、本書のテーマである金融政策（総需要調整策）に焦点を絞っていくことにしよう。

　本来ならば、金融政策の枠組みを、金融政策の目的・目標・手段について順次述べていくのが順序かと思われる。しかし目的や目標には歴史的な変遷があり、その時々で一定していない。2008年の世界金融危機後に、いわゆる非伝統的金融政策が導入される前までの政策に共通していたのは、銀行がFRS（実際には地区連銀）にもつ当座預金（準備預金）の需給の状況（量ないし金利）に影響を与えることによって、金融市場の状況（長短金利、為替、株価）を変化させ、それによって実体経済の活動水準をコントロールするという行為だが、それを具体的に行う手段やメカニズムさえも、時代によって異なっていた。

　そこで本章では、便宜上まずFRSの最も洗練されたかたちで市場機能の重視を念頭に置いた金融政策の枠組み―正確には1994年以降2008年まで―における緩和と引締めのメカニズムを、主としてその手段に重点を置いて理解する作業を先に行ってしまうことにしよう。その後に第3章で、目的・目標の変遷、さらに手段とメカニズムの変遷についてもさかのぼって考察することにしよう。

　金融政策の枠組みの変遷の大きなとらえ方について、述べておこう。戦後長い間、各国中央銀行の政策枠組みはバラついていたが、おおむね、公定歩合操作、公開市場操作、支払準備率操作など複数の手段を併用することで金融引締め・緩和が行われてきた。FRSは、早くから公開市場操作を中心に据えてきた

が、1970〜80年代から徐々に、それによる短期政策金利の誘導に政策を一本化させる改革を進めていた。これが90年代の半ばに洗練されたかたちで確立され、ほぼ同じ時期にイングランド銀行（BOE）や日銀、さらに98年に発足する欧州中央銀行（ECB）も、おおむね同じ政策スタイルを完成させた。筆者は、

図表 2 - 1　主要国中銀 金融政策の枠組みの変遷

時　　期	枠 組 み	手　　段
〜1990年代半ば	（多様な手段を実施、各中銀でバラつき）	公定歩合操作 公開市場操作 支払準備率操作など
1990年代半ば〜	「短期金利誘導型」金融政策	短期政策金利の誘導 （公開市場操作による）
FRB　2008年〜 日銀　　08年〜 (注) BOE　　09年〜 ECB　　13年〜	非伝統的金融政策	大量資産購入 フォワードガイダンス 貸出誘導資金供給 マイナス金利政策
FRB　2015年〜 BOE　　17年〜 ECB　　22年〜 日銀　　24年〜	「超過準備保有型」金融政策	短期政策金利の誘導 （超過準備への付利による） 大量資産購入 フォワードガイダンス 貸出誘導資金供給 マイナス金利政策

（注）　日銀は1999〜2000年、2001〜06年にも非伝統的金融政策を経験し、その後「短期金利誘導型」に戻っていた。この経験で、日銀は「大量資金供給」も行っているが、この表では省略した（後掲・図表 5 - 4 には記載した）。
（資料）　筆者作成。

これを「短期金利誘導型金融政策」と呼ぶことにしている。

2008年の世界金融危機で、各国中央銀行はゼロ制約に直面し、政策金利引下げによる金融緩和が不可能になったため、非伝統的金融政策の世界に突入する（日銀のみは、1999年時点で一足先にこれを経験）。その後、このレジームからの「正常化」が行われるが、もはや短期金利誘導型に戻ることなく「新常態」への移行を余儀なくされる。これを「超過準備保有型金融政策」と呼ぶことにする。移行時期は、主要国中央銀行間で異なるが、図表2－1に示したようにとらえる。なお、非伝統的金融政策と超過準備保有型金融政策においては、常態として超過準備が発生している（Ample Reserve System）。

本章では、このうち「短期金利誘導型」のメカニズムを検討する。それは、第Ⅱ部で非伝統的金融政策手段や「超過準備保有型」のメカニズムを理解するための重要な基礎を形成する。

1 FFレート、FF市場、準備の需給

(1) 操作目標はFFレート

現在のFRSの金融政策の枠組みは、FOMCでFFレートの誘導目標水準を決定することを出発点としている。FFレート（Federal Funds Rate）は、銀行間貸借市場における金利である（第1章・注2参照）。その目標水準が変更されると、ニューヨーク連銀のオペ担当デスクは、FOMCの指令書に沿って新しい目標水準を達成すべく公開市場操作を行う。フェデラルファンド（FF）市場の需給に影響が及ぼされることで、FFレートが

目標水準近くにコントロールされる。

　こうした政策変更によるFFレートの変化（そしてFFレートの将来の水準の予想の変化）が、それ以外の短期金利や中長期金利、為替、株価を変化させ、さらにその変化が実体経済の活動に影響を与える、という一連の動きが、アメリカの「短期金利誘導型」金融政策の波及メカニズムである（本章3に詳述）。

　その意味で、操作目標（operational target）は当時（また現在も）、FFレートに置かれている。

　このような現在の金融政策の枠組み─政策当局がFFレートの誘導目標水準を決めることを出発点とする─が明確になったのは1994年のことである。それまでは、FFレートを操作目標としていても、FRSがはっきりとその水準に言及しないまま、市場参加者に以心伝心で水準が伝達されるといった方法をとっていた時期もあるし、操作目標がFFレートに置かれていなかった時期もある。このように、金融政策の枠組みは、いわば試行錯誤のなかから生み出され、大きく変化を遂げてきたのだが、これについては第3章で考察することにしよう。

　また、2008年の世界金融危機後に必要となった金融緩和で、FFレートがどんどん引き下げられ、その結果ほぼゼロに達してしまった。そのため、FRBは非伝統的な金融政策として量的緩和（QE）などに踏み込んだ（第5章参照）。そのもとでは、ゼロ（正確には0.1%）に貼りついて、それ以上は下がらないFFレートに金融政策の目標を置くのは、実質的には意味がない。

　しかし、そのようななかでも、毎回のFOMC後に発表されるステートメントでは、FFレートの誘導目標水準が0.1%と示

され、それに加えてその他の非伝統的緩和手段がアナウンスされていた。つまり名目的には操作目標はゼロ金利制約下でも、FFレートに置かれていたが、金融政策の実質は同時に発表されるさまざまな非伝統的緩和手段で示されていたわけだ。この点は日銀が行った非伝統的金融政策の場合と異なる部分である[1]。非伝統的金融政策の政策手段については第5章でみることにし、本章では、あくまで短期金利誘導型金融政策におけるメカニズムを検討していく。

(2) フェデラルファンド市場

FF市場は、日本ではコール市場と呼ばれる銀行（預金取扱金融機関）間の短期資金の貸借市場であり、言い換えれば、銀行が形成する準備預金（連銀当座預金）の貸借市場である。FF市場では、通常翌日物（オーバーナイト物）の取引が無担保で行われている（それより期間が長い、いわゆるターム物もある）。

　図表2－2は、市中銀行（商業銀行）のバランスシートを模式的に示したものだ。左側の資産サイドに注目すると、銀行は短期資金として手元に現金を置くと同時に、連銀の当座預金口座に準備預金を置いている。銀行は日々、取引先企業や家計の支払や資金貸借に応じて、他の銀行に支払を行ったり、逆に支払を受け取ったりするが、それがこの連銀当座預金口座間での

1　日本銀行は、2001年3月から06年3月まで行った量的緩和政策で、操作目標をそれまでのコールレートから日銀当座預金残高に変更した。また、13年4月からの量的・質的金融緩和では、ベースマネーの残高が操作目標とされた（ただし、16年9月に長短期金利操作が導入される前まで）。

図表2−2　市中銀行のバランスシート

（資産）	商業銀行　（負債・資本）
現金	
準備預金	預金
貸出	
有価証券	自己資本

（資料）　筆者作成。

準備預金の振替えによって行われている。つまり、A銀行がB銀行に（貸出や決済目的で）支払を行うとき、A銀行が連銀にもつ当座預金口座からB銀行が連銀にもつ口座に準備預金が移されることで、支払は完了する。

　個々の銀行は、この準備預金をある額だけ保有したい（保有しなければならない）という「準備預金の需要」をもっている。銀行は日々、その日の最終時点でこの需要に見合うよう資金調達と運用を行っている。つまり、準備預金が多すぎると判断すれば、これを他行に貸し出して運用し、足りなければ借入れを行う。そうした貸借を行う市場が、FF市場やレポ市場であり、その貸借・決済も連銀当座預金残高の振替えで行われるわけだ。

　一方、準備預金にはいくつかの供給要因があるが、公開市場操作などによるFRSの資金供給・吸収もその1つである。いずれにしてもFFレートは準備の需給によって決まるので、準備の需要と供給がどのような要因で変動するかをみてみよう。

(3) 準備の需要

準備の需要は、FRSの制度に即していえば、①法定準備需要（required reserve balances）、②決済用準備需要（contractual clearing balances）、③超過準備需要（excess reserve balances）の3つに分かれる。

第一の法定準備需要は、支払準備制度（reserve requirement system）（本章2(3)）のもとで預金取扱金融機関が法的に要求される「所要準備（required reserve）」（法定準備）を満たすために、連銀に預けなければならない準備預金の量として発生する。

ここでいう預金取扱金融機関、つまり所要準備を積み立てなければならないのは、商業銀行、貯蓄銀行、S&L、信用組合、外銀の支店、そして国内に存在して海外銀行業務を行っている金融機関である。

所要準備の額は預金に対する一定割合として計算されるが、この割合を支払準備率といい、預金の種類、額の多寡によって異なる率が設定されていた。支払準備率は、連邦準備法に定められた限度の範囲内でFRBによって決められる。当初は、日本の場合と同様、定期預金などにも適用されていたが、1990年代初頭から、決済性預金にのみ課されるようになった。決済性預金には、要求払預金に加え、付利されていても小切手が無制限に振り出せる預金が含まれる。後述のように、支払準備率の変更は金融政策の手段となり、過去には政策目的で変更されたこともあったが、1980年代以降、変更されることはなくなった[2]。

個々の銀行はこのように計算された所要準備の額を、手元現金と連銀に預ける準備預金とで満たさなければならない。したがって、所要準備額と手元現金の差が法定準備需要になる。この所要準備需要を満たせなかった銀行は、不足分につきペナルティーを支払うことになる。

　第二に、決済用準備需要は日本には存在しない概念だが、個々の銀行が、法定準備需要に見合う準備預金額ではその日の最終時点での決済に足りないと判断したときに、追加的に連銀に保有することをあらかじめ連銀と合意しておく準備の量である。この制度は1981年に導入されたが、当初、法定準備需要が十分に大きかったため、その額で決済に足りないということはなかった。だが90年代以降、法定準備需要が低下したために、銀行は決済用準備を設定し、その後大きく増加した。法定準備需要が低下したのは、次の本章2に後述するように、支払準備率が引き下げられたうえに、銀行のリテール業務改革で決済性預金からそれ以外の預金へのシフトが進んだためである。

　日本にこの概念が存在していなかったのは、かつてのアメリカのように、支払準備が定期預金にまで課せられているがゆえに、所要準備額が十分に大きかったためだ。つまり、所要準備額を満たすために保有する準備預金だけで十分に決済ができたわけだ。

　第三の超過準備需要は、法定準備需要、決済用準備需要という、連銀に預けねばならない準備の量を超えて保有しようとす

2　ただし、2020年3月以降、支払準備率は0％に引き下げられている。

る準備の需要である。通常は、準備預金は無利子だから銀行は超過準備を最小限に抑えようとする。しかし、銀行はこの満たさねばならない準備の量を満たせない不測の事態を防ぐためのクッションとして、追加的な準備をもつことがある。これは、決済取引量その他の不確実性に依存して日々大きく変動し、最も予測しにくい準備の需要である。

(4) 準備の供給

一方、準備の供給は、連銀の有価証券売買、連銀による貸出、そして連銀にとって外生的に決まる要因の3つに分けられる。

第一に、FRSが証券類を売買し、保有する証券の量が変化すると、それと同時に同額の準備預金が増減する。図表2-3はFRSのバランスシート（12地区連銀の統合バランスシート）を模式的に示している。FRSが証券類を（金融機関から）購入すると、左側の資産サイドで有価証券保有が増加して、その代金が購入先金融機関に振り込まれるので、右側の負債サイドで準備預金が同額増加する。逆に、売却が行われると有価証券保有は

図表2-3　FRSのバランスシート

（資産）	FRS　（負債・資本）
連銀貸出	銀行券
有価証券	連銀当座預金
（国債など）	（準備預金）
海外資産	政府預金

（資料）　筆者作成。

減少し、準備預金は同額減少する。こうした証券類の売買を、金融政策目的で行うのが公開市場操作である。売戻し条件付きで買う（買戻し条件付きで売る）場合（条件付オペ）と、買切り（売切り）の場合（アウトライトオペ）があるが、いずれの場合も以上のメカニズムは変わらない。

公開市場操作は最も基本的な準備供給の手段であり、FRSは通常、これによってFFレートをFOMCで決められた誘導目標水準に誘導している。次の本章2で詳説しよう。

第二に、連銀による銀行への貸出（連銀貸出）とその回収も、同様に準備の量を増減させる。貸出が行われると、左側の資産サイドで貸出が増加する一方、右側の負債サイドで準備預金が増加する。回収の場合は、その逆が起きる。2003年初以降、連銀貸出の貸出金利（公定歩合。正式にはプライマリー貸出レート）が市場金利（FFレート）よりも高く設定されるようになったので、銀行は市場が逼迫して市場金利が上昇した場合しか連銀借入れを利用しなくなった。したがって、通常は連銀貸出の量はわずかなものにすぎず、中心的な金融政策手段というよりもそれを補完する制度となった（これも本章2で再説する）。

第三に、連銀にとっての外生的な準備の供給要因として、銀行券要因と財政要因がある。銀行が現金を必要とするとき、銀行は連銀に預けてある準備預金を取り崩して、連銀から紙幣を引き出す。つまり銀行券の発行が行われる。この時、準備預金（の供給）は減少するので、連銀が何もしなければFFレートは上昇してしまう。逆に銀行が現金を必要としなければ、銀行は連銀に紙幣を持ち込んで預金するので、銀行券の発行残高が減

り、その分準備預金（の供給）は増加する。これを銀行券の還流（回収）という。自然体だとFFレートは低下する。これらが銀行券要因である。

　連邦政府（財務省）は、FRSに預金をもっており、これを政府預金（財務省預金）という。政府が公共事業などの代金を民間企業に連銀小切手で支払えば、その企業は取引先銀行に連銀小切手を持ち込み、それが銀行経由で連銀に持ち込まれて決済された時点で、政府預金が減少して同額の準備預金（の供給）が増加する。したがってFFレートは低下する。逆に政府が税収を得たときには、この逆のプロセスが発生するので、準備預金（の供給）は増加してFFレートは上昇する。以上が財政要因である。

　以上の供給要因を、供給を増加させる方向についてまとめると、

　　　準備預金の供給増＝有価証券の買入れ＋連銀貸出
　　　　－（銀行券の発行＋政府預金の増加）……(1)

となる（準備の供給を減少させる要因の場合は、右辺各項目の符号が逆になる）。これらは「資金需給方程式」と呼ばれることもある。

　ちなみに、FRSのバランスシートの左右は等しいので、図表2－3から、

　　　有価証券残高＋連銀貸出残高＋その他
　　　＝銀行券残高＋準備預金残高＋政府預金残高＋その他……(2)

という恒等式が得られる。これを準備預金残高について解くことにより、

準備預金残高＝有価証券残高＋連銀貸出残高

  −（銀行券残高＋政府預金残高）±その他……(3)

と書き換えることができる。(3)式は(1)式をストックのかたちに
書き直したものということができる。

2 公開市場操作と市場調節

(1) FFレートの誘導と諸制度

公開市場操作は本章1でみたように、FFレートをFOMCで
決めた誘導目標水準にコントロールする最も中心的な手段であ
る。そして、それは以下の諸制度によって補完されているとい
える。

第一に、すでに触れた法定準備需要と決済用準備需要は、
FRSにとって準備預金の需要を予測しやすくしている。法定準
備の額は、（下記のように積立期間内において）あらかじめ一定
額が決まってくるし、決済用準備需要も各銀行がFRSと契約す
ることによりあらかじめ決まる。FRSは事実上、超過準備需要
だけを予測すればよいことになる。

第二に、これら準備の積立制度がFFレートの変動を緩やか
なものとしている。すなわち、法定準備需要と決済用準備需要
は毎日満たされる必要はなく、2週間の「積立期間」(mainte-
nance period) のなかで日々の平均として満たされればよいこ
とになっている[3]。このために、たとえばある日の最終時点で
準備が余った場合に、安い金利で資金を他行に貸してバランス
させる必要はなく、積み期間の残りの日の準備を少なく積み立

てることで、準備需要を満たすことができる。その結果、積立の最終日にFFレートがやや大きく変動することはあるが、毎日の最終時点の変動は回避されている。

第三に、すでに指摘したように、連銀貸出は、公開市場操作を行った後に、準備預金の供給が十分でなかったときに、追加的に供給を行うことによって、FFレートの跳ね上がりを抑える手立てとなっている。

金融政策のテキストには、金融政策の手段として、公開市場操作、貸出政策、支払準備率操作の3つがあげられている。しかし、この時期のFRSでは公開市場操作が中心的手段となっており、上にみたように他の2つはこれを補完する制度に変貌を遂げている。無論、これらを金融政策目的で使うことは可能であるが、通常はそれが行われていない。FRSでは、このようなかたちで金融政策が「純化」されてきたのだといえよう。金融政策の手段を、公開市場操作を中心に据えるやり方に整備する動きは1990年代以降の日銀でもみられており、先進国中央銀行における1つの方向性であるといってよいだろう。

以下では、公開市場操作と、これら2つの手段（制度）についていま少し詳しくみていくことにしよう。

---

3 所要準備は、隔週水曜日に終わる積立期間に対して充足されなければならないが、その所要準備は最終日の2日前に終わる2週間における預金の1日当り平均残高を基礎に算定されている。このように計算期間と積立期間には2日のズレがあるが、この方式を同時積み方式と呼んでいる（日銀の場合には、後積み方式と呼ばれ、1カ月間の積立期間に対し、計算期間が15日先行している）。

⑵ 公開市場操作

　公開市場操作で実際に売買される有価証券は米国債である。FOMCの指令を受けて、ニューヨーク連銀の公開市場操作担当デスクが米国債の売り買いを行う。公開市場操作の相手方として指定されている民間金融機関を、特にプライマリーディーラーと呼ぶ。国債の売買は、主としてこれらを相手に入札形式で行われている[4]。プライマリーディーラーはニューヨーク連銀に当座預金口座をもち、健全性を保つように資本その他につき規制を受ける。

　担当デスクは日々、本章1で述べた外生的要因と連銀貸出などの状況から、準備預金の供給を数週間先まで予測する。一方で準備の需要を予測して、両者を比較することでその日の公開市場操作の必要額を割り出し、オペの種類ごとの実施額、つまりアウトライトオペか条件付オペかの、また条件付きであればその期間ごとの額を決定する。

　アウトライトオペや長期の条件付オペによる資金の調節だけではその日の準備の需給があわず、FFレートが誘導目標水準から大きく乖離しそうであれば、担当デスクは短期の条件付オペを発動する。もっとも実際は、短期の条件付オペが、アウトライトオペや長期の条件付オペよりもはるかに頻繁に行われる。それは、準備預金の外生的供給要因や超過準備需要の変動

4　ニューヨーク連銀の国債売買の相手方としては、プライマリーディーラーのほかに、海外通貨当局や国際機関がある。その注文に応じて国債を売買すると準備預金の量が変化し、公開市場操作を行ったのと同じ効果がある。しかし、これらの主体がこの注文を市場につなげば、準備預金の量は変化しない。

が大きいために、準備の需給は日々かなり大きく変動するからである。

アウトライトのオペには売りオペと買いオペ（買切りオペ）があるが、買切りオペが圧倒的に多い。1つには、買切りオペによる連銀の国債保有量は、満期が来たときの償還によって自然に減っていくからだ。

もう1つには、連銀はいわゆる成長通貨の供給を行う必要があるからである。経済成長により取引が活発化すれば貨幣の需要（取引需要）が高まるため、連銀は貨幣を供給する必要がある。連銀がこれに応じて銀行券を発行すると、連銀のバランスシートの負債サイドがふくらむが、これに対応した資産サイドの増加が、買切りオペによる恒久的な国債保有の増加である。この現象は、「銀行券発行の裏付けとして国債の保有が必要になる」という言い方で説明されることもある。

準備預金の需給に即して言い換えれば、連銀に外生的な準備の供給要因である銀行券要因が、銀行券発行による準備の減少をもたらすので（ただし短期的ではなく長期的な）、これに対応して買切りオペによる（長期的な）準備供給が必要になる、ということになる。

いずれにしても、このためアウトライトオペは買いが多く、売りオペはめったにみられない。

条件付オペは、これに対し短期的（一時的）な準備預金の需給を調整するものだ。売戻し条件付きの買いオペは、レポ（repurchase agreement）と呼ばれ、プライマリーディーラーとの間で、一定期間後に売り戻す契約のもとに行われる。その期間

は翌日物が多いが、もっと長い間準備預金の不足が予測される場合は2〜13日物も設定される。状況に応じて、さらに長期のレポが行われることもある。その場合、売り手は担保を差し出す必要があるが、国債、政府支援機関（GSE）債、住宅担保証券が適格とされている。

買戻し条件付売りオペは、リバースレポ（reverse repurchase agreement）と呼ばれ、準備預金の余剰が予測されるときに、やはりプライマリーディーラーとの間で、一定期間後に買い戻す契約のもとに行われる。

(3) 支払準備制度

支払準備制度は、銀行がもつある種の負債、つまり預金の一部に対し、一定割合の資産を支払のための準備としてキープしておかなければならない、という制度である。つまり、銀行はその分の資産を、貸出や有価証券投資に振り向けずに、現金として保有するか連銀にもつ当座預金口座に準備預金として積み立てるかしなければならない（連銀の当座預金は通常無利子である）。「支払準備」の名のとおり、預金の払戻しやその他の「支払に備える」ために流動的な資産を準備しておく、というのが制度の趣旨である。

かつては、この制度を使って金融政策が行われたし、中国をはじめ新興国・途上国の中央銀行では現在もこれが活用されている。連銀は、①支払準備率を変更する、②支払準備を適用する負債（預金）の種類を変える、という操作で銀行の行動に影響を与えることができる。かつて、この制度が金融政策の手段

として利用された時には①が発動された。

　一般に、たとえば支払準備率の引下げは金融緩和の手段となる。それにより所要準備額が減れば、銀行は、より多くの資産を貸出や有価証券投資に回せるので、信用創造[5]を通してマネーストックが増加し（流動性効果）、また金利が付与されない準備預金の量を減らすことができるので、（機会）コストが低下し資金調達がしやすくなる（コスト効果）からだ。支払準備率の引上げは、逆に金融引締めの効果がある。

　1960〜70年代に、FRSは支払準備率操作を多用した。しかし70年代には、次第にこの制度自体が抱える問題が顕在化した。金融自由化の進展で新しい銀行の資金調達手段が登場したが、これらもFRSは支払準備の対象負債に加えていった。しかし当時、支払準備はFRS加盟銀行にのみ課されていたので、高金利の進展も相まって加盟銀行の負担が大きくなり、多くの銀行が非加盟となる事態が発生した。日本の場合には預金取扱金融機関すべてが日銀に準備預金を預けなければならないことを考えると、このような悩みはアメリカ特有だったといってよいだろう。

　1980年金融制度改革法（MCA：Monetary Control Act of 1980）がこの問題に終止符を打つために制定された。FRSに加盟していないものも含めたすべての預金取扱金融機関が、FRSに準備預金を預けなければならなくなった（外銀の在米支店も含む）。そして、決済性預金の法定準備率を8〜14％、非個人

5　信用創造については第5章2(2)・(3)を参照されたい。

の定期預金のそれを0〜9%の範囲内で、理事会が決めてよいことになった。FRSは、準備需要を予測するという公開市場操作の補完手段を整備する目的で、準備預金制度を構築し直したのだといえよう。

　MCAの制定以来、支払準備率操作は金融政策の手段としては使われなくなったが、1990年12月に非個人定期預金の法定準備率が3%から0%に引き下げられ、92年4月には決済性預金のそれが12%から10%に引き下げられた。これら90年代初めの支払準備率変更は、短期的な金融緩和政策とはいえないが、銀行などの預金取扱金融機関の資金調達コストを引き下げ、金融仲介機能を高める目的があったとされている（FRB〔2005〕p.44）。

　1990年代初め以降長い間[6]、支払準備率は変更されなかったが、アメリカにおける所要（法定）準備額は大きく減少してきた。それは、銀行が90年代にリテール業務改革の一環として、支払準備を課される当座預金口座から、支払準備対象外の短期預金口座に顧客の預金を移す戦略をとったからである。こうしてアメリカの銀行は、預けなければならない無利子の準備預金の額を節約したわけだ。

　図表2−4にみるように、この結果、1990年代後半に法定準備預金額は大きく減少したが、そうなると、預金準備制度の本来の目的である「支払に備える」という目的が果たせなくなる可能性がある。また、FRSにとって準備の需要予測が困難にな

6　本章注2を参照。

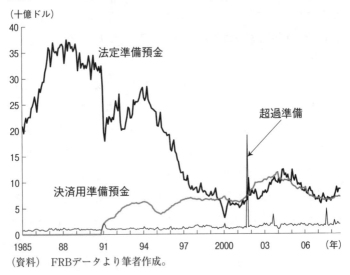

図表 2 - 4　法定準備預金、決済用準備預金、超過準備の推移

（十億ドル）

（資料）　FRBデータより筆者作成。

るという不都合が発生する。これを補完するために90年代に利
用が増加したのが、先に触れた決済用準備預金の制度である。

　同制度は、MCAの制定に引き続き1981年初に導入された。
この制度のもとで、預金取扱金融機関は法定準備預金額を超え
る準備預金、つまり決済用準備預金をもつことを連銀と合意
（契約）することができる。その見返りに、銀行はその準備預
金額に応じたクレジットを得ることができ（一種の金利と考え
てもよい）、そのクレジットはFRSが提供する小切手決済や送
金サービスの利用料に充てることが可能だ。したがって法定準
備額の小さい銀行は、どうせ決済のためにそれを超える超過準
備をもつのであれば、この決済用準備預金の積立に合意してお

くインセンティブをもつ。だが、もしその合意した量の準備預金の積立ができなければ、ペナルティーを払う必要がある。FRSにとっての利点は、何といってもこれによって準備需要の予測がしやすくなることだ。

　制定当初、法定準備額が十分に大きかったので、それで決済に支障がなく、この制度は利用されなかったが、1990年代初めからかなりの勢いで増加していることが図表2－4からわかる。もっとも2008年9月以降、金融システム不安に対応すべくFRSは銀行システムに大量の準備供給を行い（第5章に後述）、その後、量的緩和の結果として準備預金はどんどん増加し、超過準備額は激増していった。そのもとで、決済のための準備預金が不足することは事実上なくなったため、12年7月にこの制度（contractual clearing balance program）は廃止されている（量的緩和の終了後に、FRSの資産保有残高が縮小され、超過準備がほぼゼロになった時点で再び必要になるはずだが、第5、7章でみるように超過準備の保有は常態化している）。

(4)　**連銀貸出**

　連銀は、市中銀行に対し貸出を行うことができる。これを連銀貸出といい、そこに付与される金利は長い間、公定歩合（official discount rate）と称されてきた。そして、かつてはそれが貸出政策や公定歩合操作の要として、金融政策の手段とされてきた。

　この点はかつての日銀で典型的だったが、FRSの場合にはこれともかなり様相が異なる。日本では、1980年代半ばまでの規

制金利時代に、預金金利をはじめとする諸金利が公定歩合に連動して上下する金利体系が設定されていたので、公定歩合の変更が何よりも重要な金融政策の手段であった。これに加えて、日銀貸出とその回収を日銀の意思で行うことによって準備の供給を調節し、それによってコールレートを誘導するというファインチューニングが行われていた。

　しかし、アメリカでは戦後、預金金利上限規制（レギュレーションＱ）が行われたものの、これが公定歩合に連動して動かされていたわけではなく、また連銀貸出の量を連銀が主導権をもって決めていたのではなかった。FRSの場合は、早くから公開市場操作によって準備量がコントロールされており、そもそも連銀貸出はそれを補完するものでしかなかった（第3章3参照）。

　公定歩合は、通常はFFレートよりも低く設定されていたので（1990年代には0.25〜0.5％程度）、金融機関は連銀からの借入れを行えば、FF市場で資金調達するよりも安上がりだった。しかし、連銀貸出の条件はほかから借入れができない場合とされ、連銀は貸出を受けた金融機関を厳しく管理した。連銀貸出を受けると健全性の劣る金融機関であるという烙印（スティグマ；stigma）を押されるため、金融機関はできるだけこれを避けた[7]。

　公定歩合の上げ下げ（公定歩合操作）は、公開市場操作による準備の調節を補完する役割を果たした。つまり、公定歩合を引き上げると金融機関による借入れのインセンティブが削がれて連銀貸出は減少し、引き下げると貸出は増加して準備の量が

変動した。また、公定歩合はFFレート誘導目標水準の変更とほぼ連動して行われ、（とりわけFFレートの変更が明示されない時代には）FRSの金融政策のスタンスを示すシンボリックな意味をもっていたといえる（アナウンスメント効果）。

しかし、金融機関が連銀からの借入れを忌避する傾向は、資金市場を補完する連銀貸出の役割を減殺する、という問題を抱えていた。そこで、2003年1月に連銀貸出改革が行われ、現在の制度が形成された。そこでは、3種類の貸出制度が創設された。

第一は「プライマリー貸出」であり、連銀が健全な金融機関に限って貸出を行う。健全であることが前提なので、貸出先に対しては管理を行わない。貸出期間は超短期が前提で翌日物が多く、それに適用される金利は通常FFレート誘導目標水準より1％高く設定され、プライマリー貸出レート（primary credit rate）と呼ぶ（図表2－5参照）。この貸出が連銀貸出の中心なので、プライマリー貸出レートの意味で「公定歩合」の呼称が使われることもある。

金融機関は、適格担保を差し入れていれば、いつでも連銀からこの貸出を受けることができる一方、新しい「公定歩合」は

7　この当時の連銀貸出には、①準備調整貸出（adjustment credit）、②特別貸出（extended credit）、③季節貸出（seasonal credit）の3つがあった。本文で説明したのは、①準備調整貸出に相当する。②特別貸出は、預金取扱金融機関が特殊な状況下で流動性危機に直面した場合などに行われるものであり、「中央銀行の最後の貸し手機能」を担うものである。すぐ後に述べる2003年の連銀貸出改革で、準備調整貸出がプライマリー貸出に、特別貸出がセカンダリー貸出に、それぞれ変更されたといえる。

図表2−5　FFレートと公定歩合の推移

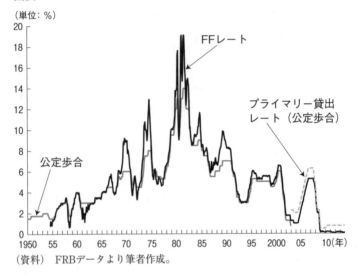

（単位：％）

（資料）　FRBデータより筆者作成。

かつてと違いFFレートよりも高く設定されている[8]。その結
果、たとえば天災やテロなどで市場の機能が滞ったときに、連
銀貸出は市場のバッファーとして資金供給を行う手段としてよ
り適切に機能するようになったといえる。同時に、公定歩合が
FFレートの上限を画することになり、市場の混乱時にFFレー
トの跳ね上がりを防ぐ役割を果たす。こうしたタイプの中央銀
行貸出、つまり市場金利よりも高い金利による貸出を「ロン
バート型貸出」と呼ぶ[9]。

　第二は「セカンダリー貸出」であり、健全性に難がありプラ

8　適格担保となるのは通常の貸出と投資適格の証券だが、担保掛け目は
　連銀が決める。

イマリー貸出に適さない金融機関に行われる貸出だ。それにより貸出先金融機関が立ち直るメドがあることが必要で、連銀は貸出先の財務状況や借入理由をきちんと把握しなければならない。やはり翌日物が典型で、適用金利であるセカンダリー貸出レート（secondary credit rate）は通常プライマリー貸出レートの0.5％上に設定される。

第三は「季節クレジット」であり、資金需給に年間を通して明らかな季節性がある金融機関への貸出である。農業関連、観光関連の小規模銀行が主な対象であり、長期の貸出が行われる。金利は、準備の積立期間の初日に、直前の積立期間のFF実効レートと3カ月CDの平均で算出する。

連銀貸出を受けられるのは、連銀に準備預金を預けている金融機関（したがって、今日では事実上すべての預金取扱金融機関）である。このように連銀貸出は、主としてプライマリー貸出を通して、公開市場操作によるFFレートの誘導を補完する制度

9　なお、世界金融危機勃発後の2008年10月から、準備預金に対する付利が行われるようになった。当初所要準備と超過準備への付利水準（それぞれIORR、IOER）は異なった（前者はFFレートの誘導目標（積立期間の平均）よりも0.1％ポイント低い水準、後者は0.75％低い水準）が、12月のFOMC以降、ともに0.25％（つまり0.75％低い水準）と同水準になった（第5章3参照）。公定歩合がFFレートの上限を画するのに対し、この制度は下限を画し、政策金利（短期市場金利）を安定化させる役割を果たしている。このように、民間銀行からの申込みで、あらかじめ決められた金利で中央銀行が貸出を行う制度（貸出ファシリティ）と、預金を受け入れる制度（預金ファシリティ）を、あわせてスタンディングファシリティと呼ぶ。また、両金利に上下限を画された短期市場金利の変動幅はコリドーと呼ばれる。BOEとECBは、金融危機以前からこの体系を整えていた。日銀はFRBと同様、金融危機後に預金ファシリティを導入した。

として整備されてきており、もはや独立の政策手段としての意味づけを失っているといえる。

3 政策変更の実際と実体経済への波及経路

(1) 「短期金利誘導型」における金融政策の波及経路

　本章1・2で、FOMCによるFFレート誘導目標の設定がFRSの「短期金利誘導型」金融政策の出発点であり、それに従った公開市場操作によりFFレートが目標水準に誘導されることを述べた。では、その後、金融政策の効果は実体経済にどのように波及するのだろうか。

　この点を、まずFRS自身がどう説明しているかをFRB〔2005〕に沿ってみてみよう（p.16〜19)[10]。ここでは、金融政策を緩和方向に発動した場合について、その述べるところを要約的に示してみることにする（これを図表2－6に図示した。以下の①〜④、(i)〜(iii)は図中のそれと符合する）。

10　*The Federal Reserve System : Purpose and Functions*の第9版である。この書物は、1939年に初版が発行されて以来、改訂が重ねられ、FRSの業務内容を、（金融政策のみならず、金融安定化の施策や金融機関の規制・監督、決済システム、金融における消費者保護などに至るまで）一般向けに説明するツールとして定着している（第1章注1も参照）。最新版は2021年の第11版だが、そこでは非伝統的金融政策の諸手段の存在を前提として、基本としてのFFレートの誘導とその波及経路についても記述されているが、短期誘導型金融政策をサポートするさまざまな仕組みに関する説明は大幅にカットされている。したがって、これに関するFRBの考え方を知るには第9版が適切である（なお、第11版から書名が*The Fed Explained : What the Central Bank Dose*に変更されている）。

図表2－6　金融政策の波及経路（緩和の場合）

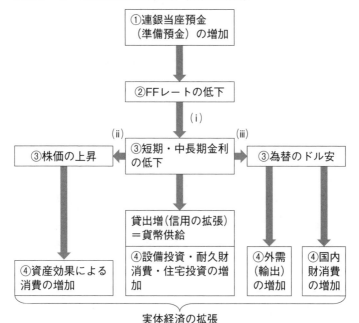

（資料）　FRB〔2005〕の記述をもとに、筆者作成。

　まず、FOMCがFFレートの誘導目標水準の引下げを決定する。その指令を受けたニューヨーク連銀の担当デスクは、①公開市場操作の買いオペで準備預金を増やし、②FFレートを新しい誘導目標水準まで引き下げる。このFFレートの低下（および将来のFFレートが低く推移するという期待）が、③市場の裁定を通して(i)その他の短期金利や中長期金利の低下、(ii)株価の上昇、(iii)為替のドル安を引き起こす。④それらの変化が家計と企業の支出（耐久財消費、住宅投資、設備投資など）や外需を増

やすことで総需要、したがって実体経済を拡張させる。

　FRB〔2005〕はこれに続き、上記③をさらに次のように説明する。

　(i)TBやCPのレート（短期金利）は、FFレートの低下だけでなく、FFレートがそれらの満期までの期間低くとどまるという予想によっても低下する。長期国債、社債、住宅ローン、自動車その他消費者ローンなどの金利（長期金利）は、短期金利の低下だけでなく、短期金利がそれらの満期までの期間低くとどまるという予想によっても低下する。

　(ii)長期金利が低下すると、他の条件が同じならば、株式のリターンが国債のリターンをより上回ることになるので、株式が買われ株価は上昇する。また、長期金利の低下は将来景気を上昇させ企業収益を増加させるという期待を生み、株価は上昇する。

　(iii)長短金利の下落はドル資産の魅力を低めるので、外国為替市場でドルが下落する。

　そして、④については次のように説明されている。金利の低下、株価の上昇、為替のドル安が、さまざまなかたちで支出を増加させる。(i)金利の低下は、企業や家計の資金調達コストを下げるので設備投資、耐久財消費、住宅投資を増加させる。住宅金利が低下すれば、より低い金利で住宅ローンの借換えが行われて家計の金利負担が減るから、消費も増える。(ii)株価の上昇は、資産効果により家計の消費を増加させる。(iii)ドル安は、アメリカの財・サービスの海外市場への輸出価格を引き下げるから、輸出を増やす。同時に、輸入財の価格が上昇する（の

で、国産品の消費が増加する)。

　以上を、短期金利誘導型金融政策の実体経済への波及経路と、そしてとりわけ(i)の経路をそのメインルートととらえることにしよう。FRSは1990年代半ば以降、金融政策の景気への波及ルートをこのようなかたちで整えてきたといえる。そして日銀を含む先進国の中央銀行は、いずれも同様な金融政策ルートの「整備」を行ってきた[11]。

　注目しておきたいのは、FRB〔2005〕では、マネーストックの増加が景気拡大を引き起こすというマネタリスト的な説明がなされていないことである。マクロ経済学や金融論のテキストでは、かつてそのような説明、つまり中央銀行が公開市場操作によって準備預金(したがってベースマネー[12])を増加させると信用創造によりマネーストックが増加し、それが金利の低下を引き起こすことで景気の拡大を招く、という説明が中心に置かれていたことがある。このような説明は、IS-LM分析における金融政策のとらえ方、すなわち中央銀行がマネーストックを増加させることが金融政策の出発点であり、LM曲線が右シフトする結果、金利の低下と生産の拡大が引き起こされる、というロジックと整合的である。

11　ここで(i)をメインルートととらえるのは、(iii)を目的として金融政策を行うことが国際政治上、是認されえないからである。(ii)もバブル形成や所得分配の不平等を助長する可能性があり、これのみを当初からねらって政策を打ち出すことはむずかしいだろう(ただし、非伝統的金融政策における資産購入は、少なくとも結果的にはこれを行っているといえる)。

12　ベースマネー(マネタリーベース)＝現金＋準備預金。

しかし現実に行われている金融政策の出発点は、すでにみたようにFFレート（日本ではコールレート）誘導目標水準の設定であり、それを達成するためにベースマネー（の構成要素である準備預金）の増加が図られる。その結果、長期金利が低下して投資や消費支出の需要が発生し、貸出が増加する。貸出の増加により、企業のもつ預金が増加することでマネーストックが増加する[13]。ここで景気拡大とマネーストックの増大は同時に起きるのであって、「ベースマネーの増加⇒マネーストックの増加⇒金利低下⇒生産拡大」というIS-LM分析による説明はほとんど現実を無視したものにすぎない。マネーストック増大の前に金利（まずFFレート、そして長期金利）の低下がある点が理解されねばならない[14]。

　図表2－6は、前述のようにFRB〔2005〕の説明のロジックを、筆者がそのまま図示してみたものだが、この点をはっきりさせるために、そこに述べられていない概念を1点加えてある。すなわち、「③短期・中長期金利の低下」が「④設備投資・耐久財消費・住宅投資の増加」を招くときに貸出が増加し、その時点でマネーストック（貨幣供給）が増えるという点を表現するため、「④設備投資・耐久財消費・住宅投資の増加」の上に「貸出増（信用の拡張）＝貨幣供給」を書き加えた。

　ところで、2008年秋以降、FFレートがほぼゼロに達してし

13　マネーストック＝現金＋預金。ただし、金融機関が保有する現金を含まない。なお、マネーストックは従来、マネーサプライと呼ばれていた。

14　この点は、田中〔2023〕第1章も参照。

まい、それ以上のFFレート引下げができなくなった。つまり②が機能しなくなり、「平時」における金融（緩和）政策の波及経路は作用しなくなった。したがって、FRSはこれ以外の金融政策波及ルートを想定した金融緩和を行っている。それらは「非伝統的金融政策」と呼ばれているが、これについては、第5章で検討することにする。なお、非伝統的金融政策という言葉を使うときに意識されている「伝統的金融政策」が、ここで明らかにした短期金利誘導型金融政策の波及経路である。

(2)　その他の波及ルート

　金融政策には事実上、これ以外の波及ルートも存在すると考えられてきた。ここでは、フレデリック・ミシュキンによる金融政策の波及経路の整理を参照しながら、それらのルートをも検討してみよう（Mishkin〔2010〕）。

　同書は、波及経路を大きく3つに分けている（これを図表2−7に示した）が、第一に「伝統的金利チャネル」として、金利低下が設備投資、住宅投資、耐久財消費を引き起こす経路を取り上げている。これは、図表2−6のメインルート、つまり(i)である（なお、同書はそのなかに、拡張的な金融政策が期待インフレ率を引き上げれば実質金利が低下する、という効果も含めている）。

　第二に、「その他の資産価格効果」として、「為替レートの純輸出への効果」「トービンのq理論」、そして「資産効果」による消費増をあげている。1番目と3番目は、それぞれ同図の右のルート(iii)と左のルート(ii)に当たる。2番目のトービンのq理

図表2−7　ミシュキンによる金融政策の波及経路

波及経路	作用するGDPの需要構成項目
伝統的金利チャネル	設備投資、住宅投資、耐久財消費
その他の資産価格効果	
為替レートの純輸出への効果	純輸出
トービンのq理論	設備投資
資産効果	消費
クレジット・ビュー	
銀行貸出チャネル	設備投資、住宅投資
バランスシートチャネル	設備投資
キャッシュフローチャネル	設備投資
予期せざる物価水準チャネル	設備投資
家計流動性効果	住宅投資、耐久財消費

（資料）　Mishukin〔2010〕p.603の図2より筆者作成。

論は、FRB〔2005〕には明示的に出てこないので図表2−6
にも描かれていない。

　ジェームズ・トービンはqを、企業の市場価値（株価総額）
をその企業の生産設備の価値（再取得価格）で割った額と定義
した。株価が上がってqが上昇すれば、企業は株式の発行で資
金調達して相対的に安い生産設備を取得できるので、設備投資
が増加する、と考える（逆にqが低いと、企業は設備投資をせず
に、他社の古い生産設備を買収する）。これは、図表2−6の(ii)
のルートに含めて考えることも可能だろう。

第三に「クレジット・ビュー」として、5つのルートをあげている。これは、一般に、「マネー・ビュー」の反対概念として使われてきた。金融政策の波及経路を考えるうえで、マネー・ビューが貨幣供給量や金利を重視するのに対し、銀行貸出量を重視するのがクレジット・ビューであると説明されている。

　1つ目は「銀行貸出チャネル」であり、拡張的金融政策が銀行の準備預金、したがって預金と貸出を増やす、というものだ。中小企業など、資本市場から資金調達できない企業の設備投資の増加を引き起こす、と説明されるが、(i)のメインルートに含まれる一局面をとらえたものともいえる。

　2つ目以降は、結果的に企業や家計の借入れがしやすくなることで、投資や消費が増加すると考えるものだ。2つ目の「バランスシートチャネル」は、株価の上昇が企業の正味資産を引き上げるから、その企業が借入れをしやすくなり、3つ目の「キャッシュフローチャネル」では、金利低下が企業や家計のキャッシュフローを好転させることが借入れを容易にする要因だ。

　4つ目の「予期せざる物価水準チャネル」では、金融緩和がなんらかのルートで物価を押し上げれば、企業の負債が軽くなって実質正味資産が増えることで借入れの可能性が増大し、5つ目の「家計流動性効果」は、株価の上昇が家計の債務状況を好転させるので、家計の借入れがしやすくなる、というものだ。ただし、これらのルートのうち多くは、金融が収縮しているときの金融システム安定化策のメカニズムに近いということ

もできる。

　これらのルートを検討することは、メインルートである金利の低下が行き詰まったときに、どのような非伝統的な緩和策が可能かを考えるうえでの参考になる。第6章1でみるように、現在行われている非伝統的政策は、結果的には株価の上昇がなんらかのルートで実体経済の刺激に効いていると考えられるが、それは資産効果だけでなく、このような企業や家計のバランスシート好転を通じたルートも含んでいると考えるべきかもしれない。また期待インフレ率の上昇にも、実質金利の低下による景気刺激効果だけでなく、企業の負債を軽減する効果があるということができる。

第 3 章

金融政策の目的・目標・枠組みの変遷（2008年まで）
―「短期金利誘導型」の形成過程―

金融政策の目的（goals）・目標（targets）・手段（tools）は、時代により、また各国中央銀行により、しばしば異なっている。第2章では、FRSにおける「短期金利誘導型」金融政策のメカニズムを明らかにしたが、そこではFFレートが「目標」（操作目標）とされ、公開市場操作が主たる「手段」とされていた。しかしすでに示唆したように、目標や手段はこれまでのFRSの金融政策の歴史のなかで変化してきた。また「目的」については、第2章では論じる余地がなかった。

　そこで、本章では、やや歴史的な視座に立ち、FRSの金融政策についてこの3つのエレメント（とその変遷）を検討してみよう。本章1では目的の変遷を検討し、続く2で目標にかかわる基礎的な整理を行う。3では目標に注目し手段にも留意しながら、金融政策アプローチの変遷をたどることにするが、これは第2章冒頭でみた（図表2－1）、FRSが短期金利誘導に政策を一本化させる改革、言い換えれば短期金利誘導型金融政策形成の過程を示すものといえる。

　中央銀行は17世紀から欧州に存在していた。FRBが設立されたのはアメリカ建国後130年以上も経過した20世紀初頭であり、それら先行する中央銀行に倣った制度づくりが可能であった。しかしすでにみたように、アメリカの金融制度自体が独自の発展を遂げてきていたこともあり、中央銀行制度も第1章でみたように独自のものとなった。そして金融政策の枠組みにも、欧州のそれとは異なるかたちが散見される。

1 金融政策の目的

(1) デュアルマンデート

FRSは、金融政策の目的の点でユニークな中央銀行であるといえる。日銀やECB、BOEをはじめ先進国の多くの中央銀行が、金融政策の目的を「物価の安定」としているのに対し、FRBはそれに加えて「完全雇用の達成」をも掲げているからだ。

経済学や金融論、金融政策のテキストは、中央銀行が行う金融政策（マネタリー政策）の目的（しばしば最終目標とも表記される）を、①物価の安定、②完全雇用の達成（経済成長）、③国際収支の均衡（あるいは為替レートの安定）の3つとしてきた[1]。また、現在でも広い意味では、金融政策が目指すべき、あるいは目指すことのできる目的として、この3つがあげられることがある。少なくとも、これら1国経済の基本的なマクロ経済政策目的—これを「目的変数」と呼ぶ—に、金融政策がなんらかの影響を与えることができるのは間違いない。

しかし1980〜90年代以降、金融政策の目的は「物価の安定」に絞られるべきだ、という識見が定着した。80年代後半以降に法改正が行われたBOEや日銀、そして新たに設立されたECBでは法律上、金融政策の目的を「物価の安定」と明記している。

---

[1]　たとえば、酒井ほか〔2004〕24頁。ブローダス〔1989〕36頁。

これに対しFRBは、「物価の安定」と「完全雇用の達成（経済成長）」の２つを目的として掲げているが、これはデュアルマンデート（dual mandate）と呼ばれ、とりわけ2008年のリーマンショックを頂点とする金融危機後に注目されるようになった。

　法律上規定されたのは1977年のことだが、これが強く認識され、FOMCでの金融政策決定時にしばしば言及されるようになったのは、世界金融危機後に先進国中央銀行で超緩和策が打ち出されるなかでのことである。

(2)　シングルマンデート論定着の背景

　金融政策の目的を「物価の安定」１本に絞るべきだ、といういわばシングルマンデート論は、なぜ定着したのだろうか。

　第一に、1970〜80年代以降、インフレ抑制が各国経済政策の大きな課題になったからだ。アメリカ経済の黄金期ともいわれた60年代、CPI上昇率はその前半は１％台に抑えられていた。しかし、60年代後半から、ベトナム戦争の戦費に起因するアメリカの「ドル散布」の影響が顕在化し、世界的にインフレ率が高進し始めた。73年のオイルショックは、日本やイギリスなどエネルギー源を輸入に頼っていた国を中心に、さらなる物価上昇を引き起こした。

　イラン革命を契機とする1978年暮れからの第二次オイルショックを、日本や西ドイツは省エネや減量経営によって比較的軽微に乗り切ったのに対し、アメリカのインフレ率は80年に13.5％と戦後最高を記録した。FRBはこの高インフレを、第

4章で後述するようにポール・ボルカー議長の高金利政策で乗り切るが、それはマイナス成長という高い代償を必要とした。こうした経験を経て、物価の安定がいかに経済にとって重要か、を各国政府と中央銀行は学んだのだといえよう。

第二に、ミルトン・フリードマンらのマネタリズムが、政策への影響力を強めたためだ。短期では「物価の安定」と「完全雇用の達成」はトレードオフの関係に立つ。しかし長期的には、インフレ抑制を犠牲にして金融緩和しても失業率は下がらない、という自然失業率仮説の台頭だ。

これらを背景に、金融政策の目的は物価の安定に絞るべきだ、という議論が優勢になった。また特に日本では、1985（昭和60）年のプラザ合意後に対外均衡の達成（経常黒字の縮小）に偏った金融政策運営がバブルを引き起こしたとして、金融政策の目標は対内均衡、とりわけ物価の安定に絞られるべきだ、という考え方が有力になった。

もっとも、バブル期には物価は安定していたから、物価をメルクマールに金融政策の判断を行っていたとしても、バブルは防げなかったはずである。しかし当時、金融政策の目的における対内均衡が即「物価の安定」ととらえられ、少なくとも「完全雇用の達成」ではないと考えられたのは、上述の世界的な風潮に強く影響を受けたものといえるだろう。

こうして1997（平成9）年の日銀法改正で、金融政策の目的が物価の安定であることも、はっきりと示された[2]。98年に設立されたECBも、その主要な目的を「（単一通貨）ユーロの購買力の維持とそれによる物価の安定」と謳っている[3]。BOE

は、97年に金融政策に関して政府からの独立性を獲得したが、やはりその目的を「物価の安定」と明記している[4]。

　こうした世界的な趨勢は、アメリカの政策担当者や経済学者を中心に広がったものであり、FRBの政策も事実上その第一の目標を物価の安定に置いて行われていたとみてよいだろう。したがって、この間、FRBがデュアルマンデートを掲げていることは、ほとんど注目されてこなかった。

　なお、こうした趨勢は、後述する1980年代末からの世界の中央銀行におけるインフレターゲット導入の動きとも、密接に関連している。

(3)　連邦準備改革法とハンフリー＝ホーキンス法の制定

　1977年に制定された連邦準備改革法には、「最大の雇用水準、物価の安定、適度な長期金利水準の維持を通じて、生産の潜在的成長率を達成するような貨幣・信用の長期増加率を維持する」と明記されている。これがデュアルマンデートの根拠

2　新日銀法は日銀の目的を、通貨および金融の調節と信用秩序の維持としており、前者を行うにあたり「物価の安定を図ることを通じて国民経済の健全な発展に資する」ことを理念とする、という書き方でこれを示している。

3　同行ウェブサイト（http://www.ecb.europa.eu/ecb/html/index.en.html）。

4　「中心的目的1」を貨幣の安定（monetary stability）、「中心的目的2」を信用秩序の維持（financial stability）とし、前者の内容については「物価の安定」であり、さらに「それによって、成長と雇用を含む政府の経済上の目的をサポートすること」と説明している（本書初版刊行（2014年）時点の同行ウェブサイト　http://www.bankofengland.co.uk/about/Pages/corepurposes/default.aspx）。

だ。同法でこのような規定がなされた背景と、これをめぐる考え方のその後の推移について、若干の考察を行っておこう。

　そもそもFRSの設立を規定した1913年連邦準備法には、先にも触れたように、金融政策の目的として、完全雇用や物価の安定など、今日では当然とも考えられるマクロ経済安定化は明記されていなかった。当時、物価は金本位制によってコントロールされていたから、FRSには季節的・循環的な信用の変動を調節するという受身の役割が期待されていた。景気刺激策は、いわば財政政策にのみ委ねられていた。

　第二次世界大戦が終わった直後、1946年雇用法が「完全雇用の達成」を連邦政府の責任と明記した。終戦直後のアメリカでは、雇用の創出が第一の政策課題となったためだ。しかし、これがFRSの金融政策の直接の目的とされたわけではない。完全雇用を含むマクロ安定化の責務はまず議会や財政当局にあり、中央銀行はこれをサポートする位置づけだったといえる。こうした見方は、50〜60年代を通じて歴代FRB議長にも引き継がれていたという（小野〔2011〕）。

　ところが、すでにみたようにアメリカ経済は1960年代末〜70代にかけてインフレに悩まされるようになり、物価安定が重要な政策課題になった。77年連邦準備改革法は、こうしたなかでアメリカの経済政策を雇用偏重から脱却させ、とりわけFRSに物価安定へコミットさせる意味をもっていた。

　さらに1978年完全雇用・均衡成長法（通称ハンフリー＝ホーキンス法）は、大統領経済報告に失業率とインフレ率の短期目標などを明記するように求めるとともに、FRSに通貨・信用量

の伸び率の上限と下限を示すことを義務づけた（本章3(2)参照）。

(4) デュアルマンデートの再認識と「雇用ターゲット」

金融危機後、FRSは再び自らがもつデュアルマンデートを強く意識し始めるようになったといってよい[5]。

FOMCの公表文のなかに、2010年11月から、それまではみられなかった「デュアルマンデートと整合的な……」といった記述が登場し始める（このFOMCにおいて、後述するQE2を採用している）。超金融緩和に踏み込んでいくなかで、「完全雇用の達成」という目的の追求がその理由として強調されるようになったわけだ。

第5章で詳述するように、FRSは2012年12月に、失業率が6.5％を上回り先行き1〜2年のインフレ予想が2.5％を超えない限りゼロ金利を継続する、というフォワードガイダンス政策を導入した。これは、デュアルマンデートの2つの目的を数値化して目標（ターゲット）とするものといえる。

日本でFRSのデュアルマンデートが注目されるようになったのは、2000年代に入りデフレが長期化するなかで、日銀にいっそうの金融緩和を促す立場から日銀法改正論議が提起され始めた時だ。日銀が金融緩和に消極的なのは、物価の安定のみを目的としていたためであり、FRBと同様に経済成長（完全雇用の

---

[5] もっとも、FOMC後の公表文では、2000年2月から「リスクバランスの評価」を取り入れたが（本章・注18参照）、その際、雇用最大化（持続的成長）と物価安定を達成するうえで、どちらにリスクがあるかの認識がそのつど示されるようになった。これも、デュアルマンデートを意識した政策の枠組みであるということができる。

達成）も目的とすべきだ、という議論である。とりわけ12（平成24）年の暮れに自民党・安倍政権が成立し、「アベノミクス」の一環として日銀に大胆な金融緩和を迫る局面で、日銀法の改正がほのめかされた。結局、改正には至らなかったが、改正論議のポイントの1つに、この点も含まれていた。

BOEでも、就任したばかりのマーク・カーニー新総裁が2013年8月にFRSと同様に失業率とインフレ率を数値で掲げるガイダンス政策を導入した。この間、12年秋頃から、BOEはいっそインフレ目標を捨てて名目GDPや失業率をメルクマールとする成長目標にスイッチするべきだ、といった主張もみられた。ただし現実には、新政策の導入でインフレ目標を捨てたわけではない。

こうした一連の動きは、長引く景気停滞のなかで、金融政策への期待が物価の安定から雇用増や成長促進に移っていることを、明瞭に反映しているといえるだろう。

2 金融政策の運営目標

(1) 操作目標とその候補

FRSの「短期金利誘導型」金融政策の枠組みは、第2章でみたように、FOMCでFFレートの誘導目標水準を決定することを出発点としている。その意味で、操作目標（operational target）はFFレートに置かれていた。

もっとも、世界金融危機後に必要となった金融緩和でFFレートの引下げが進んだ結果、2008年12月にほぼゼロに達してしま

った。そのためFRSは、FOMCでさまざまな非伝統的金融政策手段を繰り出しているが（第5章参照）、先にも述べたように、それと同時にFFレートの誘導目標水準を（0〜0.25％と）引き続き明示した。なお、その後現在も名目的には、操作目標はFFレートに置かれている[6]。

このようなFFレートを操作目標とする金融政策の枠組みが明確化したのは1994年のことである。それまでは、操作目標がFFレートに置かれていなかった時期もあるし、FFレートを操作目標としていても、FRBがはっきりとその水準に言及しないまま、市場参加者に以心伝心で水準が伝達されるといった方法がとられていた時期もあった。このように、金融政策の枠組みは、いわば試行錯誤のなかから生み出され、大きく変化を遂げてきた。

操作目標の候補としては、短期市場金利（FFレート、TB（財務省短期証券）レートなど）と量的指標（各種準備、ベースマネーなど）があげられる。FRBはこれまで（明示的には1970年以降）、このどちらかを操作目標としてきたが、量的指標をターゲティングしたのは例外的な時期であり、通常は金利、つまりFFレートを操作目標としてきた（後掲・図表3−2参照）。

なぜ（通常は）量でなく金利を操作目標とするのか、につい

6　非伝統的金融政策を経て「超過準備保有型」金融政策に移行する過程においても、FRSの場合は、操作目標を一貫してFFレートに置いている。これは、既述のように日銀が、非伝統的金融政策としての量的金融緩和政策（2001〜06年）や一連の量的・質的金融緩和政策の一時期（2013〜16年）において、操作目標をそれぞれ日銀当座預金残高、ベースマネーといった量的指標に置いたのと一線を画す。

ては、次のような説明が一般的だ。「金利（FFレート）と量的指標（預金準備）の両方をターゲティングすることはできないが、どちらか一方をターゲティングすることにより、他方もコントロールすることができる[7]。金利をターゲティングした場合には準備の量が大きく変動し、逆に準備の量をターゲティングした場合には金利が乱高下する。金利の乱高下は実体経済を攪乱するから、これを避けるため中央銀行は金利をターゲティングしてきた」──。

　無論、そのような理解も間違いではなく、実務上はそのとおりに違いない。しかし、そもそも金融緩和政策の通常の波及経路が、マネタリー・アプローチの想定する「準備供給（あるいはベースマネー）の増加⇒マネーストックの増加⇒金利低下⇒設備投資など経済活動の活性化」というものではなかったからだ、ともいえるのではないだろうか。

　第2章3で述べたように、準備の増加が比例的にマネーストックを増やすのではなく、短期の政策金利の低下が中長期金利の低下を引き起こすことで投資など経済活動が活性化し、その過程で貸出の増加を通じてマネーストックが増加する、というのが金融緩和による真の景気拡大のメカニズムだ。このことを、多くの中央銀行は実務経験から理解しており、準備をターゲティングすることは現実的でなかったのだ、というのが筆者のもう1つの理解である。

7　たとえば、FRB〔2005〕p.28など。

(2) 参照変数と中間目標

　金融政策の枠組みの変遷の歴史のなかで、欧米の中央銀行が「2段階アプローチ」という政策の枠組みを採用していたことがある。1970〜80年代にかけてのことだ。

　2段階アプローチとは、操作目標（FFレートであることが多い）と、金融政策の目的（最終目標）である物価の安定、完全雇用などとの間にはかなりの距離があるので、その中間に政策遂行上の目安となる中間目標（intermediate target）として、量的な目標値を設定する政策運営の方法だ（図表3−1参照）。

　FFレート変更の効果が目的に及ぶまでには時間的なラグがあるし、目的を達成するためにどれだけFFレートを動かせばよいかについても理論的な、また先験的なメドがあるわけではない。したがって現実には、その操作目標と目的、つまり実体経済との間にあるいくつかの参照変数（guide）が注目され、これに注意を払いながら政策を遂行せざるをえない。そのなかから目的との関係が最も深いと思われる特定の指標を1つ選び、中間目標として設定するやり方が2段階アプローチだということができる。

図表3−1　金融政策の2段階アプローチ

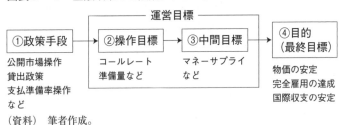

（資料）　筆者作成。

参照変数としてあげられるのは、マネーストックなどの貨幣集計量、長期金利の水準（または金利の期間構造）、為替レートなどである。いわゆるテイラールール（物価水準とGDP水準によって適正なFFレートなどの政策金利を算出する考え方）も、物価とGDPギャップを参照する、という意味でこれらのなかに加えられることがある[8]。これらは、いずれも操作目標の変更に敏感に反応し、また実体経済との関係が強いと考えられる変数だ。

　しかし実際に、明示的に中間目標として採用されたことがあるのはマネーストックのみである。つまり2段階アプローチとは、マネーストックと、金融政策の目的である物価や経済成長との関係が顕著であると考えられた一時期に、FRBをはじめ欧州のいくつかの中央銀行で採用された枠組みであったということができる（後掲・図表3－2参照）。

　FRBがマネーストックを明示的に中間目標として掲げたのは1970年からのことである。その背景には、やはりインフレの加速があった。ブローダス〔1989〕は、「おそらく、フェドは70年代になるまでは金融政策について明確で十分に明示的な中期的戦略をもっていなかった」が、70年代のインフレ加速などによって「政策定式化の視野を長期化することを迫られた」と述べている（38頁）が、操作目標が短期的な目標であったとすれば、中間目標は「中期的な目標」でもあったといえる。

　実際に多くの中央銀行は、過去に2段階アプローチをとろう

8　たとえばFRB〔2005〕は、テイラールールをguideの1つとしてあげている（p.23）。

がとるまいが、多くの参照変数の動きをウォッチしながら政策を遂行してきたし、その後もそうである。特定の中間目標を置かない政策運営のやり方は、2段階アプローチに対して「総合判断アプローチ」「誘導型アプローチ」などと呼ばれる。現在のFRBは中間目標を置いていないので、総合判断アプローチをとっているということができるが、実際には前述の複数の参照変数をみながら政策を行ってきたと考えられる。ちなみに日銀は、1970〜80年代にも中間目標を置いておらず、一貫して総合判断アプローチをとってきた[9]。

3 「短期金利誘導型」の形成過程 ―金融政策アプローチの変遷―

　操作目標・中間目標を何に置くか、という点に注目し、「短期金利誘導型」金融政策が形成されるまでのFRSにおける政策運営アプローチの変遷を振り返ってみよう。図表3−2で、戦後、FRSが設定していたと考えられる操作目標と中間目標を軸に、時期区分を行ってみた。おおむねこれに沿ってみていくことにする。同図表のⅥ期に至り、公開市場操作によってFFレートを誘導する「短期金利誘導型」が完成する。

9　ただし、日銀は、欧米の中央銀行がマネーストックを中間目標としていた時期に、マネーストックに十分注意を払っていた。1975年に「日本におけるマネーサプライの重要性について」を発表し、78年7月以降、マネーストック（当初M2、後にM2＋CD）の増加率見通し（平残前年同期比）を、毎四半期の初めに発表していた。

図表3-2　FRBの操作目標と中間目標

	操作目標	中間目標
Ⅰ期：1951〜66.4	短期金融市場動向（FFレート、自由準備）	—
Ⅱ期：1966.5〜69.12	短期資金・信用市場の状態（FFレート、自由準備）	銀行貸出残高
Ⅲ期：1970.1〜79.9	FFレート（短期金融市場動向）	マネーストック（M1、M2)、銀行貸出残高
Ⅳ期：1979.10〜82.10	非借入準備	マネーストック（M1、M2、M3)、銀行貸出残高
Ⅴ期：1982.10〜94.2	借入準備［ただし事実上はFFレート］	マネーストック（M1、M2、M3)、銀行貸出残高、国内非金融債務
Ⅵ期：1994.2〜（2008.12）	FFレート	—

（注）　筆者による時期区分。
（資料）　FRB資料より筆者作成。

(1)　1960年代まで（Ⅰ〜Ⅱ期）

1970年代にはFFレートを操作目標、マネーストックを中間目標とする典型的な2段階アプローチがとられた。しかしそれ以前、すでに60年代後半から、よりインフォーマルなかたちで量的な指標が「中間目標的」に位置づけられる動きがあった。

① 　Ⅰ期：1951年〜66年4月

ジョーンズ〔1987〕は、1951年に財務省との間にいわゆるア

コードが結ばれてから70年代までの約20年間は、「自由準備や
フェデラルファンド金利に代表される短期金融市場動向に政策
の重点」が置かれていたとする（108頁）。言い換えれば、自由
準備（net reserveないしfree reserve）、FFレートその他複数の
短期市場変数が、目的[10]を達成するために適切と思われる状態
にコントロールされていたが、単一の操作目標は定まっていな
かった、ということだ。そして同時に、中期的な目標ともいえ
る中間目標も定まっていなかった。

　ここで、自由準備という概念を含め、後の説明で必要となる
諸準備の概念を明らかにしておこう（図表3－3参照）。これら
は日本ではなじみがないうえに、今日のFRSの金融調節を理解
するうえでもほとんど使われることがないが、1980年代までの

図表3－3　FRBにおける諸準備の概念

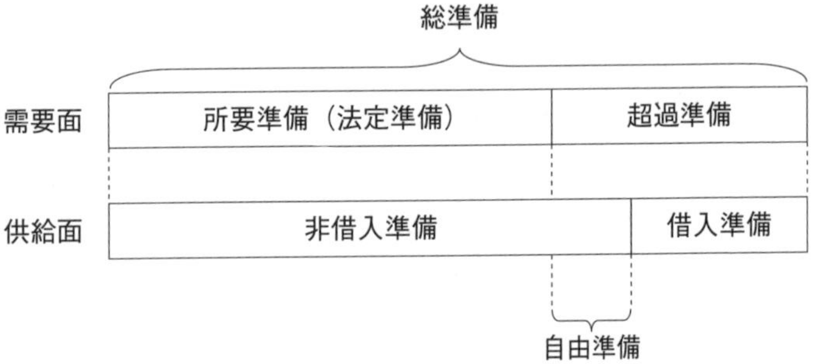

（資料）　筆者作成。

10　なお、この時点では、金融政策の目的自体も明確になっていたとはい
　　えないが、経済成長（雇用）と物価の安定に目配りが行われていたこと
　　は間違いない。

アプローチを理解するには不可欠な概念である。

　準備を需要面からみた場合、「総準備（total reserve）」（実際に存在する準備）が「所要準備（required reserve）」（法定準備）と「超過準備（excess reserve）」に分かれることは日本でも常識だ。これに対しこの時期のFRSに特徴的なのは、総準備を供給面からみて、公開市場操作の買いオペによって供給した準備である「非借入準備（nonborrowed reserve）」と、連銀貸出によって供給した準備である「借入準備（borrowed reserve）」とに分けて概念化している点である。そして、超過準備から借入準備を引いた額を「自由準備」と定義している（つまり、非借入準備から所要準備を引いた額に等しい）。

　アメリカでは、非借入準備、つまり公開市場操作による準備供給がFRSの意思によって行われる。一方、借入準備、つまり連銀貸出による準備供給は、逆に市中銀行が要求したときに行われる。だが、既述のように、この貸出を受けると銀行の信用に傷がつくので（stigma）、銀行はできるだけこれを避けようとしている。こうした状況下で、FRSが買いオペ（非借入準備の供給）を増加させれば、準備の需給は緩む。問題はその目安をどこに置くかであり、この時代には、自由準備、つまり公開市場操作による準備供給が所要準備を超える額を、準備需給の緩和・引き締まり度合いの目安としていた、ということになる。

② 　Ⅱ期：1966年5月〜69年12月

　1966年に、ニューヨーク連銀オペ担当支配人に対するFOMCの指令書で、短期金融市場の状態（自由準備の量やFF

レートの水準と解される）を「操作目標的」に、銀行貸出残高を「中間目標的」に位置づける記述が登場した。その嚆矢は5月のFOMC指令書[11]だが、その後、同年末までに、短期金融市場の状態の維持や変更を（たとえば「緩め」「きつめ」などと）指令し、「ただし書」でその際、銀行貸出残高の増加率を参照しつつ行うべし、といった記述のスタイルが整った[12]。

(2) 2段階アプローチの確立（Ⅲ期：1970年1月～
    79年9月）

1970年1月から、事実上FFレートを操作目標に、マネーストックを中間目標とする政策運営（2段階アプローチ）が行われるようになった。同月のFOMCの指令書に、銀行貸出残高に加え、初めてマネーストック（M1）が考慮されるべきことが示された。指令書の記述スタイルは、同年3月のFOMCでより明確なかたちに整えられた。

指令書では、操作目標を示す部分で「短期金融市場の状態」という文言が使われていたが、これは事実上FFレートを指し

11　ここでは、自由準備の量を指示しながら、「ただし書」で所要準備額の増加率を参照すべきこと、具体的には、（貸出の結果として増減する）所要準備が減らなければ自由準備のアベイラビリティを下げるべきこと（つまり、非借入準備の供給を絞ること）を指示している。

12　ちなみに、1966年12月のFOMCの指令書の操作指令（抜粋）は「次回FOMCまでの公開市場操作は、短期金融市場の状態をいくぶん緩めに維持する方針で行うこととする。ただし、銀行貸出残高が急拡大し始めない限りにおいてである」（筆者仮訳）となっている。この文言中「短期金融市場の状態」（conditions in the money market）は、その後、68年8月～69年10月まで「短期金融・信用市場の状態」（conditions in money and short-term credit markets）と記述された。

ており、FFレートの水準を緩やかに調整することで、中間目標であるM1を目標水準に落ち着かせようとする政策運営が行われた（ジョーンズ〔1987〕110頁）。

　指令書には、FFレートの水準、銀行貸出残高やM1の目標は具体的な数値で明示されずに、定性的な表現がとられた。しかし、指令書を含むリリースペーパー（当時、3カ月後に発表されていた）の議事内容を述べる部分には、次第にこれらの数値目標が載るようになった。

　1972〜73年頃には、M1と銀行貸出残高の増加率目標が幅をもたせた数値（レンジ）で示されていたが[13]、その後74年1月からは、M1、M2のそれにかわり、FFレートの目標も幅をもって示されるようになった。

　具体例として、1974年1月21〜22日に開かれたFOMCのリリースペーパー（3カ月後の4月22日に公表）をみてみよう。指令書の部分は、「数カ先の貨幣集計量（筆者注：M1、M2のこと）の緩やかな増加と整合的な準備量と短期金融市場の状態（同：FFレート水準のこと）の達成を目指す」という定性的な表現にとどまっている。しかし、議事内容を記述する部分には、1〜2月にかけてM1が年率3〜6％で、M2が年率6〜9％伸びるのが「長期的なマネーストックの目標」と整合的であり、次回FOMCまでの間にFFレートを8.75〜10.0％で推移させるよう決定した旨が記され、具体性を与えている[14]。もっとも、

13　ただし、1974年までの間に、これが明示されない時期もあった。
14　ここでFFレートの目標の幅は1.25％あるが、後に1.5％まで広げられ、その後0.5％まで狭められた。

「長期的なマネーストックの目標」は議事録には明記されなかった。

　このようにマネーストック増加率をFRSが中期的に目標化することは、法律によっても義務づけられるようになる。1978年完全雇用・均衡成長法（ハンフリー＝ホーキンス法）の成立[15]を受けて、毎年2月と7月のFOMCでその目標が設定され、議会にも報告されることになった。さらに翌79年2月からは、FOMCの指令書に、M1、M2、M3と銀行貸出量につき、前年第4四半期から同年第4四半期までの増加率の監視幅というかたちで、これが掲載されるようになった（83年2月からは銀行貸出量にかわり国内非金融債務）。

(3)　ボルカーによる非借入準備目標の導入（Ⅳ期：1979年10月～82年10月）

　1979年8月に議長に就任したポール・ボルカー氏のもと、FRSは同年10月6日のFOMCで、操作目標をFFレートから量的指標である非借入準備に変更した。「新金融調節方式」と呼ばれ、マネーストック（M1、M2）を適切と思われる増加率に導くために、非借入準備を操作目標に置く運営方法が採用された。

　その背景となったのは、インフレ抑制の必要性だ（第4章1(3)参照）。1970年代前半からアメリカのインフレ率は高進し、後半になるとインフレ抑制のために大幅な金融引締めが必要で

15　それより早い1975年に下院並行決議133号で、FRSが貨幣・信用集計量を目標化すべきことが決議されていた（ジョーンズ〔1987〕111頁）。

あることがだれの目にも明らかだった。だが、当時のFFレートは10％前後の高水準で推移しており、これをどこまで引き上げればインフレが抑制されるかは不可知であるのに加え、たとえば追加的に5〜6％もの大幅な引上げを宣言するのは政治的にむずかしかった。当時のFRB理事の1人は、「連銀を含め、金利上昇を好むものはだれもいないため、政策には常に通貨供給量を過大に増加させるバイアスがかかっていた」と述べている[16]。

そこで、量的指標を政策のターゲットとすることで、FFレートの上昇は政策発動の結果であるという位置づけにしたうえで、強力な引締め政策がとられたわけだ。

非借入準備は、既述のように銀行などの預金取扱金融機関がもつ準備の総量（連銀にもつ準備預金と手元現金の合計）から連銀貸出を除いた額だ。要するに、連銀が公開市場操作によって供給する準備の量である。一方、連銀貸出は、（かつての日銀貸出と違い）市中銀行の借入れの意思によって貸出量が決まり、連銀がその量を直接に決めることはできない。準備のうち連銀が確実に決めることができる部分である非借入準備を、直接に操作目標としたのはある意味で当然ともいえる。

マネーストックが目標（中間目標）を上回って増加したときには、（貸出、そして預金が増加するので）所要準備（法定準備）額も大きく増加する。これは準備の需要を増加させるが、あらかじめ非借入準備の目標（操作目標）をFRSが設定しておけ

---

16 ヘンリー・ウォーリック氏。ジョーンズ〔1987〕112頁。

ば、準備の需給は自動的にタイトになる。銀行は連銀借入れに向かうが、市場での資金調達も逼迫するからFFレートが急騰し、それがその他の短期金利の上昇を引き起こす。その結果、マネーストック増加率は減速する、という一連のメカニズムが働いた。

　この期間、指令書には、マネーストックの目標額は引き続き記載されているが、操作目標とされた非借入準備の目標額は明記されていない。だが、そのかわりにFFレートの許容幅（ガイドライン）が示されている。指令書の仕立てとしては、「マネーストック増加率が目標まで減速するように、準備の拡大を抑制する。ただし、次回FOMCまでの間、FFレートの週平均値が○〜○％で推移する限りにおいて」という書き方になっている（当時、指令書を含むリリースペーパーは、次回FOMCの数日後に公表されるようになっていた）。

　この方式への変更が行われたのは1979年10月6日のFOMCでのことだが、急激な引締めを行ったことにより「土曜日の大虐殺」と呼ばれている。その1回前のFOMC（同年9月18日）の指令書では、FFレートの誘導目標水準は11.25〜11.75％とされていたが、同FOMCではガイドラインが11.5〜15.5％と大きく上方に広がっている。

⑷　借入準備目標——事実上のFFレート目標への回帰（Ⅴ期：1982年10月〜94年2月）

　しかし、このような強力な金融引締めのスキームは、3年で終わりを告げることになる。

1982年秋に、FRBは操作目標を非借入準備から借入準備に変更した。個々の金融機関は、所要準備が増加したとき、非借入準備をFF市場で調達するのだが、調達できない場合にはFRBからの借入れ（連銀貸出）によって調達する。これが借入準備である。この調節方式のもとでは、FRBは、金融を引き締めたい場合には、借入準備の目標額を引き上げておいてその目標が達成できるように、公開市場操作の売りオペで非借入準備の供給を減少させる。つまり、金融機関を連銀借入れに「追い込む」わけだ。逆に金融を緩和したいときには、借入準備の目標額を低下させる一方で、非借入準備の供給を増やせばよい。

　だが、なぜこの方式への変更が行われたのだろうか。それは、借入準備の目標額を定めておくことで、所要準備が増加した場合に、それまでとは逆に非借入準備の額をフレキシブルに増減させることで、それまでのような自動的な引締めを避けることができる（裁量的な準備供給ができる）からである。この方式への変更は、事実上、強力な引締め政策からの撤退を意味した。背景には、中南米諸国の累積債務問題や深刻な景気後退に対処するため、インフレ抑制策をとり続けられないという事情があった。

　こうして自動的な準備需給のタイト化が起こらなくなったことで、FFレートの変動も小さくなっていった。1980〜81年には8％台〜20％近くまで変動していたが、85年には7.5〜8.5％の狭いレンジにとどまった。FOMCの指令書には、借入準備目標が明示されたわけではなく、引き続きマネーストックの3

カ月間の増加目標（82年10月からはM2、M3）と、FFレートの
ガイドラインが示されていた（たとえば、83年2月のFOMCでは
後者は6.0〜10.0%）。

　これは無論、FFレートの目標を明示したものではないが、
FFレートが安定的に推移するにつれ、市場はFOMCの指令書
の文言からFFレートの誘導目標水準を推測するようになった。
そして、また指令書も市場がそれを的確に推測できるよう意識
して書かれるようになっていった[17]。

　したがって、この時期の調節方式は、事実上FFレートを操
作目標としていたと考えてよい。FFレートのガイドラインは
変動幅が大きすぎて意味をもたなくなり、1990年11月の
FOMC以降姿を消した。

　当時のFOMC内部で想定されていたFFレートの誘導目標水
準を推測する作業が、2005年にセントルイス連銀のスタッフに
よって行われ、公表されている（Thornton〔2005〕）。それは、
1982年9月末から、FFレート誘導目標水準の決定がFOMC直

17　指令書には、引締めの程度（the existing degree of pressure on
　reserve positions）を維持する（maintain）か、緩和する（decrease）
　か、引き締める（increase）か、が明示され、さらに次回会合までの間
　に状況変化があったときに、中立的に運営するか、緩和気味あるいは引
　締め気味に運営するかも付記されていた。市場参加者は当時、次回
　FOMCの数日後に発表される議事録要旨でこれを読み、FOMCの誘導
　目標水準を推測すると同時に、FRSのスタンスを理解していた。指令書
　も当然、市場が同水準を正しく推測するように書かれた。なお、次回会
　合までのスタンスは「バイアス」と呼ばれた（「バイアス」は当初、準
　備圧力（reserve restraint）を強めるか弱めるかのかたちで示された
　が、1997年8月のFOMC以降は、FFレートを上げるか下げるかのかた
　ちで示されるようになった（後述のように99年12月のFOMCまで）。

後に発表されるようになる直前の93年末までの時期をカバーしており、この時期の調節方式がFFレートをインプリシットな操作目標としたものであることをあらためて示している（たとえば83年2月には8.5％と推測されている）。

(5) 操作目標の明確化と2段階アプローチの放棄（Ⅵ期：1994年2月〜（2008年12月））

1994年2月のFOMCから、その直後に、決定事項が書かれた公表文が発表されることになり（第1章1参照）、その時々のFFレートの誘導目標水準の変更が、会合終了後、直ちに示されるようになった。ただし当初は、公表文が出されるのは変更があったときだけで、また、たとえば「この決定により、短期市場金利のわずかな上昇（下落）を伴うと予想される」という記述で、FFレートの1段（0.25％）の引上げ（引下げ）を示唆していた（2段（0.5％）動かす場合は、それとわかるより強い表現がとられた）。そして、同年5月のFOMC以降、公表文でFFレートの水準を明示するようになった。2000年からは、変更がないときも、公表文を発表しFFレートの誘導目標を示すことになった[18]。

こうした一連の改革は、それまでの、だれもがFFレートの誘導目標水準がどこに置かれているかを知っており、FOMCもそれを前提に政策決定を行っている、というそれまでのインプリシットな関係を明示的なものとした。

一方、1970年代初に確立した2段階アプローチは、80年代末から90年代にかけて「あいまい化」され、ついに放棄された。

それは、マネーストックの変動率と、成長率やインフレ率との相関がだんだん弱まってきたからだ。当初、その原因として、金融自由化に伴う新しい金融商品の登場で、マネーからマネー類似の金融資産へ資金が流出する現象などが指摘され、目標とする指標がM1からM2、M3などに移された。

しかし1990年前後から、FRSは次第にこれらの数字が目標をはみ出して増減しても、厳格にこれを守ろうとはしなくなった。グリーンスパン議長は93年2月に行った議会証言で、金融政策上、マネーストックを重視しない姿勢を明確にした。その後も、ハンフリー＝ホーキンス法に基づく毎年2月と7月の議長の議会証言時に、マネーストック（M2、M3）の監視幅が設定されてはいたが、有名無実化した。そしてその設定も、2000年7月から行われなくなっている。

こうして、第2章で概観したFRBの「短期金利誘導型」金融政策の枠組みがほぼ確立した。すなわち、政策金利であるFFレートを誘導することが金融政策の出発点となり、図表2－6の(ⅰ)に示したメインルートによる実体経済への波及をねらう枠組みだ。

18　1998年12月に、前述の「バイアス」が発表されたときにも公表文を出す方針を発表し、99年5月のFOMC以降は実施された。なお、2000年2月のFOMC以降は「バイアス」にかわり、「リスクバランス評価」が導入された。すなわち、雇用最大化（持続的成長）と物価安定を達成するうえで、どちらにリスクがあるかの認識を示すものであり、指令書と公表文の双方にこれが記載されるようになった。さらに03年5月のFOMC以降、「リスクバランス」については、「持続的経済成長」を達成するうえでのリスクと、「物価安定」を達成するうえでのリスクを別々に表記するようになっている。

⑹ インフレターゲットの導入と非伝統的金融政策

　こうして「短期金利誘導型」の金融政策アプローチ—FFレートを操作目標としながら、2段階アプローチを放棄して中間目標を置かない手法—が確立したが、その後起きた2つの展開についてみておきたい。

　第一は、インフレターゲットの導入である。

　インフレターゲットは、1990年代から多くの国で金融政策の枠組みに導入された。初めてこれを導入したのは、90年のニュージーランド中央銀行であり、カナダ、スウェーデンの中央銀行が追随した（91、92年）。BOEは92年に導入し、小売物価上昇率2.5%を目標値として、それを上下1%の範囲内（つまり1.5～3.5%）に収めるよう金融政策を運営するものとした。仮に現実のインフレ率がこの目標を逸脱したときには、BOE総裁が財務大臣に対し、目標未達成の原因と改善方法・期日を説明するというかたちで責任を負う。

　このようなインフレターゲティングは、1998～99年時点でのBOEの調査によれば、93カ国中55カ国が採用して、いわば世界標準化していった。その理由は、第一に、アメリカ以外にもいくつかの先進国で、マネーストックターゲティングの有効性が薄れ、代替手段が模索されたこと、第二に、それまで自国通貨をドルなどにペッグしていた国（為替レートターゲティング）が変動相場制に移行する際に、通貨価値安定のためにインフレターゲティングが有効で使いやすかったこと、など[19]である。

---

[19]　ニュージーランドやイギリス、また1997年のアジア通貨危機後のタイ、韓国など東・東南アジア諸国がその例である。

こうしたなかで、FRS、ECB、日銀はインフレターゲットの導入に消極的だった。経済学者のなかには、インフレターゲティングの有効性を認め、これら中央銀行も早期に導入すべきだとする主張も多くみられた。しかし、1990年代以降の世界的インフレ沈静の原因を、インフレターゲット導入にのみ帰するのもバランスを欠いた議論と思われた。ベン・バーナンキ氏は、FRB議長になる前には学者としてインフレターゲット導入を主張していたが、理事、また議長就任後にはその主張を和らげていった。

　しかしその後、世界金融危機後にFRSは非伝統的金融政策に突入し、さらに2001年のITバブル崩壊直後にも経験したディスインフレが再び大きく進行した。こうしてデフレ懸念が高まるなかで（第4章2(3)参照）、FRSは12年1月、ついに「長期的なインフレのゴール」（2％）を導入するに至った（第5章3参照）。バーナンキ議長は導入時に、これを「インフレターゲットではない」と説明しているが、いまではこれを事実上のインフレターゲットと理解する市場関係者や研究者が多い。

　その1カ月後、日銀も「中長期的な物価安定の目途」（1％）を導入した[20]。1990年代以降にこれを導入した多くの国では、その目的がインフレ抑制の意味での通貨の安定であったのに対し、これら両中央銀行による「インフレターゲット」導入は、

20　導入時に、白川方明総裁はやはりこれをインフレターゲットではないと説明している。しかし、日銀は2013（平成25）年1月に新たに「物価安定の目標」（2％）を設定し、名実ともにインフレターゲットを導入した。同年4月には黒田東彦新総裁のもとで、その達成を目指し、大量資産購入を中心とする量的・質的金融緩和を打ち出した。

目的がデフレの防止（あるいは日本の場合デフレ脱却）であるのが特徴的である（第5章3（Ⅱ）参照）。

　第二の展開は、FFレートを操作目標として純化された市場型の金融政策アプローチが、非伝統的金融政策の導入そのものによって、事実上放棄されたことである。繰り返しになるが、金融危機後の2008年12月以降、FFレートがほぼゼロに達し、その引下げという緩和手段が機能しなくなったからだ。

　こうしてその後展開された非伝統的金融政策、および現在行われている「超過準備保有型」金融政策の検討は、第5章および第6章で行うことにしよう。

第 II 部

アメリカ経済と
金融政策の展開

第 **4** 章

アメリカ経済の発展とFRS

FRSは創立以来、金融政策をどのように進めてきたのだろうか。また、その間にどのような課題が発生し、対処してきたのだろうか。本章では、2006年にバーナンキ議長が就任する前の時代までを振り返ってみることにする。

1　経済発展と政策課題──FRSの100年

　FRSの金融政策の歴史を、アメリカ経済のその時々の課題との関係で大まかに時期区分してみることにする。

　1913年にFRSが設立されたのは、すでに第1章でみたように、周期的に恐慌（金融危機）が起きていた時代に、通貨の弾力的供給を行うことによって金融システムの安定化を図る必要があったからである。FRSに当初期待された機能は、①金融システムの安定化であった（プルーデンス政策）。以後、極端に単純化していえば、第二次世界大戦後、これが主として金融の規制によって達成されると、アメリカ経済の課題は②成長の促進（失業率の低下）に移り、これを推進する政府をFRSもサポートした（マネタリー政策）。しかし70年代にインフレが高進すると、FRSが政府からの独立性を高めるかたちで③インフレ抑制を一手に引き受けた（マネタリー政策）。

　しかし、②成長の促進と③インフレ抑制にほぼ成功した1990年代末から再び金融の不安定化が始まり、2000年代後半には、アメリカの金融システム不安が世界金融危機・同時不況の発端となった。ここでアメリカ経済の課題は、①金融システムの安定化と②成長の促進とに回帰している。そして現在、とりわけ

FRSに対しては②が強く求められる一方、①への対応としてマクロプルーデンスの概念に象徴される規制監督体系の見直しが求められるなかで、FRBにも一定の役割が期待される状況にある（ただし、コロナ危機からの回復過程に入った2021年以降、③インフレ抑制の役割が復活している）。

このようにFRBに期待される機能（目的）を歴史的に概観してみると、「プルーデンス政策 vs. マネタリー政策」、さらにマネタリー政策の守備範囲内での「成長促進 vs. インフレ抑制」という2つの対抗軸に沿って揺れ動いていることがわかる。そして、これらの目的は、長い歴史の流れのなかでいったん達成されたとしても、再び課題として復活するものもあることがわかる。2007〜08年の世界金融危機・同時不況以降、FRSはまさにそのような転換点に立っている。

ラインハート〔2013〕はアメリカ経済とFRSのこのような歴史に着目し、FRSの100年史を、①「金融の安定が使命だった」第一期（〜1930年代）、②「雇用創出の名目ではあるが、大なり小なり財政出動の補佐役を果たした」第二期（〜70年代末）、③「積極的に物価安定を目指すようになった」第三期（79〜2007年）に分けている[1]。以下、便宜上この時期区分を踏襲して、アメリカ経済と金融政策の歴史を、世界金融危機前まで簡略にたどってみよう。

1　ラインハートは、「過度の単純化の恐れを承知で言えば」としたうえで分類を行っている。

(1) 第一期：金融の安定を使命とした創設から1930年代まで

FRSの設立によって、金融システムは安定化したのだろうか。残念ながら1930年代までの期間に、その使命は達成されなかったといえそうだ。ラインハート〔2013〕は、29年の大恐慌後の4年間でGDPが合計31％低下したことや、25～33年に銀行の数が半減したことをあげて、「初期のFRBは金融の安定という当時の使命の遂行に失敗したと結論してよかろう」と述べている。

FRS設立の翌1914年に第一次世界大戦が勃発してアメリカ経済はブームに沸き、19年の終戦で戦後恐慌が訪れる、という激しい経済変動が発生した。こうしたなか20年代は低金利政策がとられたが、後半には、イギリスの金本位制復帰を助けるためにさらに金利を引き下げたことが株価の異常な上昇を引き起こし、大恐慌につながったとされる。また、大恐慌後の35～37年に預金準備率を倍に引き上げる金融引締めが行われ、恐慌を深刻化させたという点もよく指摘されるところだ。

このような判断ミスを根拠に、FRSの所期の使命が達成されなかった、というのは決して誤りではないが、当時の比較的自由な金融環境のなかで、仮に判断ミスがなかったとしても金融システムの安定化が図られたかどうかは疑問である。

1929年の大恐慌の経験を経て先進各国が金融規制の世界に入っていくなか、アメリカも規制を導入することで金融安定化を模索していった。日本を含む各国は、金融機関を中心とする競争制限規制（金利規制・業務分野規制などを含む）と国際資本移

動規制の2つを行った。これらの規制は、戦後も60〜70年代以降に「金融自由化」の動きが始まるまで存続する。

アメリカは、1933年に連邦預金保険公社（FDIC）を設立してセーフティーネットとしての預金保険を導入すると同時に、同公社による銀行監督を開始した。同年、グラス＝スティーガル法が成立して銀行・証券の業務分野規制が始まり、預金金利上限規制も導入された。アメリカのユニークな点は、もともと国際資本移動規制をしなかったことと、世界で初めて預金保険を導入したことである。当時、日本や欧州で預金保険が導入されていないのは、銀行合同で金融機関の規模を大きくしたうえで、競争制限を強力に行い、大銀行の破綻を回避することで金融システムの安定化を図る設計となっていたためと思われる。アメリカ以外の国で預金保険が導入されたのは、戦後の金融自由化時であった（ちなみに日本は71（昭和46）年）。

図表4−1に、FRS設立当時から今日までの実質GDP成長率、消費者物価指数（CPI）上昇率、失業率を年データでとってみた。1930年代までは、成長率はプラスとマイナスを、物価はインフレとデフレを、それもかなり大きな幅で繰り返している。FRB設立後も、周期的な恐慌がみられたためだ。失業率も、大恐慌以降の高さが印象的だ。

図表4−2では、同じ期間におけるCPI上昇率の月次データにつき、各年のバラつき（標準偏差）を調べてみた。1940年代までは標準偏差の高い年が多く、同じ年内でもインフレ圧力とデフレ圧力が繰り返し現れていることがわかる。戦後の高インフレ時代である70年代が、インフレ率は高いがバラつきはずっ

図表4-1　アメリカ長期経済主要指標

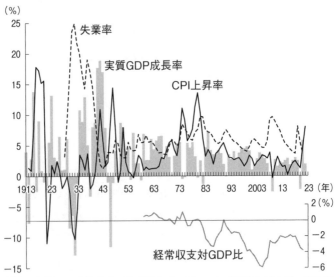

（注）　実質GDP成長率は、1929年までマディソン〔1998〕による。1930年
　　　　以降は2017年基準、チェーンウェイト方式。
（資料）　マディソン〔1998〕、セントルイス連銀資料より筆者作成。

と小さいのと比べると示唆的である。

　このように、この時代は戦後に比べると、成長率も物価もか
なり不安定だったことがわかる。そして前述のように、残念な
がらFRSの設立によってではなく、金融規制の進展により、
1940年代以降、金融システムは安定化に向かっていく。もっと
も、だからといってFRSの設立がその後の金融安定化にとって
意味がなかった、ということではないだろう。「最後の貸し手
機能」を担うことのできる中央銀行の存在は重要であり、第5
章でみるとおり、2008年の世界金融危機後にはこれが金融安定

図表4－2　アメリカのCPI上昇率とボラティリティ

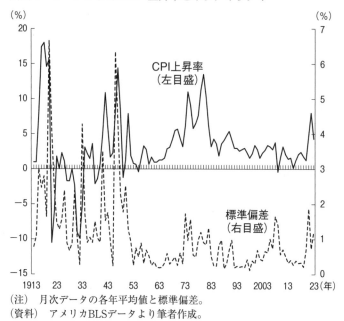

(注)　月次データの各年平均値と標準偏差。
(資料)　アメリカBLSデータより筆者作成。

化のために大きく寄与している。

　この時代には、FRS設立の使命が達成されたとはいえない
が、試行錯誤のなかでFRSの１つの機能が発見されたことに注
目しておく必要がある。第１章２で触れたように、公開市場操
作が景気の刺激や沈静化に作用するという発見である。

(2) 第二期：雇用創出と財政出動の補佐役を果たした 1970年代末まで

① 総需要調整策の確立とFRSの財政支援

アメリカの金融と経済は、大恐慌後のニューディール政策、第二次世界大戦を経て安定を取り戻す。それは、前述の金融規制が功を奏したからでもあったが、ニューディールと大戦とに伴う財政支出が実体経済を活性化させたからだ。そして、まさにこの経験を通して、アメリカの経済政策史上にケインズ的な総需要調整策の枠組みが確立されていく。

1933年、フランクリン・ルーズベルト大統領の就任とともに開始されたニューディール政策は、有名なTVA（テネシー川流域開発公社）による公共事業などで雇用の創出を図った[2]。アメリカ経済はそれでも大恐慌の後遺症から完全には脱することができなかったが、39年に始まった第二次世界大戦による赤字財政で一挙に完全雇用を達成した。

この経験をもとに、失業防止を目標とし、財政政策を中心的な手段とする積極的総需要管理が、国が行うべき基本的な政策と位置づけられた。1946年雇用法は第3章でも述べたように、雇用確保を政府の責任として明文化した。また、それだけでなく大統領府に経済諮問委員会を、議会に両院合同政策委員会を設置することにより、国がマクロ経済に責任をもつ体制を整え

2　それは同時に、年金制度、失業保険制度、生活扶助など福祉制度の導入や労働関係法、全国産業復興法（NIRA）、農産物価格支持制度（農業調整法（AAA））などの政府規制を通して、所得再配分を図るものだった（宮本〔1997〕19頁）。

るものでもあった。

　この間、FRSにはこれを補佐する機能が期待された。国債を購入し、政府の財政政策の財源を支える役割である。政府債務残高の対GDP比は、終戦直後の1946年に118.9％まで増加した。一方、FRSが保有する国債の残高を対GDP比でみると、41年には1.7％にすぎなかったが、終戦の45年には10.6％にもふくらんでいる（第6章に詳述。後掲・図表6－7、6－9も参照）。

　ラインハート〔2013〕が、FRSが財政出動の補佐役を果たした、というのには、まさにこの事態を指している。すなわちFRSは、戦費調達のための国債発行（および戦後の一時期の借換え債発行も含め）に際し、その一部を引き受けるという直接的な役割に加え、国の金利負担を抑えるための「金融抑圧（financial repression）」政策（人為的低金利策）の一端を担うという役割を果たした。金利規制と相まって、FRBによる国債の買い支えも長期金利の低下に寄与していた。

　この役割を果たすため、この間、FRSは総需要調整策としての金融政策の手足を縛られていたことになる。国債の購入によるベースマネーの増加に目をつぶらなければならなかったからだ。しかし、戦時中は価格統制で押さえ込まれていた物価が、その廃止とともに上昇し始めたため、インフレの抑制も重要な政策課題になってきた。朝鮮戦争を契機にインフレが高進した1951年、ついに財務省とFRSの間で、以後FRSが国債価格維持に協力しないことで合意が成立した。これが有名な「アコード」である。

② 「黄金の60年代」からインフレ高進へ

　この時点で、中央銀行としてのFRSの独立性が認められ、ま
た「金融政策が復権した」とみることも可能である。しかしライ
ンハートは、FRSが財政の補佐役を務めたとする第二期を
1970年代末までとしている。それは、おそらく預金金利上限規
制が金融自由化が始まる80年代まで続いたことや、結局70年代
末にボルカー議長が登場するまでFRSが金融緩和気味の政策運
営を続け、インフレ抑制に失敗した歴史を念頭に置いているた
めだと思われる。

　もっとも1960年代半ばまでは、ケインズ的な積極的総需要管
理政策はきわめて良好なパフォーマンスを発揮した。とりわけ
ドワイト・D・アイゼンハワー大統領（53～60年）の50年代に
は、完全雇用時には均衡予算を目指すという「高雇用均衡予
算」の考え方に立つ財政運営が行われた。これは52～53年を例
外として達成されており、たとえば47、48、56、57、60年度は
たしかに黒字財政となっている（図表4－3参照）。

　1946～60年までの15年間、財政収支対GDP比の平均はわず
か－0.4％にすぎない（こうした均衡的な予算運営と経済成長の結
果、政府債務残高の対GDP比も減少し、57年には60％を割り込ん
でいく。後掲・図表6－7）。60年代にはジョン・F・ケネディ大
統領（61～63年）下で「黄金の60年代」といわれる長期景気拡
張期（戦後第五拡張期：61年2月～69年12月）に入り、とりわけ
前半は、成長率が平均5.1％であるのに対し、CPI上昇率は
1.3％ときわめて良好なパフォーマンスを達成している。

　しかし問題は後半であり、ケネディ暗殺後のリンドン・ジョ

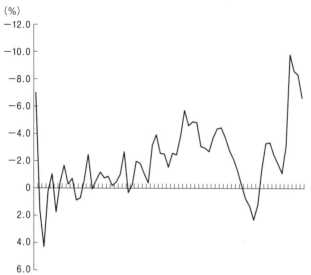

図表4－3　アメリカの財政赤字（対GDP比）

(注)　マイナス（上方向）が赤字を示す。
(資料)　アメリカ行政予算管理局（OMB）、アメリカ商務省データより筆者作成。

ンソン大統領（1963～68年）時代に、積極財政が行き過ぎ、インフレが高進し始めた。貧困と戦い、所得分配の公正化を図る「偉大な社会」建設を掲げる一方、ベトナム戦争（60年頃～75年）が泥沼にはまったため、財政が景気刺激的に運営された。しかし65年からのインフレ対策は功を奏さず、69年にはCPI上昇率が5％台に達した。

③　失敗した統制的インフレ抑制策

　1970年代にかけて、インフレ抑制が大きな課題になると同時

に、経常収支赤字拡大への対処が喫緊の課題となった。赤字拡大の結果、外国政府保有のドルがアメリカ政府保有の金残高を上回り、金・ドル交換に疑念が生じ始めたからだ。アメリカ政府が諸外国政府に対して保証していた金・ドル交換は、ブレトン・ウッズ体制（IMF体制）を支える重要な要素だった。経常赤字縮小のためドル切下げが必要だったが、これをインフレを悪化させずに行う必要があった。

　そこでリチャード・ニクソン大統領（1969～74年）がとった対策は、FRSによる金融引締めではなく、統制による所得政策だった。71年8月15日に発表された「新経済政策」は、金・ドル交換停止を打ち出し、ニクソンショック（ドルショック）を引き起こしたことで著名だが、同時に、90日間の賃金価格凍結、輸入への10％付加税課税、歳出増の一部延期といったインフレ抑制対策をも含んでいた。

　当初はこの政策でインフレが抑制されるなか、アメリカ経済は高い成長を達成することができた。景気刺激的な財政金融政策がとられる一方で、ドル安の進行を嫌う諸外国が金融緩和を行ったためだ。しかし、1973年10月にオイルショックが発生して物価上昇圧力が高まり、CPI上昇率は74年に2桁に達した。賃金価格統制はエネルギー価格を除き、74年3月末までで打ち切られた。物価上昇下の不況であるスタグフレーションが定着し、ジェラルド・R・フォード大統領（74～76年）からジミー・カーター大統領（77～80年）の時代にかけて、財政金融政策は不況対策とインフレ抑制策の間を行き来した。経常収支の悪化がさらに進み、ドルが急落するなか、79年に第二次オイルショ

ックが勃発し、インフレに拍車がかかった。もはや所得政策的なインフレ抑制ではなく、金融政策からの強力な引締めが不可欠となっていた。

このようにFRSは、景気対策でもインフレ抑制でも当時は脇役だった。不況時には、減税などの財政政策が発動され、インフレ抑制の中心は価格統制や所得政策だった。そして政府（とFRS）は、インフレ抑制に失敗したといえる。

なお、ラインハート〔2013〕は、1945～70年代後半までの間、アメリカでも他の先進国でもシステミックな銀行危機が1度も起きなかったことは特筆すべきことだ、と述べている。そして同氏は、このような金融システムの安定こそ、FRSの使命が次の第三期において「最終的に物価安定と失業対策に狭められ」ていく背景である、という見解をとっている[3]。

もっとも第三期への伏線という意味では、第3章3で概観したように、FRSが1970年代初から事実上FFレートを操作目標とし、マネーストックを中間目標とする2段階アプローチを確立させていたことも見逃すべきではないだろう。同年代を通し、金融政策の目的に「物価の安定」を加えるべきだという考え方が強まり、すでにみた77年の連邦準備改革法と翌年のハンフリー＝ホーキンス法がこれを法制化した。このような展開をみると、FRSがインフレ抑制の主役になる制度的な準備がこの時期に整えられていたともいえる。しかし、当時のFFレートを

---

[3]　さらに、それが「金利操作と、金融市場とのコミュニケーション戦略が金融政策の唯一の手段」となった背景である、という位置づけも行っている。

操作目標として上下させるやり方では、インフレ抑制は不可能であり、金融政策アプローチの革命的な変革が必要だった。

(3) 第三期：積極的に物価安定を目指した2007年まで
① FRSがインフレ対策の前面に

こうしてカーター政権は引締め策強化を余儀なくされ、ボルカー議長が「新金融調節方式」を採用して、強力な金融引締め策に打って出ることになる（操作目標を非借入準備に置く金融政策アプローチの詳細は第3章3で述べた）。1980年1月に発表された81年度予算案での緊縮財政（歳出の抑制とインフレ下での実質増税）がとられ、財政面からも引締めが行われたが、FRSがインフレ対策の前面に躍り出たといって過言ではないだろう。

この結果、1982年になってようやく2桁のインフレを脱したが、同年の成長率は−1.9％とマイナスに落ち込んだ。続くロナルド・レーガン大統領（81～89年）は、70年代までの積極財政主義を転換し、「小さな政府」を目指すことでアメリカ経済の再生を図った。いわゆる「レーガノミクス」である。インフレ抑制のため高金利政策をとり、それによるドル高を「強いアメリカ」の象徴ととらえて容認する一方、それらによる景気減速を所得税大減税で下支えする、という政策だ。減税によって民間セクターが活性化し、所得が増えることでかえって財政再建も可能となる、とする「サプライサイド経済学」が理論的背景となった。

しかし、ファンダメンタルズ（経済の基礎的条件）を逸脱したドル高と内需の拡大で、日本をはじめとする諸外国からの輸

入が急増したため、日本などとの貿易摩擦の一因を形成すると同時に、経常収支の大幅な赤字化が進んだ。その結果、1987年には対外純債務国に転落している。他方、冷戦の深化による軍事費の増加や高金利による利払い費の上昇もあって財政赤字がふくらみ、「双子の赤字」問題を抱えることになった。

この事態を食い止めるため、レーガン政権第二期（1985〜89年）では、国際収支（経常収支）不均衡の是正が図られた。それを国際マクロ政策協調で行おうとしたのが85年のプラザ合意である。先進5カ国の財務大臣・中央銀行総裁が集まり、為替市場介入によるドル高是正と、日本・西ドイツの内需拡大、アメリカの財政再建（による内需縮小）に合意して実行に移された。日本では内需拡大の約束を果たすため、また円高不況対策として、財政・金融両面から緩和政策をとった結果、バブル発生の一因となった。

この間、FRSはポール・ボルカー議長のもと、1982年秋に操作目標を非借入準備から借入準備に変更し、なし崩し的に事実上のFFレート操作目標化に進んでいくのはすでに述べたとおりである。こうして80年代には、物価の安定を目的として、中間目標としてのマネーストックを管理し、FFレート水準を操作するという典型的な2段階アプローチが展開された。

もっとも、FRSがプラザ合意後のドル高是正策に協力するため、中間目標の達成を犠牲にして金融緩和を行う、という局面もみられた。つまり現実には、場合によってはトレードオフの関係に立つ物価の安定と完全雇用、そして国際収支の均衡（そのための為替誘導）、という金融政策の3つの目的が、裁量的な

判断によって目指されていたということができるであろう。

② 財政再建と「ニューエコノミー」、金融自由化

　レーガン政権下、1985年均衡予算緊急赤字抑制法（グラム＝ラドマン＝ホリングス法）が成立し、財政再建に初めて議会の主導権が発揮された。当初は、予算策定時点で高めの成長率が見積もられるなど、楽観的な前提が置かれたため、現実に赤字削減効果はなかった。しかし、先代ジョージ・ブッシュ大統領時代（89〜93年）の財政合意（90年）を経て、ビル・クリントン大統領（93〜2001年）の時代に、財政再建はようやくひとまず達成される。歳出カット、増税、そして景気拡大による税収増もこれに寄与した。単年度財政収支は98年度に黒字となり、債務残高は99年度に60％を割った。

　実体経済は、1990年代後半から2000年代前半にかけてパフォーマンスが向上し、3〜4％の実質成長と、おおむねCPI上昇率が3％を切るインフレ抑制に成功した。これを、経済の構造が変化し、「ニューエコノミー」が到来したととらえる見方が強まった。

　この間、1970年代から始まっていた金融自由化がさらに進展した。預金金利の自由化は、70年の大口CD金利自由化を皮切りに段階的に行われ、86年に完了した。73年の為替レートの完全フロート化や80年代にかけてのインフレ、高金利時代の到来は、大幅な資産価格変動を引き起こして金融サービス業に収益機会をもたらしたから、業務分野規制の緩和も課題になった。市場経済への信頼が高まったことも寄与して、グラス＝スティーガル法で定められていた業務分野規制は取り除かれた

（1999年グラム＝リーチ＝ブライリー法）。自由な環境下で証券化やデリバティブなどの金融技術が進歩し、新しい金融商品や金融のスキームが登場した。

　しかし金融自由化と金融技術の進歩は、再び金融システムの不安定化をもたらした。1980年代末には、貯蓄貸付組合（S&L）の危機などがあったが、これは貸出先の自由化に端を発したものだ。その後、98年にはヘッジファンドであるLTCMの危機、2000年代初のITバブル崩壊が起き、さらに07〜08年の世界金融危機へと進展していった。それは後から振り返ってみれば、新しい金融商品やスキームへの規制や監督がかなり緩いものであったことに起因している。

　この間、FRSの金融政策は、1987年に就任したグリーンスパン議長のもとで、FFレートの操作を中心とするアプローチが純化されていった。そのもとで、同議長の政策判断を「マエストロ」の技として賞賛する声が高まる一方、政策目標の重点をインフレ抑制に置いた運営が功を奏した、という評価が定着したといってよい。

　グリーンスパン氏の金融政策運営と、その時代に発生した新たな課題について、節をあらためて検討することにしよう。

2　グリーンスパン時代の課題とFRS

　アラン・グリーンスパンは1987年7月にFRB議長に就任し、2006年1月に退任するまで、実に18年6カ月間、アメリカの金融政策を統括した。この間、アメリカ経済は大きく変貌し、

FRSの金融政策もさまざまな経済的困難に対処してきた。グリーンスパンの時代に発生した諸問題とそれへのFRSの対応は、その後の金融政策のあり方に大きな影響を及ぼしている。

　本節では同氏の時代に発生した経済問題（課題）を３つ取り上げることにする。

　第一は、インフレ抑制と政府の財政再建への対処であり、この課題は就任からおおむね1990年代末まで存在した。それを克服した結果として経済は安定し「ニューエコノミー」が到来するが、そうしたなかで、資産バブルへの対処という第二の問題が発生する。これは、95年頃から登場したが、2000年のITバブル崩壊を経た後、07年の住宅バブル崩壊をもって、喫緊の問題としては消滅したといえる。

　第三に、日本経済が慢性的にデフレに陥ったことに加え、アメリカをはじめとする先進各国でもディスインフレ（インフレ率の低下）の傾向が強まったことを受けて、デフレ懸念への対処が課題となってきた。これは2002年頃から発生、現在まで続いている問題だ（ただし、21年からの急激なインフレに直面し、問題は複雑化している）。

(1)　インフレ抑制と財政再建の達成

　グリーンスパン議長時代の前半、アメリカ経済の課題は「インフレ抑制と財政再建への対処」であった。前任者ポール・ボルカーの強力な引締めで、1980年６月にピークの13.6％に達したCPI上昇率（除く食品・エネルギー）は83年５月に４％を切り、おおむね４％前後で推移するようになったが、80年代後半

からは再びインフレ懸念が台頭していた。

　こうしたなかで議長に就任したグリーンスパンは、レーガン政権末期、先代ブッシュ政権の４年間とクリントン政権の前半にかけ、インフレ抑制姿勢をきわめて鮮明にすると同時に、議会と政府に対し財政再建を促すメッセージを投げ続けた。そのため、とりわけブッシュ政権との対立がかなり先鋭化した。

　「増税なき財政再建」を掲げて当選したブッシュ大統領は、基本的にレーガンのサプライサイド強化の路線を継承し、減税による高成長をねらっていた。それがうまく進めばかえって税収は増加するので、適切な歳出削減をあわせて行うことにより財政再建は達成できるという考え方だ。これに対しグリーンスパンのFRSは、歳出削減の徹底を望み、直近の成長はむしろ抑えてでもインフレ期待を抑制する路線を描いていた。それが過剰消費の是正とそれによる経常収支赤字の縮小をもたらし、経済の体質改善につながるからだ。

　このことは、ブッシュ政権前期の２年間について政権とFRSの成長率見通しが大きく食い違っていたことからも明らかだ。すなわち実質成長率見通しは、1989年について政権の3.5％に対しFRSは2.5〜3.0％、90年について政権の2.6％に対しFRSが1.75〜2.0％といった具合だ（いずれも年初発表[4]）。政権成立直後の89年１月には、グリーンスパンがインフレ抑制姿勢をみせたのに対し、ブッシュはその姿勢を批判している[5]。

4　政権の見通しは行政管理予算局（OMB）のもの、FRSの見通しはFRB理事および地区連銀総裁の計19名による見通しの「中心的バラつき」。また、この間の事情は田中〔1990〕参照。

しかし、このようなあからさまな対立関係は、次に登場した
クリントン政権との間では好転し、それ以降、歴代政権はFRS
の独立性を尊重するようになっていった[6]。それは、グリーン
スパンが財政再建の重要性を議会証言などの場で明確に主張
し、結果的には政権がその路線で財政再建を進め、インフレ抑
制にも成功したからだ。

　財政再建は1990年7月、ブッシュ大統領が増税しないという
公約を破る格好で、議会との「財政合意」に踏み切ったことで
動き出した。これを引き継いだクリントン政権が、93年に高所
得者層や法人への増税と歳出削減からなる財政赤字削減策を打
ち出した。その結果、長期金利が低下するなどの効果が徐々に
現れ、90年代後半には好景気によって税収も増加した。こうし
て、財政収支は98〜2001年までの4年間黒字に転じた（前掲・
図表4-3参照）。

　インフレ率は低下し、1994年には3％前後、97年には2％台
前半を実現し、実質成長率は96年以降おおむね4％のペースに
乗っている。失業率は97年に4％台となり、99年には折しもバ
ブル崩壊後の不況で上昇した日本の失業率と一時逆転するに至
った[7]。91年3月〜2001年3月までの間、120カ月にわたる戦
後最長の景気拡張期（戦後第十拡張期）が現出した（図表4-4

5　通常は非公式の場で行われるFRSとの意見の違いの表明を、ブッシュ
　はマスコミを通して公に行った（グリーンスパン〔2007①〕165頁）。
6　ブッシュ政権後期の1991年以降は、OMBとFRSの見通しの食い違い
　は解消している（田中〔1994〕）。
7　1999年1月に逆転したが、2001年11月にITバブルの崩壊で再逆転し
　ている。

図表 4 - 4　アメリカの景気循環（第二次世界大戦後）

景気循環の谷	景気循環の山	拡張期間	後退期間
1945年10月	1948年11月	37カ月	11カ月
1949年10月	1953年 7 月	45カ月	10カ月
1954年 5 月	1957年 8 月	39カ月	8 カ月
1958年 4 月	1960年 4 月	24カ月	10カ月
1961年 2 月	1969年12月	106カ月	11カ月
1970年11月	1973年11月	36カ月	16カ月
1975年 3 月	1980年 1 月	58カ月	6 カ月
1980年 7 月	1981年 7 月	12カ月	16カ月
1982年11月	1990年 7 月	92カ月	8 カ月
1991年 3 月	2001年 3 月	120カ月	8 カ月
2001年11月	2007年12月	73カ月	18カ月
2009年 6 月	2020年 2 月	128カ月	2 カ月
2020年 4 月	―	―	―
平　　均		64カ月	10カ月

（資料）　全米経済研究所（NBER）。

参照）。

　この間、FRBは1990年後半からの景気後退に伴いFFレートをその前年（ピークは9.75％）から下げ始めたが、これは 3 年間に23回にわたる小刻みなもので、インフレ懸念を意識してか、必ずしも急激な緩和政策ではなかった。しかし92年夏に3.0％に達してからは、この水準を約 1 年半キープし、クリントン政権の財政緊縮を金融政策面から支える格好になったとい

ってよいだろう。

　金融政策の手法としても、FFレート誘導目標水準を小刻み
かつ連続的に変更するやり方が定着した。常に政策のスタンス
が引締め・緩和のどちらに向いているのか（あるいは中立なの
か）を市場に対し明確に示すことができるところにその利点が
あり、政策への信頼を高める一因になったと思われる。さら
に、第3章3でみたように、1994年からはFFレート誘導目標
水準の変更がFOMC直後に明示されるようになっている。

(2)　資産バブルと中央銀行──グリーンスパン・プット

　「ニューエコノミー」と呼ばれた経済の好調─高成長（低失
業率）、低インフレ、財政赤字の解消─がなぜ達成できたかは、
政権とFRBによる経済政策の成功だけでは説明できない。む
しろ情報技術（IT）化とグローバル化という世界経済の環境変
化が、そのより大きな原因だったと考えられる。IT技術の革
新は経済にさまざまな影響を与えたが、なかでもリアルタイム
の情報を獲得することで在庫の圧縮と効率的な人員配置が可能
となり、生産性が上昇したことが大きいといわれる。グローバ
ル化の1つの要素は共産圏の崩壊だが、これが軍事費の削減を
可能にし、「平和の配当」をもたらした。同時に、東欧や東・
東南アジアの諸国がまずは生産者として世界経済に参入し、財
の生産コストを引き下げた。

　グリーンスパン時代の第二の課題である「資産バブルへの対
処」は、この経済の好調のなかから発生した。インフレ率、つ
まり一般物価がきわめて安定的に推移する一方で、株価は異常

な高騰をみせていたからだ。1990年初に2,600ドル台だったダウ平均株価は、95年中に5,000ドル台に達し、99年には1万ドルを超えた。

　伝統的な考え方においては、資産価格の安定は金融政策の目的にはなりえない。一般物価、すなわち財・サービス価格の上昇（インフレーション）は直ちに経済に悪影響をもたらすが、株価・地価などの資産価格の上昇はそうではない。資産価格はそこから得られる収益（配当や賃料）が増加すれば上昇して当然だし、そのようなファンダメンタルズ（経済の基礎的条件）を反映した資産価格の上昇はむしろ望ましい。だから資産価格が急上昇したからといって、中央銀行が直ちにこれを抑制すべきだという理屈は成り立たない。だが、ファンダメンタルズから乖離した資産価格の高騰—つまりバブル—は、その崩壊時の経済へのダメージが大きいので望ましいものではない。

　そもそも資産価格の高騰がバブルであるかどうか（ファンダメンタルズから乖離しているかどうか）の判断は至難の業だ。だが、仮にそれがバブルであるという確信がもてたとして、中央銀行はこれにどう対処すべきなのか。中央銀行はこの問題に直面したのだった。

　白川〔2008〕は、中央銀行のこの問題への対処につき、対照的な議論が行われているとして、FRBビューとBISビューの2つに整理している（400頁）。FRBビューが「金融政策は資産価格に割り当てられるべきではなく、バブルが崩壊した後に積極的な金融緩和を行うことによって対応すべきである」と考えるのに対し、BISビューは「金融政策はバブルの発生を回避する

ことに努めるべきである」という考え方である。

いうまでもなくFRBビューがグリーンスパンの考え方だが、同氏は1990年代後半からの株価の上昇における金融政策の経験のなかから、これを形成していったと思われる。ダウ平均株価が6,000ドルを突破した後の96年12月に行った講演のなかで、グリーンスパンは「根拠なき熱狂」（irrational exuberance）というフレーズを使って、当時の株高を牽制した。そして翌年3月には0.25％のFFレート引上げに踏み切るが、このような措置を振り切るようにして、株価は上昇を続けた。

もっとも、その後金利は据え置かれ、1998年にはロシアのデフォルトやLTCM危機による金融の不安定化を原因に、利下げが行われた。この間、インフレ率は安定していたが、その背景にIT化による生産性の上昇がありそうであり、また財政収支は現実に黒字化していく途上にあったため、株価の高騰だけを理由に金融引締めを行うのが正当化される状況ではなかったともいえる。

グリーンスパン自身は、この前後の事情について自伝のなかで、ファンダメンタルズに沿った株価の上昇と投機的なバブルとは並存しうること、仮にバブルだと判断できても、FRBがこれを止めることはできないこと、をかなりの程度確信していたと述べている（グリーンスパン〔2007①〕293頁）。大幅な利上げでバブルを潰すことはできるが、それでは成長が吹き飛んでしまうし、段階的な利上げでバブルの空気を抜くべきだという議論に対しては、過去の経験から「穏やかな利上げでは株価は下がらず、逆に上がる可能性が高い」と論じている。

実際、2000年にITバブルが崩壊した後、グリーンスパンは
FRBビューに立脚した政策を実践した。FFレートが、翌01年
初からの1年間で5.5％から1.75％まで急激に引き下げられ
た。この政策はいわゆるテイラールールが示す金融緩和のス
ピードよりもかなり速く、アメリカ経済を日本のようなデフレ
に陥ることから救ったとする肯定的な評価もある。その後03年
6月に1.0％まで引き下げられ、04年6月までこの超低水準が
キープされる。このため、実質GDP成長率は01年に四半期ベー
スで2回マイナスに陥っただけで回復に向かい、失業率も03年
6月の6.3％をピークに低下し始めており、比較的浅い景気後
退ですんだといえる。バブル崩壊前に1万1,000ドル台だった
株価は、03年2～3月に8,000ドルを割ったところで反転し、
上昇を始めている。
　金利の低下に反応して実体経済の回復を支えたのが住宅投資
であり、いわゆる住宅バブルにつながっていく。このようなグ
リーンスパンによるFRBビューの実践は、結果的にバブルの
崩壊をバブルの形成によって手当するものとなった。そして、
このようなFRSによるバブルへの対処の姿勢は「グリーンスパ
ン・プット」とも呼ばれるようになった。そう呼ばれるのは、
資産価格の暴落を迅速な金融緩和で阻止する姿勢が、プット・
オプションの売り手に似ているからである。プット・オプショ
ンの売り手は、株式を例にとると、その最低売却価格を株式保
有者に保証することになる。つまりこの場合、FRBが株価が
暴落しないように政策をうまく運営してくれる約束をしてい
る、といった意味合いに使われた。

だが、この手法に関しては批判も多い。それは、投資に失敗しても政策が救ってくれることをあてにして、投資家が自らリスクをとる意識を欠いたままリスクの高い投資を行うこと、すなわちモラルハザードを促進して金融市場や実体経済の活性化をねらうものともいえるからだ。それはバブルを招くことになり、バブルを引き起こすことはおそらく政策として是認されないだろう。1つのバブルの崩壊の後遺症を、別のバブルの形成で癒すことができたとしても、それを永遠に繰り返すことはできそうにないからだ。

　グリーンスパン議長の退任後の2007年、今度は住宅バブルが崩壊し、サブプライム問題が発生した。その後遺症がITバブル崩壊時よりもはるかに大きかったことは次章で述べるが、その結果、FRBビューやグリーンスパン・プット的な対処法の妥当性にも疑問が投げかけられているといってよいだろう。

　そもそも中央銀行が資産価格の安定を政策目的にすることがむずかしいなか、IT化と経済・金融のグローバル化、そして金融自由化と証券化技術の進歩によって、バブルが発生して世界的規模で広がる可能性が高まっている。世界金融危機後には、再発防止のために金融システム安定化を図るプルーデンス政策の重要性が再認識された。しかし、資産価格の変動に中央銀行の金融政策がどのように対処すべきかは、未解決の問題として残されている。

(3) デフレ懸念の発生
　グリーンスパン時代の第三の課題である「デフレ懸念への対

処」も、第一の課題としてのインフレ抑制が達成されたところから始まっている。すでにみたようにアメリカのインフレ率は、1997年頃から2％台前半に低下してきていたが、2002年末からは月によっては2％を割るようになった。このようなディスインフレは、先進国共通の現象であり、CPI上昇率の年次データでみた場合、イギリスとフランスでは1997年から、ドイツではすでに95年から連続して2％を下回っていた（図表4－5参照）。

　本来、インフレ率の低下は望ましいことだが、これが「懸念」に変わったのは、1990年代初にバブルが崩壊して景気が低迷していた日本で、99年以降CPI上昇率が連続してマイナスとなりデフレが現実のものとなっていたからだ。そして日本で

図表4－5　各国消費者物価指数（CPI）上昇率の推移

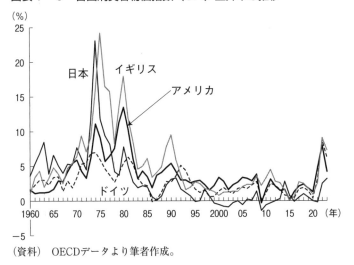

（資料）　OECDデータより筆者作成。

は、99年2月〜2000年8月までの間および01年3月以降は政策金利がゼロに達し、景気刺激のためにそれ以上金利を引き下げることができなくなっていた。日銀がとった非伝統的政策としての量的緩和にはほとんど効果がなく、金融政策は袋小路に入っていた。

　デフレの弊害は何だろうか。デフレは一般物価（財・サービス価格）の持続的低下、と定義される。この点、デフレは直ちに景気の低迷を意味するわけではない。しかし第一に、デフレは実質金利を上昇させるので、設備投資や耐久財消費を低迷させ景気を鈍化させる。第二に、債務の実質価値を引き上げるので、返済の滞りが不良債権問題と銀行危機、そして信用収縮を引き起こす（いわゆる「負債デフレ」）。第三に、金融政策上の観点からは、第一の点、つまり実質金利の上昇を金融政策の自由度を狭めるものととらえ直すこともできる。すなわち1％のインフレ下では（名目）政策金利をゼロまで下げることで、実質金利を－1％まで引き下げることができるが、1％のデフレ下では政策金利をゼロまで下げても、実質金利は1％にとどまり、より限られた金融緩和しかできないことになる。

　中央銀行として、とりわけ第三の点を懸念するのは当然といえよう。ひとたびこの罠に陥ってしまうと、通常の景気刺激手段を失うために、抜け出すことがむずかしくなると予想されるからだ。日銀はまさにその実例を提供していた。

　FRBはこの事態に陥るのを避けるため、2002年頃からデフレ懸念への対処について検討を開始している。同年6月に、「デフレ防止策：1990年代の日本の経験からの教訓」と題する

スタッフの研究論文が、FRBの国際金融ディスカッションペーパーとして発表された（Ahearne *et al.*〔2000〕）。この論文の結論は、具体的には日本が91〜95年の時点でコールレートをもう2％ポイント引き下げていたらデフレは回避された、というものだ。しかしより一般的に、金利がゼロ近辺まで低下し、かつデフレに陥る危険性が高い場合には、通念とされる水準を超えた景気刺激策が金融・財政の両面でとられるべきだ、という総合的な結論を提示している。同年11月には、当時理事だったバーナンキが講演し、FRSがデフレを回避するための手段をもっていることを強調した。

2002〜03年のFOMCでも、デフレが懸念の中心になっており、日本の二の舞にならないためにはどうすべきかが議論されている。03年6月には、すでに低かったFFレートを0.25％引き下げ1.0％としたが、グリーンスパンは自伝のなかで、「経済の状況に基づくなら、いっそうの利下げはおそらく不要だろうというのが一致した見解になっていた」と述べ、それでもリスクを比較検討した結果、利下げに踏み切ったことを明らかにしている。「デフレという悪性の病にかかる可能性を完全になくしておきたかった。そのためには、利下げによってバブルが発生するリスク（中略）、後に抑え込まなければならなくなるリスクをとることもいとわないと考えた」と語っている（グリーンスパン〔2007①〕333頁）。

だが、このようなスタンスが、「後に抑え込まなければならなくなるリスク」を本当に顕在化させた可能性も否定できない。先にみた「資産価格の高騰にどう対処するか」という第二

の問題と、この「デフレに陥らないためにどうしたらよいか」という問題は、相対峙する「前門の虎と後門の狼」のようなものだ。

実際、2003年初めに、30年物固定住宅金利が1960年代以来初めて 6％を割った。変動型の住宅金利はさらに低かったので、住宅の買換えが増えて、図表 4 - 6 にみられるように住宅価格が上昇し、いわゆる住宅バブルが発生した。そして、政策金利を引き上げても、長期金利が低位安定し、なかなか上昇しないという現象が現れ、グリーンスパンはこれを「コナンドラム」（謎。conundrum）と呼んだ（グリーンスパン〔2007②〕168頁）。FFレートが2004年央の1.0％から06年央の5.25％まで徐々に引き上げられたが、10年国債利回りはほぼ 4 ％台の狭いレンジの

図表 4 - 6　ケース・シラー住宅価格指数（全米）

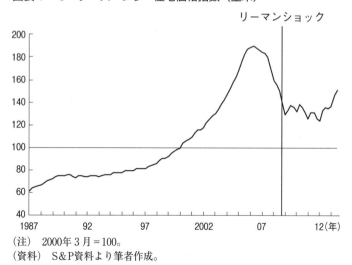

（注）　2000年 3 月＝100。
（資料）　S&P資料より筆者作成。

なかにあり、上昇傾向を示さなかった。

　それは、グローバリゼーションの追い風のなかで、FRSがインフレ期待の払拭に成功したことの帰結でもあるが、このこと自体がバブル（債券バブル）でもあり、また住宅バブルの原因ともなった。

　グリーンスパンの議長退任後に住宅バブルが崩壊して、2007〜08年の世界金融危機が引き起こされるが、それ以降、デフレ懸念と中央銀行のそれへの対処はさらに大きな問題となっているといえる。この点は第7章および終章で検討することにしよう。

　グリーンスパン議長在任中の18年半を振り返ってみると、アメリカ経済が財政再建とインフレ抑制に成功したことが、バブルとデフレ懸念という忘れられていた厄介な問題を生むことになっている。中央銀行に求められる役割も、「インフレ抑制による持続的成長の確保」から、「バブルの発生とその崩壊による金融危機の防止」「デフレの予防」に重点が移ったといえるだろう。

第 **5** 章

世界金融危機と
非伝統的金融政策

2008年に勃発した世界金融危機は、「100年に１度」といわれるマグニチュードをもって世界を震撼させた。それは、「ニューエコノミーの到来」を謳歌していたアメリカ経済に、「金融依存の経済」への反省を迫るものであった。また、欧州では、銀行危機が南欧諸国などの財政危機へと発展し、単一通貨ユーロの存立を危うくする展開となった。

　そして、この危機以降、米・欧・日の先進国中央銀行の金融政策は、非伝統金融政策という、それまで日本以外では経験したことのなかった未踏の領域へと突入した（第２章冒頭と図表２－１も参照）。FRSにおいてそれを主導したのがバーナンキ議長である。

1 初期の金融システム安定化策

　2008〜09年の世界金融危機・同時不況後の先進各国の経済対策を振り返ると、次のような共通点があげられる。

　金融システムの混乱を受けて喫緊の重要性を帯びたのは、金融システム安定化策だった。

　安定化のための多様な対策は、中央銀行と政府とが分担して打ち出した。その後、金融システムがとりあえずの安定を取り戻し始めると、政策の重点は次第に金融危機の影響で後退した景気の刺激に移っていった。そして、まず政府による大規模な財政政策が発動され、その後は中央銀行の金融政策に追加的・継続的な景気刺激の役割が委ねられた。

　中央銀行の施策に焦点を当ててみると、当初は金融システム

安定化を目的とした政策（信用秩序維持政策、プルーデンス政策）が行われ、これが景気刺激を目的とした金融政策（マネタリー政策）にバトンタッチされたことになる。そしてこの局面で、本章の主題である非伝統的金融政策が展開された。もっとも、危機の初期の時点においても、景気刺激策も打ち出されているし、金融システムの安定化のための手段が同時に景気刺激にも寄与する、というケースも多いから、両政策のバトンタッチがどこで行われたかの明確な線引きを行うのはむずかしい。

　本節では、金融危機の初期に、FRSおよび政府がどのような政策を発動したかを、金融システム安定化策を中心に概観しておく。

⑴　発端としてのサブプライム問題

　話の順序として、2007年夏にアメリカで顕在化し、今回の世界金融危機の発端となったサブプライム問題について、簡単に振り返っておこう。

　サブプライムローンとは、アメリカの信用力の低い家計、つまり低所得者層向けの住宅ローンである。借り手の信用が低く貸出のリスクが高いから、その分通常の住宅ローン（これをプライムローンと呼ぶ）よりも金利が高い。通常は（たとえば日本においてであれば）、このようなリスクの高い貸付案件には貸し手が現れないから、ローンは成立しないと考えられる。

　ところが住宅バブルといわれた2003〜07年に、こうした貸出が急速にふくらみ、住宅価格は上昇を続けた。貸出が増えたのは、貸し手の住宅ローン会社や銀行が必ずしも借り手の返済能

力を認めた結果ではなく、担保にとった住宅価格の上昇を前提に住宅ローンの借換えが行われ、それによって返済してもらえると想定したからだといってよい。

つまり、たとえば2～3年後に住宅価格が上がった時点で、その担保価値が上がることにより、借り手はより多くの金額を借り換えることが可能になる。借り手はこれで先に借りたローンを返すことができるうえ、返済後にお釣りがくるから、それを消費に使うこともできる。多くのサブプライムローンでは、最初の2～3年は元本返済または元本返済と金利の支払が免除される設計になっていたから、借換えを行えば返済開始が先送りされて、そこにも消費の余裕が生まれる。

普通に考えれば、借り手にとってこんな有利なことが永続するはずはない。しかし、これに弾みをつけたのが、証券化という金融技術の発達と住宅バブルの発生である。アメリカでは、古くからモーゲージ証券というかたちで住宅抵当付きの貸出を流動化する仕組みが発達していた。住宅を担保に住宅ローンを組成したローン会社や銀行（オリジネーターという）が、その貸出債権を第三者に売り渡す。オリジネーターはキャッシュを手にすることができ、この債権を買った第三者が新たな貸し手（債権者）となる仕組みだ。その際、小口の住宅債権を束ねて大口化した住宅ローン担保証券（RMBS）が発行され、これを大口の投資家が買う、というかたちで資金が流れ込んでいた[1]。RMBSは、原債務者が小口で多数であり、その分貸倒れのリスクが分散されるので、通常は高い格付が与えられる。

この仕組みのもとで、オリジネーターは貸倒れのリスクを回

避することができる一方、投資家もリスク分散ができるので、資金の流れが活性化し、住宅金融が円滑化する。証券化の技術は、このように経済に恩恵をもたらすとされてきた。

　しかし2002〜07年の住宅バブルの時には、こうした仕組みが異常な信用の拡張を引き起こす梃子として作用した。リスクを分散する機能は、リスクの所在をわかりにくくする効果ももったため、本来はリスクの高い借り手に対し、結果的にどんどん資金が貸し付けられることになった。1つには、投資家がより高い利回りを求めて投資先を探していたからだ。つまり資金の貸し手側から、新しい資金の借り手を「発掘する」ニーズが高まっていた。

　金融界全体がこうしたニーズに対応した。オリジネーターが住宅ローンを組成し、投資銀行などがこれを証券化する傍ら、モノラインと呼ばれた信用保証会社がその証券に保証をつけ、格付会社はこの証券に高格付を与えた。さらに債務担保証券（CDO）という、RMBSなど資産を担保とした証券を組み入れた2次的・3次的証券が組成され、アメリカ国内だけでなく、広く海外の投資家がこれに投資をしていた。

　アメリカの住宅価格が上昇しているうちは、問題は起こらない。しかし、住宅価格の上昇が止まり下落に転じたところで、逆回転が始まる。担保価値が下がるから、新たなローンは組成

1　そもそもRMBSの発行は、政府支援機関（GSE）である連邦住宅抵当金庫（ファニーメイ）や連邦住宅貸付抵当公社（フレディマック）が行っていた。この時期には、商業銀行、投資銀行などがSPV（特別目的事業体）を設立し、これによる発行が激増した。

されず、借換えができないから、先に借りたローンの支払ができない借り手が続出する。となると、担保にとられた住宅の処分（投げ売り）が始まり、住宅価格が下がる。住宅価格が下がると、担保価値はさらに下がり、逆回転に拍車がかかる。その結果、RMBSに投資していた銀行やファンド、ノンバンクなどの機関投資家は、返済を受けることができず大打撃を受ける。さらにその2次的・3次的証券化商品であるCDOの価格下落を通して、この衝撃は海外にまで広がった。

　サブプライムローンの焦付きが発端となって、世界各地で証券の買い控えと値下りが発生し、アメリカだけでなく、とりわけ欧州の金融機関の損失拡大、資本の毀損が引き起こされた。事実、最初にこの問題が顕在化したのは2007年8月のパリバショックと呼ばれる欧州の金融危機だった。そして、翌08年9月に本家本元のアメリカでリーマンショックが起き、世界金融危機はピークに達した。この間、世界各国の株価が下がり、ドル安が進行した。

(2)　金融危機と金融安定化策

　金融システムがどの時点から混乱し始め、いつ頃安定を取り戻したかを、ドルのLIBOR-OIS スプレッド（ターム物インターバンク金利とリスクフリーと考えられる同期間のOIS（overnight index swap）の金利差）をみることで、おおよその見当をつけることにしよう（図表5－1参照）。この数字は、流動性リスクやカウンターパーティ・リスクを測る指標の1つとして用いられ、市場参加者によるリスクテイクの手控えがどの程度に達し

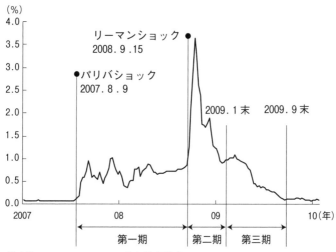

図表 5 − 1　ドルLIBOR-OIS（3カ月）スプレッド

(%)

リーマンショック
2008.9.15

パリバショック
2007.8.9

2009.1末　　2009.9末

2007　　　08　　　09　　　10(年)

第一期　　第二期　第三期

（資料）　Bloomburgデータより筆者作成。

たかを測ることができる。

　アメリカにおける金融危機は、ドルにおける同指標に端的に現れている。危機を、①パリバショックからリーマンショックまでの時期（第一期：2007年8月〜08年9月）、②リーマンショックを契機として極端な水準に達した「リスクテイクの手控え」が、09年初にほぼそれ以前に近い水準に戻るまでの時期（第二期：08年9月〜09年1月）、そして③07年夏前の状況にまで正常化が進む時期（第三期：09年2月〜9月）に分けることができる。

　2007年夏以来、アメリカではさまざまな金融安定化策が打ち出されてきた。すでに述べたように、中央銀行であるFRSの政

策は金融システムが安定してくるにつれ、次第に重点が景気刺激策に移っていく。つまり第一期と第二期においては、FRSと政府が打ち出す政策は金融安定化に重点があった。第三期は、ほぼ金融安定化のみをねらった対策が出尽くすなかで、後に景気刺激策の色合いを強めていく過渡的な性格をもつ政策が打ち出された時期だ。

第1章2でみたように、景気刺激策にはFRSの金融緩和と政府の財政出動があり、金融システム安定化の手段には、流動性不足（illiquidity）に対処するリクイディティー対策と資本不足から来る支払不能（insolvency）に対処するソルベンシー対策がある。リクイディティー対策は中央銀行が行い政府が担う部分もあるが、ソルベンシー対策は通常政府に委ねられる。

⑶　FRSの対策──リクイディティー対策

この時、FRSはかなり性格の違ういくつかのリクイディティー対策を打ち出している。バーナンキ議長は、これらの政策をほぼ打ち出した後の2009年1月13日に行った講演で3つに分類にしている（Bernanke〔2009①〕）。ここでも、これに沿って整理してみよう[2]。図表5－2はややテクニカルになるが、その概略を発表された順に示したものである。

FRSがとった対策の第一は、預金取扱金融機関などへの資金供給(i)だ。本来の意味での「中央銀行の最後の貸し手（LLR：Lender of Last Resort）機能」の発動であり、システミックリ

---

[2]　バーナンキ氏は、その後の講演などでも同様の整理を行っている。

図表5－2　FRSによる金融危機に対するリクイディティー対策

実施時期	措　置	概　　要
(i)　預金取扱金融機関等への資金供給1)		
2007.12.12〜 10.3.8	TAF	預金取扱金融機関に対し、連銀貸出で担保と認められる資産を担保に融資。当初3カ月、徐々に長期化
08.3.11〜 09.7.1 2)	TSLF	国債をプライマリーディーラーに貸し出す（上限2,000億ドル。GSE債、GSE組成MBS、高格付民間MBSが担保）
08.3.16〜 10.2.1	PDCF	プライマリーディーラーへの融資（金利は公定歩合で）
(ii)　信用市場における借り手、貸し手への資金供給		
2008.9.19〜 10.2.1	AMLF	預金取扱金融機関か銀行持株会社がMMFから高格付ABCPを買う場合に、無担保で融資（金利は公定歩合で）
08.10.7〜 10.2.1	CPFF	3カ月の無担保CPまたはABCPを適格発行者から直に購入（購入するFRS設立のSPVに融資）
08.10.21〜 9.10.30	MMIFF	MMFなどの投資家から、残存90日以内のCD、高格付CPを購入（購入する民間設立のSPVに融資）
08.11.25〜 10.3.31／ 6.30	TALF	AAA格の消費者ローン・小企業ローン裏付けABSへの投資者に3年間の融資
(iii)　期間の長い債券の購入		
(2008.11.25)3)	GSE債とMBSの購入	「1,000億ドルのGSE債、5,000億ドルのMBS（GSEが組成したもの）を数四半期にわたり購入」とアナウンス〜景気刺激策としてのQE1（09.3.18〜）に接続（購入額を増額）
(08.12.16)	長期国債の購入	当初、「検討する」とのアナウンス。QE1（09.3.18〜）で、「長期国債を6カ月間で3,000億ドル購入」へ

(注) 1)　(i)の措置として、このほかに他国中央銀行とのスワップ協定がある。
　　　2)　2009年7月1日に中止、正式には10年2月1日に制度が廃止された。
　　　3)　GSE債は9月下旬から購入が始まっていた。MBSは翌年1月から購入開始。
(資料)　FRB資料より筆者作成。

スクを軽減するためのものである[3]。これらはいずれも第一期に開始され、その後も継続された。

　FRSはまずパリバショック直後の2007年8月10日に、公開市場操作を通じて必要な資金供給を行うことをアナウンスしている。その後、①連銀貸出の拡充（公定歩合とFFレートのスプレッドを1％から0.25％に縮小し、貸出期間を通常の翌日から90日に拡大）、②TAF（預金取扱金融機関に3カ月まで信用供与）、③TSLF（プライマリーディーラーへ国債貸出）、④PDCF（プライマリーディーラーへの貸出）の創設などが行われた。TAFは預金取扱金融機関への資金繰り対策であり、次第に期間の長い物を導入するなどして何回か拡充が行われた。TSLFとPDCFはプライマリーディーラーの資金繰り支援であり、前者では、優良なMBSを担保に2,000億ドルを限度として国債を貸し出した（これを担保に市場で資金調達ができる）。

　さらに、グローバル化した金融市場にドル資金を供給するため、⑤海外の中央銀行との通貨スワップ協定の拡充ないし創設が行われた。2007年12月にECBやスイス中央銀行（SNB）との協定締結を皮切りに、9月のリーマンショックを経て中央銀行14行との間に拡大した。

　第二に、主要な信用市場における借り手、貸し手（投資家）への資金供給(ⅱ)が行われた。伝統的な意味での「最後の貸し

3　古典的なシステミックリスクは、金融機関と預金者の間に情報の非対称性が存在するがゆえに、ひとたび金融機関が破綻すれば、他の健全な金融機関にも取付けが広がる（伝染効果）というかたちで理解されている。

手」機能は、取付け防止のため銀行システムに対して行われる資金供給と解される。しかし高度に発達した金融市場では、証券化などの手法を通して流動性の高い転売可能な金融商品が発行され、それを売買するファンドやノンバンクによって金融仲介（信用の供与）が行われている。それゆえ、信用収縮時にはファンドやノンバンクなど非銀行金融機関（預金非取扱金融機関）が資金繰りに窮したり、証券化商品に買い手がつかなくなったりするなど、いわば「市場の取付け」が起こりうる。その意味で、これらの手段もシステミックリスク軽減の一種といえる。近年、これらを「最後のマーケットメーカー（MMLR：Market Maker of Last Resort）」機能と呼ぶこともある[4]。市場の混乱が激しくなった第二期に繰り出されている（図表5-2参照）。

具体的には、①AMLF（MMFに流動性を供給するため、銀行などがMMFから高格付ABCPを買う場合に融資）、②CPFF（3カ月物高格付CP、ABCPを発行者から購入）、③MMIFF（MMFなどの投資家からCD、高格付CPを購入）、④TALF（AAA格の消費者ローン・小企業ローン裏付けABSへの投資者に3年間の融資）、などが導入された。

4　マーケットメーカーとは、市場の取引手法の一種であるマーケットメイク方式のもとで、取引所から資格を得て常時、売り気配と買い気配を提示する業者（値付け業者。株式では証券会社、為替では銀行など）のことである。最良気配を出しているマーケットメーカーの間で相対取引が行われ、売り手・買い手はこれを通して売買する。オークション方式では、売り手と買い手の注文のうち、条件のあうものを約定させていくので、取引量が少ない場合は値がつきにくいが、マーケットメイク方式では常に気配が提示されるので、流動性が確保される利点があるとされる。

以上のような「最後の貸し手機能」の非銀行金融機関への拡張や「最後のマーケットメーカー機能」の導入は、連邦準備法13条３項の「異常かつ緊急時」に理事会の決定をもって個人や企業に有担保で貸付ができるという規定に基づく。

　このうち、TALFは財務省との共同事業であり、損失に対し財務省が200億ドル拠出することになっており、流動性供給だけでなく信用リスクをとるものといえる（その意味ではリクイディティー対策の域を一部逸脱している）。

　第三は、期間の長い債券の購入(ⅲ)である。MBS（住宅ローン担保証券）やGSE債（ファニーメイやフレディマックなどの政府支援機関が発行する債券）が市場で流動性を失う、あるいは値がつかなくなるという状況に直面し、これを購入することで流動性を取り戻させようとするものだ。これは、特定の金融機関の資金繰りを助けるという意味での流動性対策ではない点で、先の第一・第二の対策と性格を異にするが、MMLRという意味では第二の対策に近い。住宅金融市場など、民間信用市場の状況改善をねらっている。また、同時に民間住宅市場の活性化をも引き起こすから、そもそも実体経済の回復に直結する性格をもっている。後に景気刺激策としての非伝統的金融政策（資産購入）につながっていくゆえんである。

　2008年11月25日に1,000億ドルのGSE債、5,000億ドルのMBS（GSEが組成したもの）を数四半期にわたり購入する措置が決定・発表された。これは、12月16日のFOMCのリリースペーパーにも追認するかたちで盛り込まれ、それと同時に、長期国債購入を検討することもアナウンスされた。09年３月の

FOMCでは両債券の購入額が増額され、また長期国債の購入
も決定されて、QE1と呼ばれるようになる（本章3参照）。

　注目すべきは、11月25日の時点では、政策の決定主体は、他
の金融システム安定化策の場合と同様FRS（あるいはFRB）だ
ったが、それが2009年3月以降はFOMCとなったことだ。つ
まり、当初は形式的にも実質的にも金融システム安定化策であ
ったこの措置が、まず形式的には景気刺激策を決定する場で審
議されるようになった（実務上、公開市場操作に類するからとも
いえる）。その後、この措置は実質的にも景気刺激策としての
性格を強めていく。

　以上のようなリクイディティー対策に加え、FFレートの引
下げも行われている。こうした政策金利の引下げは、平時では
景気刺激策であるが、金融危機時には、流動性の供給とタイミ
ングをあわせて行うことで、信用収縮を食い止めるアナウンス
メント効果があったといえるだろう。

　2008年9月に5.25％だったFFレートは、都合6回の利下げ
で08年4月末に2％まで低下した。しばらくこの水準に据え置
かれた[5]が、同年9月にリーマン・ブラザーズが破綻し世界的
に株価が急落したのを受けて、10月の世界協調利下げなど3回
の追加的利下げが行われた。12月16日の最後の利下げでは、誘
導目標水準が0〜0.25％とされ事実上のゼロ金利となった。な

---

[5]　日本の1990年代のように、金融危機対策（株式市場対策）として闇雲
に金利を下げすぎると、金利の下げしろが消滅し、大して効果が上がら
ない量的緩和政策に早期に追い込まれてしまう。今回は、各国中央銀行
は日本のこの時の経験を学んでいるので、（リーマンショック前まで
は）金利引下げは抑制的だったといえる。

お、この時消費者物価指数は2％程度で上昇していたから、実質ではマイナス領域まで金融緩和が進んだことになる。

(4) 政府の対策——ソルベンシー対策

次に、この時政府が行った政策について検討していこう。それには、政府による金融安定化策と、景気刺激策としての財政出動がある。まず、前者からみよう。

政府が担う、より本質的な金融システム安定化策はソルベンシー対策だ[6]。金融危機時に、金融危機の内実として市場で起きていたのは、RMBSやCDOが売れないために、金融機関が所有するそれら資産の評価額が急落するという現象だった。この結果、これらを保有している金融機関が損失を出して過小資本に陥れば、銀行ならば「貸し渋り」を行うし、投資銀行・政府支援機関・保険会社などの非銀行金融機関であれば投資を縮小させる。資本の減耗がさらにひどければ、それら金融機関自体が破綻に至り、預金者をはじめとする金融機関に対する債権者、またその株主が損失を被って金融危機はスパイラル的に拡大する。不良債権問題を淵源とする信用収縮は、こうして当初の流動性不足から支払不能の危機へと深化していく。

ソルベンシー対策は、そのような金融機関の重荷となっている損失を、公的主体が穴埋めすることによって、信用の収縮に

---

6 もっとも、政府もリクイディティー対策を行わないわけではない。たとえば2008年3月下旬、危機の深化に対応するかたちで政府系住宅3機関（GSE）がRMBS買取りを増やす措置を拡大し、合計30兆円の枠が設定された。

歯止めをかけようというものだ。FRSなど中央銀行は、もとよりそのような原資をもたないから、これは政府が財政資金によって担わざるをえない。

　第一の手段は、不良債権・不良資産の買取りだ。不良債権の買取りは、当初から財政資金による損失の穴埋めを意図するものではないが、ソルベンシーの問題に直面する金融機関が、損失を確定するために不良債権を処理することを支援する手段である。つまり、不良債権の買取りは時価で行われるから、直ちに売り手の金融機関に財政資金が投入されるわけではない。買い取った資産がさらに値下りして損失が出れば、それを公的資金で穴埋めすることが想定されているが、買取りの意味は、あくまでも売り手の金融機関の不良債権処理を支援する、という意味がある[7]。

　2008年の緊急経済安定化法は、リーマンショック後にいったん否決された後、10月上旬に修正可決された。ここには、公的資金により金融機関から最大7,000億ドルを限度に不良資産[8]を買い取るTARPと称する措置が盛り込まれていた。しかし結果からいうと、政府による不良資産の買取りはほとんど行われなかった[9]。

---

[7]　ちなみに、JPモルガンによるベアー・スターンズの救済買収に際しては、JPモルガンが設立する不良債権の受け皿会社にFRSが直接貸出を行い、不良債権の分離を支援したが、こうしたスキームでも財政資金が投入されるわけではない。

[8]　ここでは、RMBSや商業用不動産担保証券（CMBS）が想定されていた。

[9]　具体的なスキームが明らかになったのは、2009年3月。11年8月末までに179億ドル程度（U.S. Department of the Treasury〔2011〕p.2）。

第二の手段として、金融機関への公的資金による資本注入があるが、これこそが究極のソルベンシー対策だ。不良債権を買い取ったとしても、いや買い取ることによって、それを売った金融機関には売却損が発生する。その結果、過小資本に陥った金融機関は、公的資金による資本増強で救済するか破綻処理するかのどちらかが必要になる[10]。

　2007〜08年初にかけての時点では、大手金融機関は私的な資本増強（増資）を行い、幸いこれにはサウジアラビアの富豪やシンガポールの政府系ファンドなどが応じてきた。しかし危機が深まるにつれ増資は困難になり、公的資金の投入が不可避の情勢となってきた。08年7月下旬、経営が悪化した連邦住宅抵当金庫（ファニーメイ）と連邦住宅貸付抵当公社（フレディマック）——すなわち2つの政府支援機関に対し、財務基盤を支えるための融資や資本注入が可能になる法案が成立した。

　2008年9月下旬、経営危機が表面化した保険最大手のAIGに対しては、政府が資本注入を、またFRS（ニューヨーク連銀）が緊急融資を行い、事実上の公的管理下で再建に取り組むことになった。

　これらは銀行ではないから、本来預金の保護を主要な目的とする救済の理屈が立ちにくい。しかし、放っておけば金融システムの安定が脅かされるのが明らかな状況で、やむなく打ち出

10　ただし、ここで公的資金による資本注入で救済を行った場合には、その金融機関が立ち直った後に、公的資金は返済や市場での売却により政府に返ってくる。破綻処理を行った場合は、公的資金は処理の穴埋めとして贈与されるので、通常返ってこない。

されたものといえる。一方で、やはり9月にリーマンショックを引き起こした証券会社のリーマン・ブラザーズや、貯蓄金融機関最大手のワシントン・ミューチャルは救済されずに破綻した。

　これに引き続き、本丸である預金取扱金融機関（商業銀行）への公的資本注入が決定される。10月上旬、G7（7カ国財務相・中央銀行総裁会議）が公的資金による資本増強などを盛り込んだ「行動計画」を発表し、ブッシュ大統領が「危機克服へあらゆる利用可能な手段をとる」と表明して、大手9行（ただし投資銀行（証券会社）を含む）に対する総額1,250億ドルの一斉資本注入を公表した（以下、図表5－3参照）。

　TARPで確保された公的資金は、当初の目的であった不良資産の買取りでなく、その多くがこれに振り向けられた。資本注入は、アメリカン・エキスプレスなど大手ノンバンク（金融会社）やゴールドマン・サックスなど大手投資銀行に対しても行われたが、先のAIGも含め、その他の預金非取扱金融機関にもTARP資金が充てられた。さらに法律は拡大解釈され、GM、クライスラーといった製造業にも資本注入が行われた。結果的に、大小707の金融機関が資本注入を受け、TARPの支出総額は約4,200億ドルとなった[11]。

　ちなみに、大手9行は2010年までに公的資金を完済し、AIGやGMも13年までに政府が株を売却するなどして支援を終えて

11　U.S. Department of the Treasury〔2011〕p.2。財務省（のOffice of Financial Stability）は、年1回同様のレポートを作成し、注入した資本の返済（回収）状況などを報告している。

図表5-3　リーマンショック直後のアメリカ政府による金融機関
への資本注入（2008年）

(単位：億ドル)

決定時期	名　　称	業　　態	金　額
10月	シティグループ	銀行	250.0
	JPモルガン・チェース	銀行	250.0
	ウェルズ・ファーゴ	銀行	250.0
	バンク・オブ・アメリカ	銀行	150.0
	メリルリンチ	投資銀行（証券会社）	100.0
	ゴールドマン・サックス	投資銀行（証券会社）	100.0
	モルガン・スタンレー	投資銀行（証券会社）	100.0
	バンク・オブ・ニューヨーク・メロン	銀行	30.0
	ステート・ストリート	銀行	20.0
11月	AIG	保険	450.0
	アメリカン・エキスプレス	ノンバンク（クレジットカード、保険など）	33.9
	CITグループ	ノンバンク（リース、消費者金融など）	23.3
12月	GMAC	ノンバンク（自動車ローン）	50.0
合　計			1,807.2

(注) 1　AIGは、すでに9月の時点でニューヨーク連銀からの融資など、
　　　事実上の政府支援を受けている。
　　 2　銀行に対しては、翌2009年6月までに647行に対して、合計2,180
　　　億ドルが注入された。
(資料)　新聞報道などから筆者作成。

いる。

　これらは1990年代後半の日本の危機において、必要であった

にもかかわらず、なかなか打ち出されなかった措置でもある。バブルの発生と崩壊が生む不良債権問題とそれによって引き起こされる信用収縮に対し、リクイディティー対策は解決のための必要条件にすぎず、十分条件を形成するにはソルベンシー対策が不可欠であることがあらためて確認できる。

なお、金融安定化のために政府が行った政策としては、このほかに、FDICによる預金保険の付保限度額を10万ドルから25万ドルに引き上げる措置（2008年）や、連邦住宅金融局（FHFA）を中心とした住宅ローン借り手救済策などがあげられる。

(5) 景気刺激策を担った政府の財政出動

政府による財政出動はこの間、おおむね2回行われている。これらにも、危機時には、実体経済が下支えされるという期待から株価を上昇させる力が働くなど、金融システムを安定化させる効果があるが、無論、第一義的には景気刺激策である。

1回目は、金融危機第一期の2008年2月に成立した緊急景気対策法であり、5月から戻し税のかたちで所得税の大幅減税が実施された。同年1～3月期の実質経済成長率が、前期比年率−2.7％と7年ぶりにマイナスに転じていた。

2回目は、オバマ政権発足直後の2009年2月13日に上下両院を通った景気対策法だ。これには、総額7,872億ドルの景気対策が盛り込まれ、歳出の拡大と減税が謳われた。リーマンショックを経た第二期の景気落込みがその背景である。実際アメリカの実質成長率は、08年7～9月期から4四半期連続で前期比マイナスとなっている。12月にFFレートが事実上のゼロ金利

に達し、金融政策が景気刺激策としての力を失ったばかりの時期に、その役割を財政政策が一手に引き受けたものといってもよいだろう。

　総額の内訳は、公共投資、給付などの歳出拡大と減税とからなる。公共投資が全体の4割を占め、高速道路網や鉄道の整備、高速通信網整備や次世代電力網開発、環境・エネルギー関連投資と、生産性の向上と新産業の育成に力点が置かれている。3割強が給付や補助金として、失業者・低所得層支援や医療保険助成、教育・自治体向け支援に振り向けられた。3割弱が減税に充てられ、所得税減税が大部分を占めるが、高齢者・大学生・失業者への課税軽減、住宅・自動車購入や代替エネルギー投資を促進するための課税軽減措置も行われた。

　アメリカのGDPは約14兆ドルだから、対策の総額は単純計算でGDPの5〜6％に相当する額だ。2年ほどかけて効果が出るとみても、単年度2〜3％相当を押し上げる巨額なものだった。2009年の実質成長率は-3.1％と、08年の-0.4％に続き2年連続でマイナス成長となったが、10年には2.4％のプラスに戻っている。

　ところで金融危機前には、景気刺激策としての財政政策への信頼は高いものではなかった。マンデル＝フレミング理論（開放経済下のマクロ経済理論）が教えるように、拡張的財政政策は金利の上昇とドル高をもたらして景気刺激の効果を減殺してしまう、というのが1つの理屈であり、その考え方に立てば、金融緩和政策のほうが望ましいとされていた。循環的局面では金融の緩和と引締めが行われ、財政政策の出る幕はなかった。し

かし今回の危機では、前述のような積極的な財政政策が打たれ、間違いなく成果をあげたといえる。

　もっとも、その結果、アメリカ経済は再び大きな財政赤字を抱えることになる。一般政府の財政収支対GDP比は、2007年度の−2.9％から08年度の−6.6％、09年度の−11.4％へと急拡大した。この結果、00年代初頭にGDP比60％を割っていた債務残高は、11年度末に100％を超えるに至っている（後掲・図表6−7参照）。大規模な財政出動の継続が不可能となるなかで、その後の景気刺激策は金融政策に委ねられていった。

２　景気刺激策としての非伝統的金融政策 ──理論的整理

(1)　短期金利誘導型金融政策の波及メカニズム

　FRSの政策は、第三期（2009年2〜9月）になり金融システムがひとまず安定化に向かい始めると、次第に景気刺激に重点が移っていく。しかしすでに08年12月の段階で、FFレートは事実上のゼロ金利に到達していた。したがって、第2章3で検討した、「短期金利誘導型」における金融政策波及のメインルートは作用しなくなっていた。そこで発動されたのが非伝統的金融政策である。

　本節では、バーナンキ議長のFRSが行った非伝統的金融政策の実態を次節で検討する前に、その類型とメカニズムを理論的に整理しておくことにする。FRSがこの政策に踏み込んだ時には、前例として2001〜06年に日銀が行った非伝統的金融政策がすでに存在した。そして、学界や中央銀行ではそれをめぐる理

論的な検討が一定程度積み重ねられていた（バーナンキ自身、FRB議長となる前に学者として議論に参加してきた）。FRSとほぼ同時にBOEやECBも同様の政策に突入し、日銀も再び非伝統的金融政策の世界に戻っていった。したがって非伝統的金融政策には、すでに個別の中央銀行が行う実際上のバリエーションと、一般的理論的なプロトタイプがあったといってよい。そこで、ここでは後者を類型化して概観しておく。

　その前提として短期金利誘導型金融政策―つまりそれまでの、政策金利がゼロに達していない場合に行われてきた通常の金融政策―の波及メカニズムを簡単に振り返ろう。前掲・図表2－6に、FRSがいわば公式に認定していた金融緩和の波及経路が示されている。ここに示した「②FFレートの低下」が金融緩和の出発点であった。FRSは通常、FOMCでFFの誘導目標水準を引き下げ、その水準に政策金利を誘導するからである[12]。これは1990年代に確立した、いわば「市場型」の金融政策の手法における波及経路である。

　これを受けて市場の裁定が働き「③短期・中長期金利の低下」が起こる。FRBが変更できるのは政策金利だけなので、②⇒③のプロセスは市場の裁定に委ねられているといえる。

　中長期金利が低下すると、「貸出増（信用の拡張）」が起きる。設備投資が採算に乗る可能性が高まり、耐久財消費がしやすくなるために、資金需要が発生し、金融機関の貸出や企業の

12　政策金利は、FRSではFFレート、日銀ではコールレート、BOEではバンクレート、ECBでは主要資金供給オペ（MRO）レート。いずれも短期金利である。

社債発行が行われるからである。これと同時に「④設備投資・耐久財消費・住宅投資の増加」が起きて「実体経済の拡張」が引き起こされる。③⇒④のプロセスが機能するためには、その背景に有望な投資プロジェクトや魅力的な耐久消費財が存在しなければならない。

　以上のメインルート(i)に付随して「③短期・中長期金利の低下」が、株価の上昇を引き起こすことによる資産効果(ii)や、為替のドル安を引き起こすことによる外需の増加(iii)なども、実体経済の拡張をもたらす。ここまでいけば、金融緩和の目的は達成されるわけだ。

(2)　金利低下の重要性

　先に金融緩和の出発点は「②FFレートの低下」であると述べたが、FOMCでFFレート目標水準の引下げが行われると、現実のFFレートがその目標水準に誘導される。これを実行するのがニューヨーク連銀のオペ担当デスクによる公開市場操作（買いオペレーション）であり、これによって「①連銀当座預金（準備預金）の増加」が引き起こされる。

　この結果、②のFFレートの水準が低下する。FF市場は市中銀行相互の準備預金の貸借市場であり、買いオペで市中銀行全体の保有する準備預金が増加することによって、その供給が需要を上回るからである。

　これに引き続いて、すでにみた②⇒③の過程が引き起こされ、中長期金利の低下により新たな資金需要が発生する。ここで、各市中銀行はこの新規資金需要に応じて、増加した準備預

金に対し法定準備率の逆数倍までの新たな預金を抱える水準まで貸出（や有価証券投資）を増やすことができる[13]。この過程が信用創造であり、③⇒④である[14]。

　このように準備預金が増えれば、通常は市中金融機関の貸出と預金が増え、マネーストック（貨幣）が増える。しかし重要なのは、ここにFFレートの低下（②）とその他の短期金利低下・中長期金利の低下（③）というプロセスが介在することである。「中央銀行が準備預金を増加させれば貨幣供給が行われる」という命題は、通常（FFレートなどのインターバンクレートがゼロに達していないとき）は結果的に正しいが、（それがゼロに達していて）金利が低下しない場合には正しくないことを、ここで確認しておこう[15]。また、貨幣供給を増加することができるのはあくまでも市中銀行であり、金融政策とは、中央銀行が市中銀行の貸出を増やすように仕向けることであるといえる[16]。

　したがって非伝統的な金融政策とは、短期金利がゼロになりそれ以上引き下げられなくなった場合、つまり②が作用しなくなったとき（「ゼロ金利制約」に直面したとき）に、このプロセス

13　支払準備制度については、第2章2(3)を参照。

14　このように、金融緩和による総需要拡大の過程で信用創造が行われるという観点は、これまでの教科書的な説明（たとえば第2章3で紹介したFRB〔2005〕の説明）では、明示的になされてきたとはいいがたい。この点は、田中〔2023②〕第1章も参照されたい。

15　この点で、「中央銀行がお札（銀行券）を刷って貨幣供給を増やす」という認識は誤りであり、市中銀行が貸出によって預金を増やすことで貨幣は増えるのである。printing moneyは通常、中央銀行が準備預金を増やすこと、またその結果、市中銀行が貸出により預金を増やすことを比喩的に表現したものにすぎない。

を介さずに、③（中長期金利の低下）や④（貸出の増加）を直接引き起こそうとする政策、と位置づけることができよう。その手段は、FRSが採用しなかったものも含め、大きく５つに分類することができる[17]。概要を図表５－４の**A**〜**E**に示した。以下、これに沿って検討していこう。

(3)　大量資金供給──中央銀行当座預金（準備預金）の増額

　まず、大量資金供給、すなわち中央銀行当座預金（準備預金）を増やす手法（**A**）がある。これは2001〜06年の量的緩和期に日銀が行ったもので、政策金利がゼロになるのに必要な量以上の準備預金（ベースマネー）を供給する政策である。準備預金の増加により金融機関が預金、したがって貸出を増やし、マネーストックが増えることをねらったものだった。これをポートフォリオ・リバランス効果と呼ぶが、実際にはこの現象は起きなかった。なぜか。

　まずは、政策金利が下がらないので、中長期金利が下がらず、資金需要も増えなかったからだと考えてよい。

16　短期金利誘導型金融政策は、このように政策金利（短期金利）の決定によってのみ、金融の引締め・緩和を行う、ある意味で市場型の政策体系である。すでに述べたとおり、その歴史はそれほど長いわけではなく、日本では1990年代に徐々に今日の形態が整えられた。それまでは、公定歩合の変更に預金金利・貸出金利などが連動する規制金利体系のもとでの公定歩合の上げ下げ、預金準備率の増減、貸出政策、窓口指導などの手段によって、金融政策が行われていた。現在でも、たとえば中国の金融政策では、これに似た手段がとられている。

17　この整理法は、Bernanke and Reinhart〔2004〕に提示されたものを基礎としている。なお、筆者は田中〔2013①〕などで同様の整理を行っている。

図表5－4　非伝統的金融政策の分類

政　策		メカニズム	ね　ら　い
短期金利誘導型金融政策（短期金利引下げ）		金利の裁定	②政策金利の低下→③中長期金利の引下げ→④投資・消費増（貸出増加）
非伝統的金融政策	A：大量資金供給（中央銀行当座預金の増額）	ポートフォリオ・リバランス	④直接的な信用の拡張（貸出増加）
	B：大量資産購入（非伝統的金融資産の買入れ）	資産価格の上昇（長期金利などの引下げ）	③中長期金利の引下げ→④投資・消費増（貸出増加）
	長期国債の買入れ（AP 1）		
	民間金融資産の買入れ（AP 2）		
	C：フォワードガイダンス	期待への働きかけ	
	短期金利予想（期待）形成（FG 1）（短期金利を低く置く約束）	短期金利の予想形成〔市場参加者の期待への働きかけ〕	③中長期金利の引下げ→④投資・消費増（貸出増加）
	インフレ予想（期待）形成（FG 2）（緩和継続の約束）	インフレ予想の引上げ〔企業・家計の期待への働きかけ〕	③実質金利の低下→④投資・消費増（貸出増加）
	成長予想（期待）形成（FG 2'）（緩和継続の約束）	成長予想の引上げ〔企業・家計の期待への働きかけ〕	④投資・消費増（貸出増加）
	D：貸出誘導資金供給	銀行貸出の促進	④投資・消費増（貸出増加）
	E：マイナス金利政策	金利体系全体の引下げ	③中長期金利の引下げ→④投資・消費増（貸出増加）

（注）　②～④は、図表2－6の記号と符合している。
（資料）　筆者作成。

しかし、そもそもこの政策には、それを承知のうえで（つまり②（政策金利の低下）も③（中長期金利の引下げ）も起きないなかで）、直接④（貸出の増加）を引き起こすことが期待されていた。通常、準備預金は無利子であるのに対し、貸出金利や債券利回りはゼロではないから、大量の準備預金を抱えた銀行は少しでも金利収入を得るために、これを貸出や有価証券購入に回すはずだ、というのがこの政策に期待した論者の考え方だった[18]。

　営利企業であるはずの市中銀行がこの行動に出なかったのはなぜか。当時は、(i)銀行が不良債権を大量に抱え、リスクテイクできなくなっているから、という説明（クレジットクランチ説）や、(ii)借り手企業が負債を大量に抱えており、それ以上の借入れができなくなっているから、という説明（デット・オーバーハング説）が多く行われた。しかし、いずれも本質的な説明にはなっていなかったといえる。

　銀行が貸出を増やして信用創造するとき、当然にリスクが拡大する。そのリスクをどこまで拡大できるかは、自己資本量に規定される。BISの自己資本比率規制（8％以上）により、（国

18　実際にポートフォリオ・リバランスが起きるときは、もう少し入り組んだプロセスを経るはずだ。すなわち、大量の準備預金を手にした市中銀行は、その準備預金額に対し法定預金準備率の逆数倍までの預金を抱える水準まで貸出を増加させる（信用創造する）ことが可能であり、通常、その水準まで貸出を増加させる。その結果、預金が増え、それに法定準備率を乗じた所要準備額が増加することで、準備預金残高自体は不変のまま、超過準備が超過準備でなくなる（市中銀行全体として、超過準備を貸出ないし有価証券購入に振り替えた結果、それが消滅するということはありえない）。このとき、銀行が追加的に得る金利収入は、貸出金利そのものではなく、貸出金利と預金金利の差額である。

際的に活動する）銀行は自己資本の12.5倍までしか貸出などのリスクアセットを増やすことができない。仮にこの規制がなかったとしても、リスクを適切に管理する銀行であれば、いくら中央銀行によって準備預金が供給されたとしても、おおむねこの水準で貸出を止めて、金利がゼロであっても超過準備を抱えるであろう[19]。

なお、この措置は、金融システム安定化策としては間違いなく大きな効果を発揮する。準備預金が過剰にあるので、市中銀行は（全体として）流動性不足に陥りにくくなるからだ。

⑷　大量資産購入──非伝統的な金融資産の買入れ

次に、大量資産購入、すなわち特定の金融資産の購入ないし非伝統的な金融資産の購入（B）がある。短期金利誘導型金融政策の緩和の際に行われる買いオペでは、売戻し条件付きで短期国債を買う[20]。この場合には、そのような条件をつけない購入方法（つまり「買切り」）で、しかも短期国債以外の金融資産を買う。無論、売戻し条件付きであろうと「買切り」であろうと、資産の購入を行う以上、準備預金も増加する。したがってこれを行えば、Aの中央銀行当座預金（準備預金）の増加をも

19　田中〔2008〕76～77頁。なお、貸出と違い、リスクフリーである国債はいくらでも買えるはずだ、という議論もある。しかしそれが起きなかったのは、国債はたしかに信用リスクはゼロであっても、金利リスク（価格変動リスク）があり、やはり無制限に買えるものではないからである（同書77頁）。

20　日銀は現在、共通担保オペレーションとして、国債・手形などを担保に貸出を行う方式でこれを行っている。制度的には貸出だが、事実上、売戻し条件付きの買入れと変わらない。

同時に行っていることになる。

　しかし、そのねらいがＡとは異なる。むしろＡでは効果がないという認識から出発して、「伝統的な」買いオペではない手段で資産を買うところに新たな緩和効果を見出そうというものだ。したがって、Ａが中央銀行バランスシートの右側（負債サイド）を使うのに対し、Ｂは左側（資産サイド）を使う政策である、という説明もされてきた。なお、Ａを行わずにＢの効果だけをねらうには、長期国債を買う一方、短期国債を売るツイストオペを行えばよい（本章3参照）。この場合、準備預金は増えず、中央銀行のバランスシートは拡大しない。

　Ｂ政策のねらいは、リスクプレミアムの縮小により長期金利（つまり長期国債の金利）や、社債その他の民間金融資産の金利（利回り）を低下させることにある。図表2－6の②（政策金利の低下）が起きないなかで、③（中長期金利の引下げ）を引き起こそうとするものと整理できる。債券価格の上昇＝債券金利（利回り）の低下であり、実務的には、中銀がその購入により債券需給を逼迫させて金利低下を図るものととらえてよい。

　「伝統的な」オペの原則を崩すこの政策には、長期国債の買入れ（ＡＰ1）と民間金融資産の買入れ（ＡＰ2）の2つの形態がある。ＡＰ1では、短期国債ではなく長期国債を、しかも売戻し条件付きでなく無条件で買う。中銀はいったん買った国債をずっと持ち続けることになり、これを「買切り」（アウトライト。outright）という。中長期金利のタームプレミアム[21]が縮小する。

　ＡＰ2では、多様な民間金融資産の買入れを、やはり「買切

り」で行う。たとえばFRBは後述のようにMBS（住宅ローン担保証券）などを買い、日銀は、社債、CP、ETF（指数連動型株式投資信託）、J-REIT（不動産投資信託）などを買入れの対象とすることになる。各民間金融資産の信用リスクプレミアムが縮小する、と考えられる。

日米英欧の４中央銀行が世界金融危機後に行っていた非伝統的金融政策では、この手法が中核にあるといってよい。この手段においても、景気刺激効果とは別に、金融仲介機能の補完による金融システム安定化効果が大きい。特に社債やCPを買う場合には一般企業の資金繰りを改善させる。

(5) フォワードガイダンス

フォワードガイダンス（C）は、中央銀行がなんらかのコミットメント（約束）を行うことで「期待」に働きかけ、③（中長期金利の引下げ）や④（貸出増加）を引き起こそうとする政策である。これはさらに３つに分けることができる。

１つ目は、短期金利予想（期待）形成による長期金利の低め誘導策（FG１）である。短期金利がゼロの場合でも、将来のある時点まで短期金利を上げないと約束することで長期金利を下げることをねらったものであり、金利の期間構成に関する期待仮説に依拠している。

金利の期間構成とは、端的にいえば短期金利と長期金利の関

21　タームリスクプレミアム、期間プレミアムなどともいう。流動性リスクプレミアムと金利リスクプレミアムからなる。詳しくは、田中〔2023②〕第２章を参照。

係だ。長期金利（たとえば期間10年の貸借に付される金利。年利）
は、短期金利（たとえば期間１年の貸借に付される金利）の現在
の水準と現時点における将来（この場合、１年後、２年後、……
９年後）の水準の予想の平均で決まる、と考えるのが、金利の
期間構成に関する期待仮説である[22]。

　これが成り立つとすれば、市場における将来の短期金利水準
の予想が下がれば、現在の長期金利が低下する。したがって、
仮に中央銀行がなんらかの手段で、市場における短期金利の予
想を引き下げることができれば、長期金利を引き下げることが
できることになる[23]。

　この手法は、日銀による2001（平成13）〜06（平成18）年の
量的緩和でも取り入れられ、「インフレ率が安定的に０％以上
になるまでこの政策を続ける」という約束が行われていた[24]。
つまり、この時はデフレだから、これにより、短期の政策金利
をかなり先までゼロに据え置くことを約束したことになる。第
６章にみるように、現在もFRB・日銀は同様の手法を使って

22　ある投資家が、期間10年の長期国債で運用するか、期間１年の短期国
　債の再投資を繰り返して運用する（１年後の償還時にまた同じ期間１年
　の短期国債を買うことを９回繰り返す）かの選択を迫られた場合を考え
　る。将来の短期債券利回りが低いと予想すると、投資家は前者の運用方
　法を選択するから、長期債を買って短期債を売る。その結果、短期金利
　は上昇し、長期金利が低下する（逆の場合にはその反対のことが起き
　る）。
23　なお、中央銀行が将来の短期金利水準を約束することで、不確実性が
　減じ、タームプレミアムが縮小することから、長期金利を低下させる効
　果もあると考えられる。
24　これは、それに先立つゼロ金利政策時（1999（平成11）〜2000（平成
　12）年）にも行われ、「デフレ懸念の払拭が展望できるような情勢」に
　なるまで、という約束が行われていた。

いる。

　ただし、この政策は政策金利がゼロになっていなくても実行可能である（事実、第6章にみるように、FRSは政策金利がまだゼロになる前に導入している）ことから、非伝統的金融政策に分類するのを躊躇する論者もある。

　いずれにしても、このメカニズムはロジックが明確であり、効果も実証されている[25]。なお、「だれの期待に働きかけるのか」という観点からいうと、この場合には市場参加者の期待に働きかけている、ということになるであろう。

　2つ目は、インフレ予想（期待）形成策（**FG2**）である。これは、1998年にポール・クルーグマンが主張した手段で、インフレ予想（期待）を形成するため中央銀行は高いインフレが将来生じても放置することを約束せよ、というものだった[26]（Krugman〔1998〕）。ねらいは、予想インフレ率を引き上げることで、実質金利を下げて景気を刺激するという点にある。

　この主張の理論的なユニークさは、景気刺激の手段がまったく枯渇してしまった時でも、「通貨の番人」としての中央銀行が将来その役割を果たさない（果たせない）と市場に思い込ませることができれば、（現在の経済状況とは）独立にインフレ期待を発生させることができる、とする点にある。しかし、これにはいくつかの問題点がある。

　第一に、だれの期待にどの価格が反応するのか、という点で

25　鵜飼〔2006〕が、日銀の量的緩和期の実証研究をサーベイしている。
26　クルーグマンは、日銀に対し「4％のインフレ率を15年間続ける」というインフレ目標を提案している。

ある。株価などの資産や1次産品では、市場参加者が売り抜くことを目的に投機的な行動をとるので、資産価格や1次産品価格は彼らの期待で動きやすい。しかし通常の財・サービスや労働はそうではないし、財・サービス価格や賃金は、期待で動くにしても、それは家計や企業の期待によってであろう。後者が動くには、よほど高めのインフレが予想されるときであり、そのようなインフレの実現を中央銀行が約束することはむずかしい。

第二に、信頼が厚い中央銀行ほど、インフレが生じた際にはインフレ抑制に動くことを市場が見透かすため、初発からインフレ期待が生じないという点がある（政策の時間非整合性の問題）。この点を勘案し、クルーグマンも後に主張を撤回している（Krugman〔2008〕）。

3つ目は、成長予想（期待）形成策（**FG2'**）である。成長予想が高まれば成長に先回りした設備投資が増加し、実際に成長率が高まると考える。その成長期待を高めるための手段として、名目GDPや雇用関連指標をターゲティングし、そこに到達するまで金融緩和（低金利の継続、資産購入など）を続ける約束をせよという[27]。

しかし約束をしても、その手段に目的実現の力がないときには、だれもその実現を信じないから期待は起きない（つまり、

---

27 Woodford〔2012〕などが、名目GDPターゲティングを推奨している。名目GDPは、実質GDPと期待インフレ率の和だから、インフレ期待が高進したときは緩和を止められる点がメリットと考えられているようだ。

FG 2 の場合と違い、手段が枯渇してしまったときに、成長の期待を起こすことはできない)。低金利を継続しても、資産購入をどんどん行っても、長期金利の低下余地があまりなく、ポートフォリオ・リバランスも起きないとすれば、実体経済の刺激ができない。その場合には、成長の期待も起きない。

またFG 2'は、その時点で、市場が確からしい成長の経路を見誤っている場合（バブル時、あるいは逆バブル時）には、その錯誤を修正するという意味で政策として正当化されよう。しかし、確からしい成長の経路を越えた期待を引き起こす、というのは逆に人為的なバブル形成をねらうということにほかならない。そもそもそのような期待を引き起こすことはむずかしいうえ、仮に引き起こせた場合は資源配分を誤らせる結果になるという問題がある。

なお、FG 1 が市場参加者の期待に働きかけるのに対し、FG 2 、FG 2'は企業、家計など、より広範な経済主体の期待に働きかけようとする点に大きな違いがある。

(6) 貸出誘導資金供給とマイナス金利政策

貸出誘導資金供給（D）は、銀行にインセンティブを与え、貸出の増加を促進する政策だ。ある条件に合致した銀行に資金供給する点で、通常のオペのように入札を用いた完全な市場取引ではなく、「相対型」（非市場型）取引に近い。貸出増により、設備投資や住宅投資、耐久財消費の拡大をねらう。

マイナス金利政策（E）は、政策金利をマイナスに誘導する政策である。いわばゼロ金利制約そのものを、強硬突破しよう

とするものだ。そのために、準備預金の一部または全部に、マイナスの付利を行う。これにより、金利体系全体を引き下げ、長期金利を引き下げることで景気を刺激する[28]。

後述のとおり、この２つの手段のうち貸出誘導資金供給は日銀、BOE、ECBが、マイナス金利政策は日銀とECBが実施したが、FRBは採用していない。前者は間接金融優位の経済において有効であり、直接金融優位のアメリカ経済では選択されなかったのだといえる。特に日本と欧州でデフレないしデフレ懸念が深刻化し、大量資産購入だけでは十分に緩和できず後者が採用されざるをえなかった、という理解も可能であろう。

(7) その他の潜在的に可能な政策群

中央銀行が単独で行いえない政策として、第一に、マネタイゼーション（国債の貨幣化）がある。中央銀行が財源を引き受けることによって、政府が減税や公共投資などの財政政策を行う。同時に、**A**がねらいとしたマネーストックも増えるので金融緩和も進む。しかし財政インフレをもたらし、いったん発生するとコントロール困難なので、明示的に主張されることはまれであった。しかし、世界金融危機後の先進国中央銀行による非伝統的金融政策の展開のなかで、マネタイゼーションを積極的に評価する動きが出てきたのが注目される（終章(3)参照）。

中央銀行による国債直接引受けは、たとえば日本では禁じられているし、多くの中央銀行で禁じ手と認識されている。だ

---

28 この２つの手段については、田中〔2023③〕の第２章を参照されたい。

が、中央銀行が市場から国債を買い、政府が同額のそれを発行すれば、同じことができる。もっとも、その場合には、国民の付託を受けた政府が、このようなリスクの高い政策を行う責任を負わねばならない。

第二に、政府紙幣の発行（とそれによる財政出動）があり、マネタイゼーションと同じ効果とリスクをもつ。それだけに、やはり政府が意思決定する必要がある。

第三に、銀行券の保有に課税するなどの方法によるマイナス金利政策の補強が考えられる。準備預金へのマイナス付利だけなら中央銀行単独で行うことができるが、銀行券へのマイナス付利をするためには、政府による制度づくりが必要だ[29]。

3 FRSによる非伝統的金融政策の展開

金融危機を経て金融システムの安定がほぼ取り戻された後、残された問題は信用収縮の影響で縮小した経済活動の立直しだった。本章3では、バーナンキ議長下のFRSが行った景気刺激策としての金融政策（マネタリー政策）に焦点をあわせていこう。

本章1で述べたように、FFレートがほぼゼロに達し、通常の金利引下げによる金融緩和ルートが寸断されたのは2008年12月16日の金融緩和においてであった。ゼロ金利制約に直面した

---

[29] 翁〔2011〕247〜251頁。具体的には、たとえば年が変わるたびに、銀行券に証紙を貼らないと使えない、などの制度である。考案者の名前にちなんでゲゼルスタンプという。

この時点が、FRBの非伝統的金融政策の起点である。

　同日、FOMCの終了後に発表された声明は、以下の5点を含んでいた。すなわち、

① 政策金利であるFFレートの誘導目標水準を1.0％から0〜0.25％に引き下げる（これに伴い、2008年10月から始まった準備預金への付利の水準[30]は、0.25％に設定された）

② FFレートをしばらくの間低水準に置く

③ FRBのバランスシートを高水準で維持する

④ （11月25日に決めたとおり）政府機関債（GSE債）と住宅ローン担保証券（MBS）を購入する

⑤ 長期国債の買入れを検討する

である。

　この時点は依然金融危機の最中（第二期）にあり、FRBによるこれらのアクションには金融システム安定化の意味合いが強い。すなわち本章1（3）で述べたとおり、④は明らかにリクイディティー対策の一環としてすでに決められていたものであり、①も平時では景気刺激策だが、この時には、流動性の供給と同時に打ち出すことで信用収縮を食い止める効果もあったとみるべきだろう。このような一連の措置をアナウンスすることで、異例の政策によるバックアップが行われているという市場の安心感を喚起する効果は大きく、パッケージ全体が金融シス

---

30 所要準備への付利水準（IORR）と超過準備への付利水準（IOER）は別々に設定される制度だった（第2章・注9参照）が、この時はともに0.25％に設定された。だが、2021年6月の決定で準備預金への付利水準（IORB）に統一された（https://www.federalreserve.gov/monetarypolicy/reserve-balances.htm）。

テム安定化策の意味をもったことは間違いない。

その反面、FRBではなくFOMCでの審議の結果打ち出された政策である点で、当然のことながら景気刺激策の内容をも数多く含んでいた。①が本来、景気刺激策であるのはいうまでもない。②は政策金利を長期間低水準に置くことの表明であり、ゼロ金利下でも市場参加者の期待に働きかけて長期金利を低下させることをねらったフォワードガイダンスである。

⑤は、この声明の段階では「検討する」のみであり、実際に打ち出されるのは2009年3月のFOMC（QE1導入時）においてであるが、後にQE2、QE3に引き継がれていく資産購入である（すでに本章1で指摘したように、リクイディティー対策の一環としてFRBで決められた④がこのFOMCで追認され、09年3月のFOMCでの決定事項になっていくのは、この政策が当初からの金融安定化策と景気刺激策の中間的な意味合いをもっていた点を示す事柄として興味深い。なおQE3では、④は明確に景気刺激策としての資産購入に取り入れられていく)[31]。

ここに、その後今日までFRSの非伝統的金融政策の手段の2本柱が含まれていることがわかる。第一は非伝統的な金融資産の購入であり（前記④・⑤）、本章2で整理したBに当たる。第二がフォワードガイダンスであり（②）、Cである（③は、A（当座預金の増加）に当たるが、後述のようにバーナンキはこの後、

---

31 ③の性格づけはややむずかしく、準備供給を続けるという意味でリクイディティー対策としての金融安定化政策の継続を宣言したものともいえるし、②と同様の意味で金融緩和政策を長期化することにコミットする景気刺激策（シグナリング効果をねらう）ともいえる。

このロジックを政策の説明に使っていない)。

　以下、本章では、FRSが非伝統的金融政策としての２つの手段をどのように繰り出してきたかを以下の(I)、(II)に分けて概観することにする。FOMCの公表文も、この２つの系列の政策を、きちんと分けたかたちでアナウンスしており、このことを認識しておくことが重要である。

(I)　大規模化した資産購入

(1)　過渡形態としてのQE１

　まず、第一の資産購入からみていこう（図表５−５を随時参照されたい）。FRSは非伝統的金融緩和手段としての資産購入を、正式にはLSAP（Large Scale Asset Purchase：大量資産購入）と称している。しかし、市場参加者やマスコミはこれをQE（Quantitative Easing：量的緩和）と呼んでおり、FRSも特段この俗称を否定しているわけではない。

　2009年３月のFOMCで、先にみたとおり前年11月に決定され、翌12月のFOMCで追認されたMBSとGSE債の購入をさらに拡大すると同時に、長期国債の買入れを開始する決定が行われた。10年３月にそのすべてが打ち切られるまでのこの措置は、量的緩和第１弾（QE１）と呼ばれている。その性格は、形式的にはFOMCで決定されている点で総需要調整策としてのマネタリー政策であったが、本質的には金融システム安定化策の役割を担わされていた。もっとも、当然に前者の意味合いももっており、金融システム安定化後に純粋の景気刺激策として打ち出されるQE２、QE３への過渡形態ととらえることがで

図表5-5 FRSによる資産購入

FOMC	俗　称	概　　要
2008.12.16		11.25のFRB決定を追認（GSE債1,000億ドルまで、MBS5,000億ドルまでを数四半期にわたり購入）。
09.3.18	QE1（〜当初9.12末／延長後10.3末）	①MBS購入額を7,500億ドル追加、年末までに残高枠を1.25兆ドルに。②GSE債の購入枠を1,000億ドル追加、年内2,000億ドルに。③長期国債の向う6カ月間の購入枠を3,000億ドルに。
09.9.23		QE1の③の10月末終了と、①、②の10年3月末までの延長を決定。
09.11.4		QE1の②の購入枠を1,750億ドルに縮小。
10.3.16		QE1の①、②の3月末終了を決定。
10.8.10		MBSとGSE債の満期償還金を長期国債購入に充てる（長期国債の償還金も従来どおり再投資）。
10.11.3	QE2（〜11.6末）	11年6月末までに、6,000億ドルの長期国債を追加購入（月々の増加ペースは750億ドル）。
11.6.22		QE2の6月末終了を決定（再投資による残高維持を確認）。
11.9.21	ツイストオペ（〜当初12.6末／延長後12.12末）	①12年6月末までに、4,000億ドルの残存期間6〜30年の国債を買い、同額の3年以下の国債を売る（保有国債の平均満期の長期化）［以上がツイストオペ］、②MBSとGSE債の満期償還金をMBS購入に充てる。
12.6.20		ツイストオペを12年12月末まで同じペース（月450億ドル）で継続。
12.9.13	QE3（〜当初無期限／結果的に14.10末）	MBSを月額400億ドルのペースで購入（期限なし。その結果、年末まで、既往の長期国債とあわせ長期債保有は月額850億ドルのペースで純増）。

12.12.12		①ツイストオペの12年12月終了を決定、②長期国債を月額450億ドルペースで購入（期限なし。その結果、QE 3 発表時点の長期債保有月額850億ドルペース純増を維持）。
13.12.18	テーパリング開始	①MBS購入を月額350億ドルのペースに減額、②長期国債購入を月額400億ドルのペースに減額。
14. 1 .29、 3 .19、 4 .30、 6 .18、 7 .30、 9 .17		①、②とも各日に月額50億ドルずつの減額を決定した結果、 9 月17日に①月額50億ドル、②100億ドルのペースに。
14.10.29	テーパリング終了	①、②とも購入額をゼロに。

（資料）　FRB資料より筆者作成。

きる。

　その内容は、次の 3 つの資産購入を軸に成り立っている。

①　MBSを7,500億ドル追加購入することにより、2009年中に総額 1 兆2,500億ドルまで購入する。

②　GSE債を1,000億ドル追加購入することにより、09年中に総額2,000億ドルまで購入する。

③　長期国債を 6 カ月間で3,000億ドル購入する。

　①・②は、2008年11月の施策の延長である点で、金融システムの安定化策であることが明らかだ。公表文をみると、GSE債とMBSの買入れについては「住宅ローン市場と住宅市場をより大きくサポートするため」とされている。③は、後のQE 2 から振り返って考えると、長期金利を低下させることによる景

気刺激策と位置づけることもできるが、QE１導入時のリリースペーパーでは「民間信用市場の状況を改善する」ことが目的とされており、その点で金融システム安定化の意図をもって導入されたものといえる。

QE１による資産購入は、国債が2009年10月末に、GSE債とMBSが10年３月末に終了した。金融システム安定化策としてとられた多くの流動性供給スキームも10年２〜３月にかけて終了されており（前掲・図表５−２参照）、金融システムの安定化の達成時期と平仄があっている。

国債の購入終了は予定どおりだが、GSE債とMBSは当初の2009年末終了予定が10年３月末に延長された。GSE債は購入枠を1,750億ドルに縮小したものの、終了時点で残高が約1,690億ドルとなって購入枠を余すこととなった。MBSは約１兆69億ドルとなり、購入枠をかなり余している。結果的な購入資産の内訳は、MBS、GSE債、長期国債がほぼ７：１：２となる。

ところで、QE１の景気刺激策としての側面（QE２、QE３へと受け継がれた）に注目すると、その波及メカニズムは本章２で整理した非伝統的緩和策のB（大量資産購入）に当たり、日銀が2001年から06年まで行った量的緩和政策のコンセプトがA（大量資産供給）であったのとは異なる。

これに関連し、以下の点を述べておきたい。バーナンキ議長は先にも触れた2009年１月のスピーチ（Bernanke〔2009①〕）で、金融危機後にFRBが行ってきた政策を、日銀の「量的緩和」（quantitative easing）と対比して「信用緩和」（credit easing）と呼んだ。そのため、「量的緩和」は中央銀行のバラ

ンスシートの負債サイド（右側）を使うもの、「信用緩和」は資産サイド（左側）を使うものと理解し、B政策を「信用緩和」と呼ぶ慣行が、中央銀行関係者や研究者の間に一時広がりかけた。

しかしバーナンキは、このスピーチで、まだ景気刺激策としての資産購入が定着するQE1以前の段階で、それまで行ってきた金融安定化策としての一連の資産購入や信用供与（具体的には図表5‐2に示した諸政策）を指して「信用緩和」と呼んだものと思われる。

そして同氏は、（この時点での）日銀とFRSの政策の違いは、学説的な違いからではなく、背景の金融経済情勢の違いからきていると説明している。つまり当時のアメリカでは、量的緩和期の日本よりも信用スプレッドの開きが格段に大きく、民間金融市場の収縮が激しいので、これを修復するために「信用緩和」が必要だといっている。

さらに興味深いことに、それに続き、日銀は量的緩和時に日銀当座預金残高を操作目標としたが、FRSがその時点でそのようなターゲットを設けない理由を次のように述べている。すなわち、「信用緩和」策は金融市場の機能が壊れているなかで行われるがゆえに、その景気刺激効果が中央銀行の資産構成に依存しており、FRSのスタンスは超過準備やベースマネーのような単一の量的指標で表すことができないからだ──と。

このようにバーナンキは、「信用緩和」を金融システム安定化策としてFRSが行ってきた資産購入の意味でまず使っている。そして政策金利がすでにゼロに達し、日本の量的緩和期と

同じ状況に達したことを意識したうえで、FRSがその時行った
政策が、金融システム不安をより強く抱えていたがゆえに、日
本の政策とは異なるものになったと述べていたわけだ。

　いずれにしても、同氏はその後、QE 2やQE 3を進めるうえ
で「信用緩和」という語は使わなくなった。そして、FRSはそ
れらを正式にはLSAPと名づけ、市場参加者やマスコミはこれ
を俗に「量的緩和」と呼ぶようになった。したがって本書で

図表5-6　FRS保有資産残高の推移

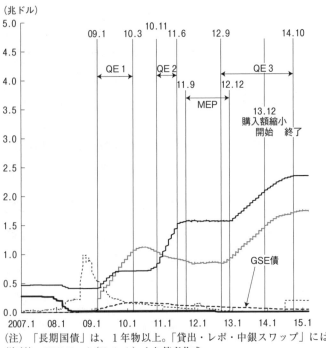

(注)　「長期国債」は、1年物以上。「貸出・レポ・中銀スワップ」には、
(資料)　FRBデータ(H.4.1) より筆者作成。

も、景気刺激策としてのBを「信用緩和」と呼ぶことはせず
に、大量資産購入、あるいは非伝統的な金融資産の購入と呼ぶ
ことにした。

　図表5−6にみられるように、以後、MBSと国債がFRSの
資産購入の2本柱になっていく。

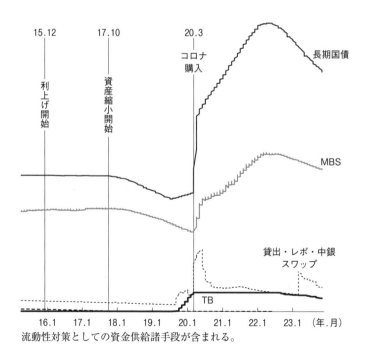

流動性対策としての資金供給諸手段が含まれる。

(2) 明示的に景気刺激をねらったQE2

QE1の終了後も、景気回復の足取りは遅く、インフレは抑制された状態にあった。そのため、2010年8月のFOMCで、

① 保有するMBSとGSE債の満期到来時に、償還額を長期国債に再投資すること

② 保有する国債の満期到来時に、償還額を新発債に再投資する（借換えに応ずる）こと

を発表した（もっとも、国債の購入が終了した09年10月末以降も国債残高は減っていないから、すでに②は実行されていたといえる）。

この時点で、再投資というかたちでの資産購入の目的が、金融システムの安定化から景気刺激に移っていたことがわかる。

さらにバーナンキ議長は、同月末のジャクソンホール会議での講演で、「景気見通しが悪化すれば追加的な緩和を行う余地がある」と述べ、とりうる措置を提示した（Bernanke〔2010〕）[32]。そのため秋にかけて、市場では再緩和の期待が高まっていった。

こうしたなか、2010年11月のFOMCで俗に量的緩和第2弾（QE2）と呼ばれる追加的な資産購入が始まった。その内容は次のとおりであり、純粋な景気刺激策であった。

● 2011年第2四半期末（つまり6月末）までに、6,000億ドルの長期国債を追加購入する（月々の購入ペースは750億ドル）

---

32 具体的には、長期債の買入れ拡大、コミュニケーション戦略（フォワードガイダンス）の変更、超過準備への付利水準の引下げなどを示している。

これにより満期到来時の償還額も再投資されて、FRSによる国債の保有残高が6,000億ドル増えることになる。

　QE1との違いは、第一に、購入の対象が長期国債だけであることだ。そして第二に、景気刺激のみを目的に行われていることである。長期国債買入れの目的は「景気回復のペースをより強いものとし、また（法律で定められたFRSの）使命に見合うインフレ水準維持を確かにするため」とされ、QE1でのそれが「民間信用市場の状況を改善する」だったのとは一線を画している[33]。

　ここで、雇用の最大化と物価の安定を追求すること、つまりデュアルマンデートが強調されているが、FOMCの公表文にこれが現れるのは、1回前の2010年9月の回からである。第3章1で述べたように、このFRSの使命はハンフリー＝ホーキンス法で定められていたものだが、1970～80年代以来、その使命は物価の安定1本に絞られるべきだとの識見が定着していたなか、2つのマンデートがとりわけこのように政策発動に結びつけるかたちで掲げられるのは、この時が初めてである。後にFRB議長となるジャネット・イエレン氏が10月4日に副議長に就任しており、このタイミングでFOMCがこれを表に出してきたのは注目される。

　しかも、「使命に見合うインフレ水準維持」という部分は、インフレの抑制ではなく、デフレ懸念の払拭に重点がある。つまり景気刺激を行う理由として、景気回復のペースの強化と同

33　1回前のFOMCの公表文までは銀行信用の収縮への言及があったが、当該FOMCでの公表文からはそれが消えているのも注目される。

図表5－7　アメリカのCPI（除く食品・エネルギー）上昇率の推移

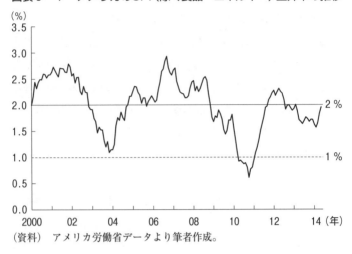

(資料)　アメリカ労働省データより筆者作成。

　時に、（後にFRBの長期的なゴールとされる２％に近づけるべく）
物価上昇率（と物価上昇期待）を引き上げることの２つをあげ
ていたことになる。当時、FRSがインフレの指標としてウォッ
チしている消費者物価指数（除く食品・エネルギー）は、４月
から１％を割り込んでいた（図表5－7参照）。
　長期国債購入による景気刺激のメカニズムは、QE２導入時
点の公表文では明示されていない。しかし、この後行われるオ
ペレーション・ツイストやQE３では、これについて、「長期金
利を低下させ、また広範な金融環境をより緩和的にするもの」
と説明しており（本章２における非伝統的金融政策手段の分類の
Ｂ）、ここでもこのメカニズムが想定されていたと考えてよい
だろう。

なお、QE2に始まった景気刺激策としてのFRBの資産購入
では、操作目標を、日本のかつての量的緩和政策のように日銀
当座預金残高に移したり、その後の量的・質的金融緩和のよう
にベースマネーに移したりするなどの措置をとっていない。依
然として金融政策の操作目標はFFレートとされるなかで、大
量資産購入等の緩和措置を採用するかたちをとっている。

　QE2は予定どおり2011年6月末で終了したが、その後も元
本の償還分を再投資し、FRSの国債保有残高を維持することが
表明された。

(3)　ツイストオペによる長期金利引下げ効果のみの追求

　QE2の終了後も実体経済の回復がはかばかしくないため、
なんらかの緩和策が必要とされた。このため、後述のように
2011年8月のFOMCでフォワードガイダンスの強化が行われ
たが、それに続き9月のFOMCでオペレーション・ツイスト
（ツイストオペ）が導入された。ちなみにアメリカの失業率は、
金融危機前の4％台が09年10月には10％にまで達し、その後低
下してきたもののそのスピードは遅く、QE2終了時点の11年
6月でも9.1％だった。

　このFOMCで決定されたのは、

① 2012年6月末までに、4,000億ドルの残存期間6〜30年の
　国債を買い、同額の残存期間3年以下の国債を売ること

② 保有するMBSとGSE債の満期到来時に、償還額をMBSに
　再投資すること

の2点だった。①がツイストオペであり、FRSは正式にはこれ

をMEP（Maturity Extension Program：満期長期化措置）と称している。これにより、FRSのバランスシートはふくらまないものの、保有する国債の残存期間は長期化する。

公表文では、その結果「長期金利に低下圧力をかけ、より広範な金融情勢の緩和を促進する」ことで、景気が刺激されると説明されている。単に長期国債を買うだけでも同じ効果をねらうことができるが、その場合、同時にベースマネーの供給もふくらんでしまう。つまり、本章2で分類した非伝統的金融政策手段のBを通常の方法で行うと、必然的にAも行ってしまうことになる。しかし、日銀の経験からAにはほとんど効果がないことがわかっているなか、同額のより短い国債を売ることで純粋にBの長期金利低下効果だけを追求しようというのがこの政策の眼目である。

その背景には、FRSの資産がどんどんふくらむことへの懸念の声があった。後述するように、すでにQE2導入直後の2010年11月に、経済学者のグループが量的緩和をどんどん進めるとその「出口」が困難になるなどの理由で、これに反対する声明を発表していた（15日）。

なお②は、それまで2010年8月のFOMC以降、MBSとGSE債の償還額を長期国債に再投資していたのを、MBSに振り向けることにしたものだ。

ツイストオペは当初、2012年6月末で終了する予定だったが、6月のFOMCで同年12月末まで延長された。購入と売却のペースはそれまでと同じ月額450億ドルが維持された。この背景には、10年秋に深刻化した欧州の財政危機でアメリカ経済

の減速リスクが高まっていたことや、また連邦債務上限問題が浮上し、12年明け直後に「財政の崖」にさしかかる、との観測があった。

(4) QE3とバランスシート拡大再開

ツイストオペが継続されるなかでもより強力な緩和策が模索され、2012年9月のFOMCで、ついにQE3と呼ばれるオープンエンド型の資産購入が再開される。これは、ツイストオペが同年末に終了するのを一部引き継ぐかたちで、再びバランスシートを拡大させていく。

2012年9月のFOMCでは、

①　月額400億ドルのペースでMBSを追加購入する（ツイストオペによる長期国債月額450億ドルの購入とあわせて、長期債保有残高が月々850億ドル増加）

②　もし労働市場の見通しが顕著に改善しなければ、物価安定のもとでその改善が達成されるまでこの措置を継続し、またその他の適切な措置を講じる

ことが決定された。公表文では、以上が「長期金利に低下圧力をかけ、住宅金融市場をサポートし、より広範な金融環境を緩和的なものにする」というメカニズムが説明されている。アメリカの金融市場では、MBSは民間資産ながら市場規模が大きく、国債にきわめて近い債券として存在している。中銀がこれを買うことで、住宅ローン金利の引下げ（信用プレミアムの縮小）による住宅投資増、また住宅価格を押し上げることによる資産効果も見込めるが、国債購入に近い効果（金融商品全体の

タームプレミアムの縮小）があるともいえるだろう。

　ここでこれまでの資産購入に対し新しい点は、①が期限がなく月々の残高増加ペースを示すオープンエンド型であることと、それゆえ継続のメドとして②に雇用が顕著に改善するまでという条件が加わっていることである。これは、次の(Ⅱ)にみるフォワードガイダンスの一種であるので、そこで詳述することにしよう（同時に、この時政策金利に関するガイダンスも強化されている）。

　その後、2回先の2012年12月のFOMCでは次の点が決定され、QE3がフォローアップされた。

●ツイストオペが終了する12月末以降も（それによる購入額と同じ）月額450億ドルの長期国債の購入を行う（その結果、すでに行っているMBS月額450億ドルの購入とあわせて、長期債保有額の月々850億ドル増加が継続）

　ここで月々、長期国債450億ドル、MBS400億ドルを、オープンエンドで（雇用が顕著に改善するまで）購入する資産購入措置が確立した（このFOMCでは、政策金利ガイダンスもさらに強化されているが、これも次の(Ⅱ)に譲ろう）。

　このQE3は、2013年9月末に縮小の方向に転じることを、同年6月バーナンキ議長が示唆した。しかし、市場動向を注視しつつ延期され、ようやく12月のFOMCで、月々の両資産の購入額をそれぞれ50億ドルずつ、計100億ドル減らすことを決定し、「出口」に向けて動き出した。これらの「正常化」過程については、本章4で述べることにしよう。

(Ⅱ) 重層化するフォワードガイダンス

(1) FRSにおけるフォワードガイダンスの導入

続いて、FRSが行う非伝統的金融政策の第二の系統であるフォワードガイダンスをみていこう（図表5－8を随時参照されたい）。

本章2において、フォワードガイダンスを3つの類型に整理した。FRSが基本的に使ってきた政策は、このうち**FG1**に当たるものだ。つまり、将来もFFレートを事実上のゼロ金利（ないし低い水準）に置くことを約束すること（政策金利ガイダンス）で、現在の長期金利の引下げを図り、景気を刺激する。

フォワードガイダンスを世界で初めて金融政策に導入したのは日本銀行である。1999（平成11）年2月に導入したゼロ金利政策で、無担保コール翌日物金利を0％で推移させることを、「デフレ懸念の払拭を展望できる情勢」になるまで継続する、というコミットメント（約束）を行った[34]。その後、日銀は量的緩和政策においても「インフレ率が安定的に0％以上になるまで」同政策を継続するというコミットメントを行っている。これらは「時間軸政策」と呼ばれ、すでに説明したように政策金利、つまり短期金利が先行きもある程度の期間低水準で推移する、という市場の予想を形成することで、長期金利の水準を（そうでない場合よりも）低く導く政策である。

こうした政策は「コミュニケーション政策」と呼ばれること

---

[34] ゼロ金利政策は1999（平成11）年2月12日に決定されたが、このコミットメントが行われたのは4月13日の総裁記者会見においてであり、ステートメントとしては9月21日に正式に提示されている。

図表5－8　FRSによるフォワードガイダンス

FOMC				概　要	備　考
《ITバブル崩壊後》					
2003.8.12	◆			緩和政策は「かなりの間」維持されるだろう（「　」は引用者）	前回FOMC（6.25）で利下げ（FFレート1.25％→1.0％）
04.1.28	◆			緩和解除は慎重に行われるだろう	
04.5.4	◆			緩和解除は熟慮されたペースで行われるだろう	次回FOMC（6.30）で当該局面初めての利上げ（FFレート1.0％→1.25％）。以降漸次利上げ
05.12.13	◆			（ガイダンスの文言削除）	FFレート（4.0％→4.25％）
《世界金融危機後》					
2008.12.16	◆			経済情勢がFFレートを「しばらくの間」例外的な低水準に維持することを正当化すると予測する（「　」は引用者）	ゼロ金利制約直面
09.3.18	◆			「長期にわたる間」（上記文の「　」を変更）	QE1発動
11.8.9	◆			「少なくとも2013年央まで」	QE2終了の次回であり、ツイストオペ導入1回前
12.1.25	◆			「少なくとも2014年終盤まで」	長期的インフレのゴール導入
		○		「高度に緩和的な金融政策スタンスを継続すると予測する」	
12.9.13	◆			FFレートの例外的な低水準が「少なくとも2015年央まで」保証されると予測する（「　」は引用者）	QE3発動
		○		「経済の回復テンポが強まった後も、相当期間にわたって高度に緩和的な金融政策スタンスを維持することが適切であると予	

			測する」	
		◇	「物価安定下で雇用が顕著に改善するまで、MBS（GSE組成）の購入を継続、追加的資産購入その他の手段を発動」	
12.12.12	◆		「失業率が6.5％を上回り、先行き1〜2年のインフレ率の予想が2.5％を超えず、長期的なインフレ期待が十分抑制されている限り」（先の◆の文の「　」内を変更）【エヴァンス型】	ツイストオペ終了（国債購入をオープンエンド化）
		○	「資産購入プログラムが終わり景気回復が強まったのち、相当期間にわたって高度に緩和的な金融政策スタンスを維持することが適切であり続けると予測する」	
		◇	（先の◇の文言とほぼ同じ）1)	
13.12.18	◆		「失業率が6.5％を上回り、先行き1〜2年のインフレ率の予想が2.5％を超えず、長期的なインフレ期待が十分抑制されている限り、0〜0.25％の例外的なFFレートの低水準が適切であるとの予測（expectation）を再確認」【エヴァンス型】	テーパリング開始
			「失業率が6.5％を下回った時点から十分時間が経過するまで、インフレ予想が長期的な物価のゴールの2％を下回っている限り、現在のFFレート目標レンジを維持することが適切になりそうだと予測（anticipate）」	
		○	（先の○の文言と同じ）	
		◇	（先の◇の文言と同じ）	
	◆		「特に予想インフレ率が委員会の2％の長期的な目標を下回り	—

	◆	○	◇		
				続け、長期的なインフレ予想が十分に固定されている限り、資産購入プログラム終了後もかなりの間、現在のFFレート目標レンジを維持することが適切になりそうだとの予測を継続)」【エヴァンス型取下げ】	
14.3.19				「雇用とインフレがFRBの使命と整合的な水準に近づいた後もしばらくの間は、現在の経済状況が、FOMCが判断する長期定常水準を下回るFFレート目標を保証すると予測」(※)	
		○		先の○の文言から「資産購入プログラムが終わり景気回復が強まったのち、相当期間にわたって」を削除。その他の部分は細部を除きほぼ同趣旨	
			◇	(先の◇の文言と同じ)	
14.10.17	◆			「資産購入プログラムが今月終了した後、かなりの間、特に予想インフレ率が委員会の2%の長期的な目標を下回り続ける場合、長期的なインフレ予想が十分に固定されている限り、0〜0.25%のFFレート目標レンジを維持することが適切になりそうだと予測」[2]	テーパリング終了
				(14.3.19の※と同じ)	
		○		(先の○の文言を削除)	
			◇	(先の◇の文言を削除)	
15.12.16	◆			(先の◆の文言を削除)[3]	初回の利上げ

(注) 1　◆は政策金利に関するガイダンス。○は緩和政策スタンスに関するガイダンス。◇は資産購入に関するガイダンス。

　　2　1)　2012年9月13日の文言の「MBS（GSE組成）」の前に「長期国債と」が加わる。その後、この文言は細部を除き、ほぼ同趣旨のものが14年10月に削除されるまで継続。

2) このガイダンスは、テーパリング終了後、次の回（2014年12月）にも残されたが、次々回（15年1月）には姿を消し、さらにその次の回（15年3月）から「労働市場にさらなる改善がみられ、インフレ率が目標の2％に中期的に戻る合理的な確信が得られたときに、FFレートの目標レンジを引き上げるのが適切であると予想する」という文言となり、初回利上げの直前のFOMC（15年10月）まで残された。なお、これとは別に、14年12月、15年1月には「FOMCは金融政策スタンスの正常化の開始には我慢強くなれると判断する」という新たな文言が付加され、15年3月には「FFレートの目標レンジの引き上げは4月のFOMCでありそうもないと判断する」に変更され、性急に利上げを開始しないことが表明されつづけたが、15年4月から姿を消した。
3) 2015年12月に初回の利上げが開始され、実質ゼロ金利（0〜0.25％）の維持を約束する政策金利のガイダンスは終了したが、金利引上げを性急に行わないというメッセージを発するガイダンスはその後も行われた。具体的には、同FOMCで「金融政策スタンスは、この利上げ後も緩和的であり続ける」などの表現が盛り込まれてその後も残り、18年9月にFFレートをほぼ中立と考えられる2〜2.25％に引き上げたときに削除された。

（資料）　FRB資料より筆者作成。

も多かった。FRSはこれを、ITバブル崩壊後の金利引下げ局面において、2003年8月のFOMCで初めて採用している。1回前の同年6月のFOMCでFFレートが1.0％に達し、それ以上の引下げがむずかしくなった局面で発動されたもので、公表文には次の文言が盛り込まれた。

● 「緩和政策はかなりの間（for a considerable period）維持されるだろう」

その後、緩和の解除が射程に入る情勢となった翌2004年1月のFOMCからは、「緩和解除は慎重に行われるだろう」という言い回しに変わり、利上げが開始される直前の5月FOMCからは、「緩和解除は熟慮されたペースで行われるだろう」が使

用された。これらの文言は、FFレートが4.25％に上昇した後の05年12月のFOMCになって、ようやく削除されている。

一連の文言は、当初政策金利（つまり短期金利）が当面上昇しないことを柔らかいかたちで約束して、長期金利の低下を図り、次に政策金利の急上昇がないことを約束することで、金融緩和解除（＝金融引締め）の局面において長期金利の急上昇を抑え、ひいては景気のオーバーキルを防止する、という役割を果たしていたといってよい。

日銀がかつて採用したフォワードガイダンスが、政策の解除の条件に物価という客観的な経済指標を使っていたのと比べると、条件のつけ方は抽象的ないしあいまいだ。しかし、FRSによるガイダンス政策の原点はここにある。

(2) ゼロ金利下のフォワードガイダンス

FRSがゼロ金利に直面し、非伝統的金融政策の１つの手段としてフォワードガイダンスを導入したのは、すでに述べた2008年12月のFOMCにおいてであった。この時、FFレートを０〜0.25％に誘導することを決めたのだが、同じ公表文には、その政策をめぐり次の文言が盛り込まれた。

● 「弱い経済情勢が政策金利をしばらくの間（for some time）例外的な低水準に維持することを正当化すると予測する」

これが、FRSのゼロ金利下におけるフォワードガイダンスの出発点である。

さて、この後、同政策は数々の「進化」を遂げていくが、その内容は複雑で重層的である。筆者は、フォワードガイダンス

の内容を分析するにあたり、4つの視点が必要だと考えている。それは、①継続条件（ガイダンスをいつまで続けるか）、②対象となる中銀の行為（何を約束または予測するのか）、③発信の性格（約束するのか予測するのか）、④ねらい（どんな政策効果・メカニズムをねらっているのか）、である[35]。これに沿って、世界金融危機後、コロナ危機前までのフォワードガイダンスをみていくが、あらかじめ若干の説明を加えたうえで検討を進めることにしよう。

第一に、①の継続条件は、長期金利の低下度合いを強化するなどのために、さまざまに変化している。まず、2008年12月のFOMCでのコミットメントの「しばらくの間」という文言が、翌09年3月のFOMCで強化され、「長期にわたる間（for an extended period）」にかわっている。

その後、具体的な時限を明示するやり方が導入された。すなわち、2011年8月のFOMCでは次の文言に置き換えられた。

- 「経済情勢は政策金利を少なくとも2013年央まで例外的な低水準に維持することを正当化すると予測する」

以後、図表5−8にもみられるように、この時限は2012年1月に「少なくとも2014年終盤まで」、12年9月に「少なくとも2015年央まで」と2回延長された。

このような時限明示型ガイダンスには、その時限を延長した場合に、成長率に関するFRSの見通しが悪化したことを示し、かえって企業や家計の成長率予想を引き下げてしまう、という

---

[35] この議論に関しては、詳しくは田中〔2023③〕第4章を参照されたい。

批判があった。そこで、継続条件は、後述のように経済状況依存型へと「進化」していく。

第二に、②の対象となる中銀の行為、すなわち「何をガイダンスするのか」は、当初、政策金利（FFレート）を対象とする「金利ガイダンス」（図表5−8の◆印）が中心だったが、これに2012年1月に緩和政策全体（緩和スタンス）に関するガイダンス（同○印）が加わり、さらに12年9月に資産購入の継続にコミットする「資産購入ガイダンス」（同◇印）が加わっていく。つまり、FRSのフォワードガイダンスは重層化（三重化）したわけだ。

そして、第三に③の発信の性格、すなわち中銀の予測を述べるにとどめるのか、約束するのか、については、FRSではほぼ予測なのだが、一部、資産購入ガイダンスについては約束に近い表現をとっている。

第四に、④の「ねらい」は、そのガイダンスが本章2(5)で行った分類のどれに当たるのか、という観点である。FRSのこの時期においては、**FG1**、つまり短期金利予想形成による長期金利の低め誘導策の範囲内で、政策が展開されたとみてよい。

(3) 経済状況依存型の継続条件提示とその後の展開

ツイストオペを終了させた2012年12月のFOMCでは、フォワードガイダンスが大きく変化している。これが注目されるのは、①の継続条件において経済状況依存型が導入されたためであり、④（ねらい）の観点からは一見**FG2**や**FG2'**の導入ともとらえられる余地があるからである。

FRBの一連のフォワードガイダンス—すなわちコミュニケーション戦略—は、2010年10月にイエレン氏が副議長に就任してから、彼女が主導したといわれている。バーナンキ議長は、FOMCにコミュニケーション戦略に関する小委員会を設置し、イエレンを委員長に指名した。その報告書に基づき[36]、12年1月のFOMCで「長期的なインフレのゴール」が導入された。

　第3章3で述べたとおり、FRSはインフレ目標を長い間設定してこなかった。バーナンキ自身は学者時代にインフレ目標導入論者であったが、FRBの理事・議長になってからは導入に積極的な姿勢をみせてこなかった。しかしこの時点で、2％という長期的なゴール（goal）を設定し、ただし厳格な目標（target）ではないとして、柔軟に運用することを表明している。

　「ゴール」設定の公表文で注目すべきは、「FOMCメンバーが長期的に正常と考える失業率」を5.2～6.0％と発表したことだ。つまりFRSのもつデュアルマンデートの双方（インフレ率と失業率）に具体的な数値を当てはめるものだった。

　2012年12月のFOMCは、これに引き続き、インフレと雇用の具体的な数値をフォワードガイダンスの条件として掲げたわけである。その公表文には、次の文言が盛り込まれた。

● 「失業率が6.5％を上回り、先行き1～2年のインフレ率の予想が（インフレの長期的ゴールである）2％を0.5％以上超えず、長期的なインフレ期待が十分抑制されている限り、政

36　http://www.federalreserve.gov/monetarypolicy/mpr_20120229_part3.htm#fn22r

策金利の例外的な低水準は適切であると予測する」

　すなわち、「失業率が6.5%に達するまで、インフレ率が2.5%を超えない限りにおいて、ゼロ金利を継続する」というものだ。ここで政策継続の条件を与える値を、閾値（threshold）と呼ぶ。日銀が量的緩和時に行ったフォワードガイダンスは「インフレ率が安定的に０％以上になるまで」というかたちでインフレ率を閾値にしたのに対し、FRSは失業率とインフレ率の双方を閾値とした（ただし、失業率の引下げが政策の主目的であり、インフレ率はその上昇という副作用を防止するための政策停止条件というニュアンスが強い）。このように、失業率とインフレ率の双方に閾値を設定するタイプの経済状況依存の継続条件提示を「エヴァンス型」（エヴァンスルール型）と呼ぶ。

　このガイダンスは、ひとまず単に政策金利を低水準に置くことを約束することで、長期金利の低下を促すもの（FG 1）と考えられる。その限りでは、政策金利ガイダンスのコミットメントの仕方の強化であるといえる。そして、先の時限明示型ガイダンスの難点を克服できると同時に、FRSがどのような経済情勢の変化に応じて政策を変更するか（政策反応関数）を明示する点で、優れていると考えられた。

　しかし、ここで１つ論点となりうるのは、これがFG 2やFG 2'の導入を意図したものであったととらえるべきか否かである。とりわけ当時は、既述のようにアカデミズムの世界から（インフレターゲットのかわりに）名目GDPターゲットや雇用ターゲットを導入すべきだという提言もなされていた。こうしたなかで、失業率を閾値として提示することで、実体経済を担う家

計や企業などの経済主体が「中央銀行が成長の目標を達成するまで金融緩和を行うのであれば、きっと将来成長率は高まるだろう」という期待を抱き、それが設備投資や耐久財消費を喚起する、という効果（これはFG 2'である）がねらわれていたかどうかである。

筆者は、当時のFRSにそこまでの意図はなく、あくまで長期金利の低下をねらった政策だったと考えている[37]。この後述べるように、このエヴァンス型は1年半足らずで撤回されてしまい、少なくとも2つのマンデートと結びつけた政策手法は完成をみなかった。

約1年後、2013年12月のFOMCで資産購入量の減額（テーパリング）が開始された時、先の政策金利のガイダンスに加え、以下のような文言が追加された（金利ガイダンスの二重化）。

● 「失業率が6.5％を下回ってもかなり長い間は、インフレ予想が（インフレの長期的ゴールである）2％を下回っている限り、政策金利の現在の誘導目標水準を維持するのが適切であると予測する」

つまり、「失業率が6.5％を下回っても、すぐには政策金利を引き上げることはない」というメッセージである。

これは、「景気が回復した後の政策に言及する」ことで、長

37　短期金利を低く置く約束は、多かれ少なかれ、それによる長期金利の低下が需給ギャップを改善させ、産出拡大・物価上昇が起きるという予想（期待）にも働きかけることになる。したがって、多くの場合FG 1には、FG 2などを行ったと同じ効果が常に含まれる。その政策がFG 1かFG 2かは、政策主体が（主として）どちらを狙ったかによって決まるのだといえる。この点は、田中〔2023③〕第4章コラム4を参照。

期金利の跳ね上がりを抑える政策ということができる。
「FOMCメンバーが長期的に正常と考える失業率」が5.2〜
6.0％と発表されているのとも整合的だ。また、資産購入から
漸次撤退するかわりに、フォワードガイダンスを強化する、と
いう意図をくみとることもできるだろう[38]。

　ところが、2014年3月のFOMCでは、失業率6.5％の条件
を、あっさり取り下げてしまった。そして、「雇用最大化と物
価上昇率2％という目標に向けた進捗度合いと予測の双方」を
精査するという質的な表現を、ガイダンスとは別に付け加えて
いる。

　失業率の低下が予想外に早く、2月は6.7％と閾値に近づい
ており、市場が利上げを織り込み始める可能性が高まったから
といえよう。

　2014年10月のテーパリング終了後は、初回の金利引上げ（15
年12月）に向け、金利ガイダンスは長期金利の跳ね上がりを抑
えるためのガイダンスに転じ、性急に利上げを開始しないこと
が表明され続けた（図表5−8の（注）2　2)・3)を参照）。

⑷　資産購入ガイダンスと緩和スタンスに関するガイダン
　　ス

　これまで、政策金利をどうするのかについてのコミットメン

---

[38]　2013年11月の失業率が7.0％まで下がり、かなり閾値に近づいていた
　　が、失業率低下には金融危機以来の労働力化率の低下の寄与が大きく、
　　実態以上によい数字となっている可能性が高い（第6章で後述）。文言
　　追加は、これを考慮して行われたとの指摘もある。

ト―政策金利ガイダンスを中心にみてきたが、2012年9月の
FOMCで導入された資産購入ガイダンスについてもみておこ
う。すなわち、以下のような内容である。

● 「もし労働市場の見通しが顕著に改善しないのであれば、委
　員会は物価安定下でそうした改善が達成されるまで、MBS
　（GSE組成）の購入を継続し、追加的な資産購入を行い、そ
　の他の手段を適切に採用する」

　その後、2012年12月のFOMCで、上記の「MBS（GSE組成）」
の前に「長期国債と」が加わった。ツイストオペの終了に伴
い、QE3に長期国債購入が加わったことに伴う、テクニカル
な変化といえる。その後、細かい文言に変化がみられるもの
の、これはテーパリング終了時に削除されるまで継続した。

　ここで、再び視点④からは、このガイダンスが何をねらった
ものなのかが問題になる。つまり政策金利をガイダンスしてい
るわけではないので、**FG 2'**、つまり成長期待を引き起こすも
のという解釈の余地もありそうだ。だが、全体の緩和的状況を
続けるというコミットメントにより、資産購入とあわせて長期
金利の跳ね上がりを抑える効果、資産購入の効果の補完をねら
うものとみるのが妥当だろう。

　ジャネット・イエレンは、副議長時代の2013年3月に行った
講演で、12年12月のガイダンスの改良に触れ、この措置が「（長
期金利を引き下げる効果に加え）景気見通しのコンフィデンスを
高め、異常に落ち込んだ家計の所得増への期待を引き上げ、そ
の結果景気回復を加速することを望んでいる」と語っている
（Yellen〔2013〕）。これは、逆説的に、コンフィデンスを高める

などの効果をメインに置いていないことを物語っていると思われる。

　なお、緩和政策のスタンスを表明するガイダンスは、2012年1月に、

●高度に緩和的な金融政策スタンスを継続すると予測する

という文言で導入された後、同年9月に「経済の回復テンポが強まった後も、相当期間にわたって」がその前に付加され、さらに12月にはその部分が「資産購入プログラムが終わり景気回復が強まったのち、相当期間にわたって」に変更される。

　このガイダンスも、テーパリング終了時に削除されるまで続くが、そのねらいは、文言からも長期金利の跳ね上がり抑制であることがわかり、やはり**FG1**であることが明らかであろう。

　FRSのフォワードガイダンスは、以上のように重層化・複雑化した。また、その理論は形成の途上にあるといえ、現実の手法の点でも、先にみたように依然、試行錯誤を繰り返している。

⑸　「デルフィ型」と「オデッセイ型」

　ところで、一連のFRSのフォワードガイダンスの性格に関連し、主としてアメリカの学界で、ガイダンスの「デルフィ型」対「オデッセイ型」という議論があったので、これに触れておこう。

　それは、視点③の、約束するのか予測するのかという、ガイダンス発信の仕方、言い回しにかかわる問題だ。たとえば先にみた2008年12月のガイダンスでは、「将来もゼロ金利政策を継

続する」と言い切るのではなく、「ゼロ金利政策が将来も「正当化」されるとFOMCが「予測」（anticipate）している」という、かなり慎重で、もって回った表現がとられている。先のITバブル後のフォワードガイダンスで、緩和政策が「維持されるだろう」などのよりストレートな表現をとっていたのと対照的だ。

ここで、このようなタイプのステートメントが「約束」なのかどうか、が問題になる。翁〔2013〕は、日銀のケースが明確なコミットメントであるのに対し、これらFRSの「期待への働きかけ」は、「より微妙な性格のものである」と述べ、Campbell *et al.*〔2012〕の議論を紹介している（31頁）。

フォワードガイダンスには、「デルフィ型」（予言＝予測であってコミットメントではない）と「オデッセイ型」（自らの行動を縛るコミットメント）とがあり、FRSのそれはデルフィ型である。しかし実証研究によると、市場はこれをオデッセイ型（コミットメント）として受け止めている可能性が高く、この齟齬は、その期待が裏切られたときに市場の急変を招く。FRSはそうした可能性を念頭に置いて、この政策にさらに工夫を加える必要がある、というのである。

FRSのフォワードガイダンスがデルフィ的なものであることは、たとえば2012年4月のイエレン副議長（当時）が講演で、「このガイダンスはFOMCが少なくとも14年終盤までFFレートを例外的な低水準に保つことを表明しているわけではない」と述べている事実からもうかがえる（Yellen〔2012〕）。

ここで、いくつかの問題点が指摘できる。

第一に、もしステートメントが完全に「デルフィ型」のものであるならば、政策としての意味があるのかどうか、という点だ。これが単なる予測であったとしても、それは将来の政策の道筋を表しているのだから、市場の予想がそれに沿って形成され、長期金利もそれに見合った水準に形成される、と考えることもできる。しかし、そのFOMCの予測がそもそもの市場の予想と一致していれば、これを発表することで長期金利水準はまったく変わらないはずだ。また単なる予測を示す場合、（緩和を継続しなければならないほどの）暗い経済展望をもっていることを中銀が表明することになってしまい、逆効果ではないか、という指摘もある。

　第二に、「オデッセイ型」のフォワードガイダンスを行う場合には、①政策の手足が縛られ、将来、予期せぬインフレが来たときなどに対応できないという懸念のほか、②「政策の時間非整合性の問題」が発生することが指摘されている。時間非整合性とは、政策決定時点では最適であった政策が、その後最適ではなくなる可能性がある問題だ。これは本章2でクルーグマン提案について述べた部分で触れたが、守れそうもない「約束」をしてもだれも信じないので、ねらいどおりの政策効果が得られない、ということになってしまう。つまり、とりうる政策の範囲はある程度限定される、ということである。

　第三に、現実問題として、「デルフィ型」をとって政策の自由度を確保するのか、「オデッセイ型」をとり時間非整合性の問題の発生も覚悟のうえでより強い効果をねらうのか、の選択が問われることになる。

こうした議論があるなかで、FRSのフォワードガイダンスは基本的にデルフィ型が続けられた。市場が「約束」と受け取ってくれることを期待しつつ、将来、予期せぬ状況が訪れたときのために、あえて「予測する」という文言で将来の逃げ道を残しているのかもしれない。それでも、まったく効かないわけでもない、ということなのだろう。

　なお、細かくみると、図表5‐8からもわかるとおり、金利ガイダンスと緩和政策のスタンスを表明するガイダンスについてはデルフィ型であり、しかし資産購入ガイダンスについてはオデッセイ型となっている。これは、第7章でみるコロナ危機後のフォワードガイダンスでも貫かれている。

4 　大量資産購入の「正常化」とその頓挫

(1)　他中銀に先駆けたFRSの「正常化」

　世界金融危機後、各国中銀は大量資産購入を進めたが（【補論1】参照）、そこからの「正常化」を実践の面で、また理論面からも主導したのがFRBである。

　本章3(I)で、2012年9月に開始されたQE3が、1年半強の後に早くも「出口」をくぐり始めたことについて述べた。QE3はオープンエンドで設定されたため、その「出口」は3つのステップを踏むことになった。図表5‐9にみるように、まず、①テーパリング（購入額の漸減）を開始し、その終了によって資産購入額がゼロになると、保有資産の満期到来時に償還額の再投資を行うことにより残高をキープする。その後、②利

図表5－9　4中銀の大量資産購入「正常化」のステップ（コロナ危機前）

ステップ		FRB	BOE	ECB	日　　銀
1	テーパリング（資産購入漸減）	2013.12〜14.10（終了）	12.11（終了）1)	17. 4〜18.12（終了）2)	〔16.10〜（途上）〕3)
2	政策金利引上げ開始	15.12	17.11	—	—
3	保有資産の再投資縮小	17.10〜（19. 8停止）	—	—	—

（注）1)　BOEは、2012年7月に最後の追加購入を決定し、11月までに購入を終了。ただし、イギリスのEU離脱決定を受け、16年8月に単発の資産購入を実施。
　　　2)　ECB自身は、この措置をテーパリングとは表明していない。なお、コロナ危機前の2019年9月に資産購入を再開。
　　　3)　長短金利操作の導入時期（事実上の購入漸減開始）。
（資料）　筆者作成。

上げ（政策金利の引上げ）を開始し、さらに時間が経過したところで、③再投資額を減らし始め、資産保有残高の縮小を開始する、という手順である[39]。

　テーパリングは2013年12月に開始し、14年10月に終了したが、一度に買いの手を引っ込めると長期金利が急上昇しかねないため、国債・MBS合計の保有額を月850億ドル純増させていたその純増分を、100億ドルずつ8回に分けて減らしていったわけだ。終了後は満期が来たものについて再投資し、ひとまず残高は減らさなかった。その1年2カ月後に、2ステップ目の政策金利引上げを開始する。

────────────

[39]　こうした手順は、テーパリング終了直前の2014年9月のFOMCで決定された「政策正常化の原則とプラン」に示されている。

ところで、第2章3でみたとおり、短期金利誘導型金融政策では、政策金利の上方（下方）への誘導は、中銀による需要を下回る（上回る）準備預金供給によって引き起こされたが、それは超過準備がほとんど存在しないことが前提だった。だが、この局面でFRBのバランスシートには、資産サイドに大量の国債が、そして負債サイドに大量の超過準備が存在した。この問題をクリアするために編み出された技法が、FFレートの誘導目標水準の引上げに伴う、準備預金への付利とその水準引上げ（引下げ）である。

　FRBは、2015年12月の利上げ開始時に、誘導目標水準をそれまでの0〜0.25％から0.25〜0.5％へと0.25％引き上げた。同時に、超過準備への付利水準（IOER：interest rate on excess reserve）を0.5％とし、「リバースレポ（買戻し条件付債券売却）」への支払金利を0.25％としている。超過準備への付利は、第2章2（また同章注9）で説明したとおり、本来はコリドーの下限を画するから、FFレートは0.5％に誘導されるはずだ。だが、FF市場には準備預金制度が適用されない金融機関も参加しているため、それ以下の水準での貸借取引も成立しうる。そこで、FRSが債券を発行し、買戻し条件付きで売却することによる資金吸収で、本当の下限を画することにしたものだ[40]。この方法による金利誘導にはテクニカルな困難が伴うことが次第に明らかになるが、これについては第6章3で述べよう。

---

[40]　FRBはこの誘導の実験を2013年9月から実施しており、利上げ決定の翌日には、実効FFレートはそれ以前の0.15％から0.37％に上昇し、誘導の成功が確認されている。

第三ステップの保有資産残高の縮小は2017年10月に開始されたが、6月に4回目の利上げで誘導目標水準が1.0〜1.25％まで引き上げられていた段階でのことだ。償還される債券の再投資をすべて止めるのではなく、3カ月ごとに償還額のうち再投資しない額、つまり保有資産の圧縮額を増やしていくこととした[41]。いうまでもなく、急激な長期金利の上昇を防ぐためだ。

　大量資産購入によってふくらんだFRBのバランスシートは、こうして縮小に転じた（前掲・図表5−6参照）。この時点で、完全な「正常化」はいつ頃達成されると考えられていたのだろうか。ニューヨーク連銀のダドリー総裁は2017年9月7日の講演で、保有資産を縮小するにしても超過準備をゼロにするところまではいかない、との見通しを述べていた。同時期にニューヨーク連銀が、翌18年初から資産圧縮がスタートすると仮定して行った試算では、4.5兆円までふくらんだバランスシートが、20〜23年頃に3.5兆〜2.4兆ドルまで縮小するとしていた。金融危機前の9,000億ドルよりもかなり大きめだった。超過準備の残存を前提に、準備預金への付利水準の変更でFFレートを誘導する政策レジームが継続することが想定されていたといえる。

---

[41]　最初の3カ月間は償還額のうち月々国債60億ドル、MBS40億ドルの計100億ドルにつき再投資しない（つまり同額の保有資産が圧縮される）こととし、3カ月ごとに計100億ドルずつ「再投資しない上限額」を引き上げ、翌2018年10月に500億ドル（それぞれ300億ドル、200億ドル）に達したところで据え置くこととした。

⑵　正常化の頓挫

　模範的なプロセスを歩んでいるかにみえたFRBの正常化は、米中貿易戦争の激化やイギリスのEU離脱（ブレグジット）決定の影響を受けた世界経済の減速で停止を余儀なくされる。2018年12月の第八次利上げを最後に、バランスシートの圧縮を見直す方針を19年1月に打ち出して、5月には圧縮額を減らし始め、8月に圧縮を停止した[42]。この間、7月にFFレート誘導目標水準をピークの2.25〜2.5％から引き下げ始め、10月に3回目の利下げで1.5〜1.75％としたところで様子見に入るが、翌20年コロナ危機に直面し、大幅利下げと大量資産購入再開に向かうことになる（第7章）。

　バランスシートの規模は、結局2019年8月末の3.7兆ドルまで減り、それがボトムとなった（準備預金1.5兆ドル、超過準備1.3兆ドル。ピークは14年8月のそれぞれ2.8兆ドル、2.7兆ドル）。

---

42 「再投資しない上限額」を、5月に長期国債150億ドル、MBS200億ドルの計350億ドルに減らし、8月から撤廃した（つまり全額を再投資し、資産圧縮を停止）。

補論 1 　日銀・BOE・ECBの非伝統的金融政策

　世界金融危機後、日銀・BOE・ECBの３つの中央銀行はいずれもFRSと同様、非伝統的金融政策に突入した。こうした状況はメディアによって「金融緩和競争」などとも報じられ、その是非や問題点について議論が続けられてきた。

　この【補論１】では、これら３つの中央銀行の非伝統的金融政策の実態を整理し、FRSとの共通点や相違点、個別に抱えている問題などを明らかにすることで、先進国４中央銀行の政策比較を試みよう。

⑴　資産購入でFRSをはるかに超えた日銀──白川日銀から黒田日銀へ

　日本銀行は、非伝統的金融政策を最初に採用した中央銀行である。1999（平成11）年２月〜2000（平成12）年８月までのいわゆるゼロ金利政策と、2001（平成13）年３月〜06（平成18）年３月まで行われた「元祖」量的緩和政策がそれだ[43]。後者では、政策金利のコールレートが０％に達する「ゼロ金利制約」に直面したため、操作目標をコールレートから日銀当座預金残高に変更し、それを増額することが金融緩和の手段となった。

---

[43]　ゼロ金利政策は、操作目標を政策金利であるコールレートに置いたまま、これをゼロまで引き下げるものである点で、通常の金融政策（伝統的金融政策）の枠内にあるものといえる。しかし超過準備が発生するなど、量的緩和政策に類似する特徴ももっており、非伝統的金融政策と位置づけてよいだろう。

これは、準備預金の増加によって貸出が増え、景気が拡大することをねらったA（本章2参照）の政策である。これに加え、本章3(II)(1)で述べたように、フォワードガイダンスも行った（C1）。

解除後の2008（平成20）年、日銀は世界金融危機の影響を受け、再び非伝統的金融政策の世界に近づいていく。金融システム不安定化の度合いは欧米よりもかなり小さかったが、初期にはやはり、日銀が銀行システムへの流動性供給や社債、CPの買取りといったリクイディティー対策を行い、政府は第二地銀などへの資本注入でソルベンシー対策を展開した。

外需の激減を受けて景気が大きく後退したため、政府は2008（平成20）年度後半から翌年度初めにかけ3度にわたる経済対策を決定し、給付金の支給や公共投資などの財政出動が行われた。しかしその後は、景気刺激の役割が金融政策にバトンタッチされた。政策金利であるコールレートの誘導目標水準は0.5％から2回引き下げられ、08年12月には0.1％と、事実上のゼロ金利制約に再び直面していた。

こうして日銀は2度目の非伝統的金融政策に突入するが、以後（とりあえず）コロナ危機に至るまでの間を3つの時期に整理することができる。

第一期は、固定金利オペを中心とした時期だ（2009（平成21）年12月～10（平成22）年10月）[44]。0.1％の固定金利で3カ月間の買いオペ（資金供給）を行うもので（後に6カ月間を追加）、長めの短期金利引下げによる金融緩和効果をねらうものと説明された。その点では、FRSに倣ってB（本章2参照）を意識し

た政策といえる。しかし、当初10兆円の規模の資金供給枠が示され、その後、その規模の漸次増額が金融緩和の目安となった（ただし、操作目標はコールレートのままである）。その点では**A**の色彩も引きずっている。ねらいが**A**から**B**へと移っていく過渡形態と考えられる。

　第二期は、「包括的な金融緩和」の導入から「量的・質的金融緩和」発動前までの時期である（2010（平成22）年10月〜13（平成25）年4月）。「包括的な金融緩和」は、①フォワードガイダンスの導入と②本格的な（非伝統的）資産購入の開始の2点に特徴づけられる。政策金利の誘導目標水準がそれまでの0.1％から0〜0.1％へといっそう引き下げられ、①として「物価の安定が展望できる情勢になったと判断するまで」実質ゼロ金利を続けるという約束が設定された[45]。②では「資産買入れ等の基金」が創設され、以後、金融緩和は資産購入、つまり長期国債および民間資産（CP、社債、ETF、J-REIT）の購入枠の漸次拡大によって行われていった。本章2でいう**FG1**が導入され、

44　金融危機後、本文でも述べたとおり、CPの買切りオペ、企業金融支援特別オペ、社債の買切りオペなどが金融システム安定化策として行われた。これらの目的は、「企業金融の円滑化」「企業金融の支援と金融市場の安定を図る」などとされた。「固定金利オペ」は日銀がこれらのオペから撤収するのと相前後して導入された。国債、社債、CP、証貸債権などを担保に、0.1％の金利で3カ月間の資金供給を行う。「金融緩和の一段の強化を図る」という目的が掲げられていた点において、景気刺激策のためのマネタリー政策である。

45　このとき政策委員の「中長期的な物価安定の理解」の中心値は1％と発表されていたので、1％がその目安と考えられていた。なお、その後2012（平成24）年2月には、「中長期的な物価安定の目途」が設定され、やはり1％とされた。翌13（平成25）年1月には、後述のように、「物価安定の目標」が2％と定められる。

Bのねらいが明らかになったといってよいだろう。

　第三期は、「量的・質的金融緩和」発動後の時期である（2013（平成25）年4月〜）。12（平成24）年秋の総選挙後、安倍内閣が成立し、それが掲げたアベノミクスの一環として、翌13（平成25）年3月に就任した黒田新総裁のもとで日銀が打ち出し、「異次元緩和」とも呼ばれるのがこの政策だ。第二期の政策とどこが違うのだろうか。

　第一に、資産購入（B）が強化された。つまり長期国債の購入目標額をそれまでに対し倍増させ[46]、保有国債の残存年限の平均をそれまでの3年弱から約7年に長期化させた。なお、民間資産としてのETF、J-REITの購入量も、大きく増やされた。

　第二は、政策の目的として、物価上昇を初めて明示的に掲げ、それを達成するための手段として、インフレ予想（期待）に働きかけるフォワードガイダンス（FG 2）を採用したことだ。これに先立つ2013（平成25）年1月に（白川総裁のもとで）「物価安定の目標」が2％と定められたが、この目標が「安定的に持続するために必要な時点まで」この政策を継続するとした。

　そもそも日銀の「元祖」量的緩和政策におけるガイダンス政

---

[46]　白川総裁時代の最後の金融緩和である2013（平成25）年1月の金融政策決定会合では「期限を定めない資産買入れ方式」が導入されたが、その結果、13（平成25）年に34兆円、14（平成26）年に10兆円と、2年間で計44兆円の国債保有残高の増加が見込まれていた。これに対して量的・質的金融緩和では、年間50兆円ペースで残高を増加させることとしたから、両年計で約100兆円が増加させられることになった。後に国債残高増加ペースは、年間80兆円ペースに引き上げられる（2014年10月の「追加緩和」）。

策は、デフレから脱却するまで緩和政策の継続（したがってゼロ金利）を約束することで長期金利を引き下げる要素（**FG１**）が中核だった。同時に企業や家計など広範な経済主体の「期待」（成長予想やインフレ予想）に働きかける効果もあったと考えられるが、直接にインフレ予想を引き起こそうとするものではなかった[47]。

これに対し、ここで日銀が行った物価安定目標２％を達成するまで、量的・質的金融緩和全体を継続するとの約束は、まさしく家計・企業など経済主体の予想の引上げを狙った**FG２**であった（さらに後述の長短金利操作の導入時には、「安定的に２％を超えるまで」マネタリーベース残高の拡大を継続するという「オーバーシュート型コミットメント」が付加された）。インフレ予想（期待）の上昇は、現実の物価の上昇と、実質金利の低下による実体経済の刺激をもたらすと考えられた。

第三に、操作目標がコールレートからマネタリーベースに移された。これは、形式上は**A**の復活といえる。**A**の単なる準備預金の増加に景気刺激効果がないことは日銀の「元祖」量的緩和で証明ずみだったはずであり、FRSもこれを波及メカニズムの説明として採用していない。こうした文脈のなかで、あえてこれを前面に打ち出したのは、メカニズムが何であれ、中央銀行が緩和の約束を行うことで、インフレ期待に働きかけようとしたものと解釈できる。

日銀の非伝統的金融政策の、他の先進国中央銀行との最大の

---

47 本章注37を参照。また、この辺りの解釈については、田中〔2023③〕の第４章１節、また第６章２節(6)項などを参照されたい。

違いは、その主目的がデフレ脱却とされていることである。これは第三期に黒田総裁のもとでより鮮明に打ち出された。量的・質的金融緩和のステートメントでは、この政策により2％の物価目標を「2年程度」で実現すると述べていた。

　その後、この第三期（「量的・質的金融緩和」ないし「異次元緩和」）は、コロナ危機、さらにそれを経た2024年3月に至るまで継続した。そしてそのなかを、さらにいくつかのサブ期間に区分することができるが、日銀自身はオリジナルの「量的・質的金融緩和」（〜2016年1月）に対し、「マイナス金利付き量的・質的金融緩和」（16年1〜9月）、「長短金利操作付き量的・質的金融緩和」（16年9月〜）の2つを打ち出している。筆者は、「マイナス金利付き」までを第三期の前半、「長短金利操作付き」以降を後半と区分している（田中〔2023③〕第6章）。

　前半の末期に、マイナス金利政策（E）の導入が行われ、準備預金の「政策金利残高」と呼ぶ一部分に−0.1％の付利をすることで、コール金利をマイナス圏に誘導した（同残高、「マクロ加算残高」「基礎残高」の三層構造）。後半の長短金利操作（YCC）は、このマイナス金利政策による短期金利の誘導に加え、長期金利（10年物国債金利）の誘導目標を0％に設定する、という政策である。これに伴い、操作目標はマネタリーベースから金利（ただし、かつてのコール金利にではなく、政策金利残高への付利水準と10年物長期金利の2つ）に戻された。長期金利誘導の部分は、金利の目標をもった大量資産購入（B）のバリエーションと位置づけることができる。

　YCCの導入を境に、国債保有残高増加額はそれまでの年間

80兆円から漸次減っていき、2018年7月の金融政策の「枠組み強化」で、誘導目標水準0％に±0.2％の変動許容幅を与えた後は、年間20兆円まで低下し「ステルステーパリング」とも評された。目標を「金利」に戻したため、「量」は目途に格下げ[48]されて80兆円を提示し続けたが、実態はそこから大きく乖離したわけだ。

　だが、FRSを含む3中銀が、コロナ前にいったん大量資産購入を手仕舞うなか、日銀のみはそれができず購入を継続した。

　ところで、FRSの金融政策にみられないメニューとして、非市場型（相対型）の貸出誘導資金供給（D）誘導策が採用された。「成長基盤強化を支援するための資金供給」（2010（平成22）年6月～22（令和4）年6月）と「貸出増加を支援するための資金供給」（12（平成24）年10月～）がそれだ。貸出を増加させた銀行に日銀が資金供給を行う制度であり、前者では成長が見込まれる分野への融資に限られていたが、後者は特に分野の縛りがない。両者をあわせて「貸出支援基金」とされ、何回か強化されつつ特に後者は現在も続いているが、量的・質的金融緩和の陰に隠れてあまり注目されていない。

　以上の結果、日銀のバランスシートの規模、また保有する国債残高はFRSのそれらを追い越して、先進国中央銀行随一となった（後掲・図表5－10参照）。

48　「追加緩和」以降YYC導入までは、操作目標がベースマネーに置かれ年間80兆円の増加とされ、長期国債残高は年間80兆円ペースで増加するよう金融市場調節をする、という準目標的な位置づけにあった。YCC導入で操作目標が長短金利に変更され、ベースマネーの拡大方針を継続することにするとともに、長期国債残高の80兆円は目途とされた。

(2)　フォワードガイダンスに舵を切ったBOE

　BOEは量的緩和（QE）と称する資産購入政策を、奇しくもアメリカと同じ2009年3月から始めた。金融危機後、やはりまずは金融システム安定化策が遂行された。その後、公共投資や時限的な消費税引下げなどの財政政策が打ち出されたが、それが出尽くした後は、イギリスでも景気刺激はマネタリー政策に委ねられていった。とりわけ10年5月に成立した保守・自民連立政権では、財政再建への方向転換が行われたため、財政緊縮・金融緩和の色彩が鮮明になった。そしてこの時、やはり政策金利であるバンクレートは0.5％と下限に近かった。

　イギリス版QEは、当初は民間資産も買えるスキームとして設定されたが（資産購入プログラム[49]）、結果的にはほぼ100％国債が購入された。BOEは当初、その景気刺激効果を **A** のポートフォリオ・リバランスのメカニズムで説明していた（たとえばBenford *et al.*〔2009〕）[50]。しかし次第にFRBに倣い、**B** の長期国債購入による長期金利の低下効果を強調するようになっている（たとえばFisher〔2009〕）。

　導入開始の2009年3月から、11月までに3回にわたり購入枠が増額された後、いったん打止めとなったが、11年に再び景気

49　資産購入はBOEの子会社であるAPF（資産購入ファシリティ：Asset Purchase Facility）が行う。損失が出た場合は、財務省がそれを補てんする。
50　特に、国債を銀行ではなく非銀行の民間経済主体から買うこととし、そのほうが（資金を受け取った主体がそれで別の金融資産を購入するから）ポートフォリオ・リバランスの効果が高い、という認識が示されていた。

が後退したのに対応し、同年11月から購入枠の増加を再開した（これをそれぞれQE2、QE3と呼ぶ）。しかし、それも12年7月の増枠が最後であり、以後、必ずしも景気がよくないなかでも3,750億ポンドの国債保有残高を増やすことを見送った（ただし、16年6月に国民投票でイギリスのEU離脱（ブレグジット）が決定されると、8月に景気減速と金融市場の混乱を防ぐため政策金利の0.25％までの引下げと600億ポンドの国債購入枠の拡大（QE4）が行われた）。

　こうしたなかで、BOEがいわば資産購入（の停止）を補うべく打ち出したともいえる政策が2つある。第一に、2012年7月に開始したファンディング・フォア・レンディング（FLS）と呼ばれる、銀行の貸出を促進するスキームだ。アメリカと違い、銀行を中心とする間接金融ルートの太いイギリスや日本のような国には、こうした相対型の貸出誘導資金供給（D）がなじみやすいといえる。

　第二が、フォワードガイダンスの導入である。前総裁のマーヴィン・キング氏はこの政策の導入に距離を置いていたが、2013年7月に就任したマーク・カーニー新総裁のもとで、翌8月に初めて打ち出された。それは失業率が7％を上回る限り、①政策金利を0.5％に据え置き、②（必要であればさらなる資産購入を行う用意があるが）保有する資産（国債）の残高を減らさないこと、を約束するものだ。ただし、これには、(i)1年半から2年先のCPI上昇率が2.5％を超えそうである、(ii)中期的なインフレ期待が十分に抑えられそうもない、(iii)金融政策スタンスが金融システムの安定に重大な脅威を与える、と判断される

場合にはその限りではない、という「ノックアウト条項」がついていた[51]。

これは、長期金利を引き下げる効果（**FG 1**）をねらっているのに加え、さらに失業率の閾値を設ける手法（本書ではこれを**FG 2'**とはみなさない。本章3(Ⅱ)(3)参照）を用いており、FRSのガイダンスに似ている。だが、いくつかの相違点も指摘できる。1つ目は、FRSが金利ガイダンスと資産購入に関するガイダンスを明確に分けているのに対し、BOEでは一緒になっている（前述の①・②）。2つ目はより重要な点として、保有資産の残高を維持することが金融緩和の内容と位置づけられていることである。FRS（や「異次元緩和」以降の日銀）が購入の継続で残高を増やすことを緩和の内容としているのに対し、抑制的に緩和政策を進めているといえる。

このようにBOEでは、危機後、国債購入を中心とした非伝統的金融政策をいったん強力に推進したが、2012年半ば以降、少なくとも客観的には、フォワードガイダンスを使いながらかなり禁欲的な運営に変化していた。そして、前述のブレグジットの影響もあり、FRSに2年近く遅れるが、17年11月に政策金利の引上げを開始する。

しかし、2018年2月に第二次利上げを行った後は、米中貿易戦争の激化やブレグジットを控えて世界経済が減速するなか、

51　2014年2月、BOEはこのガイダンス内容を取り下げ、失業率が7％を下回ったとしても、その後、政策金利の引上げは緩やかに進めること、など5つの指針を示している。本章3(Ⅱ)(3)でみたように、FRSも同年の翌3月、同様のガイダンス内容を取り下げている。

事実上様子見に入り、この状態のままコロナ危機を迎えて再緩和に向かう。BOEの場合は、前掲・図表5－9にみる、第二ステップまでの「正常化」が進んでいたわけだ。

(3) 当初最もバランスシートがきれいだったECB

　ECBも世界金融危機後、資産購入を行い、バランスシートをふくらませてきた。だが、同行がFRS・日銀・BOEと大きく違うのは、第一に、他行でいう非伝統的金融政策手段を伝統的金融政策の代替（景気刺激策そのもの）ではなく、金融システム安定化を通して伝統的金融政策の波及経路を維持するための手段と位置づけていた点である。第二に、バランスシートの資産サイドが、上記3行よりもはるかに流動性が高く、リスクが小さいと同時に縮小がたやすかったことだ。

　ECBの場合も、世界金融危機後に金融安定化のための諸手段を講じ、ひとまず安定化したところで景気刺激策が必要になった。しかし、上記3行との違いは、その後、複数のユーロ加盟国にソブリン危機（財政不安）が広がるという新たな危機が発生したことだ。発端となったギリシャ財政の「粉飾」が発覚したのは2009年10月のことだが、11、12年になって、スペインやイタリアなどの国債金利が上昇し、再び金融危機と背中合わせの状況に陥って、単一通貨ユーロの存続までが危ぶまれるようになった。

　ECBはこうした危機に対処しつつ、景気刺激のためのマネタリー政策も行わなければならなかった。幸いなことに、政策金利（主要資金供給オペ金利：MRO）は他の3中央銀行のよう

にゼロまでは低下していなかった。しかし、この局面での同行の悩みは、基本的にはマネタリー政策を行う権限しか与えられていないこと、つまり明示的に金融システム安定化の役割を課されていないことだった[52]。そこで同行は、金融が不安定化し、金融緩和策が効きづらくなっている場合には、緩和策とは別に、その障害を取り除く政策（つまり金融安定化策）を講じる、というロジックをとらざるをえなかった。

　そのうえで、伝統的金融政策が景気刺激策としての政策金利引下げであるのに対し、資産購入などを非標準的手段（non-standard measures）と呼び、「伝統的金融政策の波及経路を維持するための手段」であると、明確に位置づけている。そしてたとえば、金融システムは不安定だが景気がよいといった局面では、非標準的手段の発動（つまりバランスシートの拡大）は行うが、政策金利は引き上げるということもありうる、とまで言い切っている（European Central Bank〔2011〕）[53]。

　こうしてソブリン危機への対処は、国際通貨基金（IMF）や欧州安定メカニズム（ESM）による支援が主になるが、ECBもその一翼を担うことになった。たとえば2012年9月には、スペインへの支援を射程に入れて国債購入プログラム（OMT）を

52　その目的は「物価の安定」である。無論、第3章1で論じたように、このようなシングルマンデートを与えられていたとしても、インフレがない限りにおいて、成長（雇用）の極大化が図られるのは当然のことだ。ただECBでは、日銀法に規定されているような「信用秩序の維持」、つまり金融システムの安定は目的とされていない。

53　事実、2011年央には、バランスシートを拡大するなかで政策金利の引上げが行われている。

決定し、EMSへの財政支援を要請した国の国債に限り購入することにした。

このECBの非標準的政策手段には、①3年物LTRO（長期資金供給オペ）の導入（2011年11月）など、通常のオペレーションの枠組みのなかで行われるものと、②カバードボンド[54]購入プログラム（09年7月）や債権購入プログラム（SMP。10年5月）、前述のOMTなど、新たな枠組みの導入を伴うものがあった。①は売戻し条件付きの購入（レポ）であり、②は「買切り」であるが、残高はほとんどが前者である。OMTは、そもそも残存3年以内の国債を買うことになっていたが、導入の発表と同時にスペインなどの国債金利が低下して金融は安定化の方向に向かったので、購入の必要がなくなった。

したがって、バランスシートが拡大しているのは他の3中央銀行と同様だが、資産は1年以内のLTROがほとんどで、流動性が高くリスクが小さい。放っておいても残高が減っていく構造になっており、（この時点では）FRSや日銀のように「出口」に悩む必要はなかった。こうしたなか、ECBのバランスシートは2012年6月末にGDP比32.6％とピークをつけたが、13年

54　カバードボンドとは、欧州の金融機関を中心に広く発行されている債権担保付社債の一種。信用力の高い債券で構成されるカバープール（カバードボンドの裏付けとなる担保資産プール）を担保として発行され、発行体やオリジネーター（担保資産の当初保有者）が破綻した場合、カバープールは発行体等の倒産手続と分離され、投資家に対して優先的に償還される措置が講じられているため、投資家は発行体とカバープールに二重にリコースをすることができる。資産担保証券（ABS）のような証券化商品とは異なり、カバードボンドでは担保資産が発行体のバランスシート上に残ることが一般的である。

にはギリシャの財政再建が一応の進展をみせたこともあり、同年12月末に23.7%まで低下している。

　しかし、欧州債務危機が落ち着いた頃から、景気がしっかりしないなかでデフレ懸念が発生し、政策金利の「下げしろ」が次第になくなっていった。2012年初に1%だった政策金利は引下げが続き、13年11月には0.25%とゼロ金利寸前まで低下した。非標準的手段を伝統的金融政策の代替ではないと説明してきたECBは、ゼロ金利制約に直面したとき、何を伝統的金融政策の代替とするのかが注目された。

　それに向けた1つの動きが2013年夏のフォワードガイダンスの導入だったように思われる。それまでは、政策のフリーハンドを確保するため、この政策の導入から距離を置いてきた。しかし同年7月、政策金利を「長期間にわたり現行水準もしくはそれを下回る水準」に維持する方針を表明した。また翌14年1月には、この方針を「再認識」し、短期金利上昇やインフレ見通しの悪化に対し「断固とした追加策を投入する」という表現でガイダンスを強化した。

　しかし、2014年6月には、ついに中心的な政策金利であるMRO金利が0.15%とほぼ下限にまで引き下げられた。この時、いわゆるコリドーの下限を画する預金ファシリティ金利も−0.1%に引き下げられ[55]、同時に超過準備にも−0.1%が付利されるに及び、マイナス金利政策（E）が発動された。また、この時いくつかの緩和手段が同時に発表されたが、注目された

55　コリドーおよび預金ファシリティは、第2章の注9を参照されたい。

のはTLTRO（貸出条件付長期資金供給オペ）であり、これは日銀やBOEも行ってきた相対型の貸出誘導資金供給（D）だ。

　そして2015年3月、ECBはAPP（資産購入プログラム）[56]を導入し、ついに資産購入を政策のメインに据えることになる。その中核はPSPP（公共債購入プログラム）であり、各国国債のほか、欧州機関の債券や各国の公共債を買うことができたが、その8割強が国債の購入に充てられた。ユーロ参加国の国債を、どのような構成比で買うかが頭の痛い問題だったが、ECBへの出資金の比率に応じて買うこととし（キャピタルキー方式）、ただしギリシャなど財政支援状態にある国の国債は含まないこととなった。これは、同じ国債購入でもOMTが金融システム安定化策であるのに対し、PSPPは総需要調整策であることを反映したものといえる。この結果、ECBのバランスシートは再びふくらんでいった。

　PSPPは、オープンエンドではなく、当初2016年9月までとされていたが、同年3月に延長と購入量の増額が行われた後、デフレからの脱却を受けて、17年4月からは減額措置が都合3回繰り返された。期限を切って発動しても、一気にやめるわけにはいかず、一種のテーパリングのようなかたちをとって18年末で購入を終了した（図表5-9）。ただし、満期到来分を再投資し、保有残高はキープされていた。「正常化」の第一段階ま

56　その前年にABSPP（ABS購入プログラム）とCBPP3（カバードボンド購入プログラム）という民間資産購入が始まっており、国債購入を中心とするPSPP（公共債購入プログラム）のスタート時に、APPという包括的枠組みが設定され、これら3本のプログラムが包含された。2016年3月には、CSPP（社債購入プログラム）も加わった。

で終了していたわけだ。

　しかし、まさしくその時点で世界景気の減速を迎え、次のステップの利上げや資産圧縮に踏み込むことができなかった。それどころか、翌2019年３月にTLTROの再開を決定し（TLTRO３）[57]、政策金利を年内維持するといったフォワードガイダンスで緩和効果をねらったが、ついに９月、マイナス金利の−0.5％への深掘り[58]とともに、月額200ユーロの国債購入（PSPP）を再開した。コロナ危機前に国債購入を再開することになったのは、FRBやBOEと異なる点といえる。

(4)　先進国４中央銀行の非伝統的金融政策比較

　先進国４中央銀行の非伝統的金融政策を比較すると、次のような整理が可能であろう。

　第一に、本章２に整理した５つの政策手段のうち（図表５−４）、４中銀とも用いたのはＢの大量資産購入とＣのフォワードガイダンスであり、なかでも大量資産購入が短期金利誘導型金融政策にかわる政策体系の軸となった。FRSは採用しなかった貸出誘導資金供給（Ｄ）はBOE、ECB、日銀で行われ、やはりFRSが経験したことのないマイナス金利政策（Ｅ）はECBと日銀のみが行った。大量資金供給（Ａ）は、日銀が非伝統的金融政策の先駆けとして世界金融危機前に行ったが、危機後にそ

57　TLTROの詳細については、田中〔2023③〕の第２章５節、第３章４節、第５章２節などを参照。

58　それまで−0.4％であった預金ファシリティ金利を引き下げると同時に、日銀と同じような準備預金の階層化を行った。

の世界に入った他の3中銀は行わなかった。

第二に、FRS・日銀・BOE（以下「3中銀」とする）は、世界金融危機後、政策金利がほぼゼロとなる「ゼロ金利制約」に直面し、金利の引下げによる伝統的な金融緩和手法が使えなくなったために、非伝統的金融政策を展開した。ECBは当初、これら非伝統的金融政策に相当する手段を非標準的手段と呼び、「金融システム安定化の手段」（それによって伝統的金融政策の障害を取り除く）と位置づけていた。だが、政策金利の下げ幅が乏しくなった2014～15年にかけて、マイナス金利政策と大量資産購入を相次いで導入し、他の3中銀同様の非伝統的金融政策の世界に入ったとみることができる。

第三に、資産購入では、FRSが国債だけでなく民間資産（MBS）を相当量買っている。他中銀では国債が中心だが、民間資産の購入としては、日銀がETF、J-REITを、ECBがABSやカバードボンドを買った。BOEは、ほぼ国債一辺倒の購入といってよい。（QE3以降の）FRSと（異次元緩和以降の）日銀、またECBは、毎月の資産購入額を示し保有残高を増加させることを金融緩和策と位置づけたのに対し、BOEは購入枠を提示し保有残高を維持することを金融緩和と位置づけている点に違いがある。

第四に、いずれの中央銀行もフォワードガイダンスを行っている。政策金利のコミットメントにより長期金利を低下させる政策（**FG1**）が基礎にあるが、（コロナ前の時点では）日銀のみがインフレ予想（期待）を高める政策（**FG2**）を試みている。

非伝統的金融政策、とりわけ資産購入政策の発動の結果、各

図表 5 − 10　先進国 4 中銀のバランスシート規模（対GDP比）

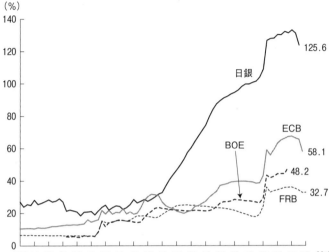

(注)　四半期データ。各中銀の四半期末のデータを、当該四半期の季調済
　　　名目GDP年率換算値で除したもの。BOEは2022年 1 Q以降、未公表。
　　　数字は、22年 4 Q。BOEは21年 4 Q。
(資料)　各中央銀行、US-BAE、UK-ONS、Eurostat、内閣府データより
　　　筆者作成。

国中央銀行のバランスシートを対GDP比でみると、平時の
3 〜 4 倍にふくれ上がった。その状況は、図表 5 − 10に示され
ている。

第 **6** 章

非伝統的金融政策を
めぐる評価と問題点

FRSが世界金融危機後に行った非伝統的金融政策は、どのように評価されるのだろうか。本章では、それによる金融緩和の効果を、データをもとに確認することを試みた後、当時の論壇での議論をまとめておく。さらに、金融緩和策が財政との関係を深めた第二次世界大戦直後の状況との比較を行うことで、大量資産購入の究極の問題とそれへの対処に関する理解を深めることにしよう。

1　非伝統的金融政策の効果とその評価

⑴　意図された波及ルートの確認

　非伝統的金融政策による緩和の効果は、どう評価されるのだろうか。大量資産購入の「正常化」は、図表5－9でみたようにテーパリングの開始と終了、そしてFFレートの引上げ開始、さらに保有資産の再投資の縮小開始、と進んでいくが、このうち利上げを開始した2015年12月をもって、金融緩和が終了したとみてよいだろう。その後、利上げと保有資産縮小が継続していくのは、景気が反転上昇に転じたことに対応する動きだから、ひとまず08年末から15年末までの継続的な緩和政策が、一定の効果をあげたことは間違いない。

　だが、アメリカでは景気回復のスピードが緩慢で、QEを3回繰り出さねばならず、結局緩和を9年間継続したことになる[1]。失業率は、資産購入を停止した2014年10月の時点でも

1　もっとも、後述のように、失業率はその後危機前の水準を超えて低下し、一方、物価上昇率は想定外の低水準で推移する状況となった。

5.7％と、危機前の4％台（最低は07年5月の4.4％）までには
達していなかった。他の主要国でも景気回復がはかばかしくな
かった点は共通で、イギリスは、11年秋からダブル・ディッ
プ・リセッション（金融危機後2回目の景気後退）を経験した。
ユーロ圏では、ギリシャ政府粉飾決算の影響によるソブリン危
機で、11年から12年にかけ景気後退に陥った。日本では、12年
4〜6月期、7〜9月期の成長率がマイナスに転じて（景気の
谷は11月）、日銀は黒田総裁下で13年4月の量的・質的金融緩
和へと向かった[2]。

　一般に、金融危機後の各国中央銀行の初期の金融安定化策が
功を奏し、世界経済が1929年大恐慌の二の舞を演じることが回
避された、という点でその評価は一致している。しかし、その
後の景気刺激のための総需要調整策の効果が目覚ましく現れ
た、とは言いがたい。むしろ、財政の大型出動による景気刺激
が大きな役割を果たすなか（第5章1(5)参照）、金融緩和策は長
い時間をかけて景気回復の環境を下支えした、という見方が妥
当だろう。

　FRSが行ってきた政策の評価を行うため、ここではまず、こ
れまでの個々の政策が、どのような景気への波及ルートを意図
したものか（また意図せざる波及ルートも効く余地があるのか）、
について簡単に確認しておこう。

　第一に、大量資産購入（QE）で行われた施策のうち、国債

2　その後、円安・株高を受けて景気は回復したが、量的・質的金融緩和
　の第一の目的である「2％物価目標」は、結局コロナ危機前には実現し
　なかった。

の購入はどうか。この波及ルートは、FRBの公式の説明では長期金利を低下させるものと説明されてきた。QE1では「民間信用市場の状況を改善する」こと、つまり金融安定化が目的とされていたが、QE2では「景気回復のペースをより強いものとし」と景気刺激を目的として掲げ、さらにツイストオペでの長期国債購入に際し「長期金利に低下圧力をかけ、より広範な金融情勢の緩和を促進する」という波及ルートが明示された。このロジックは、QE3にも引き継がれた。

ここで「より広範な金融情勢の緩和を促進する」という部分には、社債の利回りや銀行の貸出金利など国債以外の長期金利の低下（金利体系全体の低下）の促進が含まれると同時に、株価の上昇（とそれによる資産効果）も含意されていたと考えられる。

第二に、同じく大量資産購入のうち、民間資産購入の波及ルートはどうか。QE1では、GSE債とMBSが購入されたが、これらの目的は「住宅ローン市場と住宅市場をより大きくサポートするため」とされ、金融安定化策と位置づけられると同時に、住宅投資を直接に刺激する性格も明らかになっていた。ただしこの時点では、住宅バブルの崩壊で流動性が失われたMBS市場を手当するために、住宅市場の再活性化を図るという意味合いが強かった。しかしQE3でのMBS購入においては、長期国債の購入とあわせて「力強い景気回復」を進めるために「長期金利に低下圧力をかけ、住宅ローン市場をサポートし、より広範な金融情勢の緩和を促進する」というメカニズムのみが示されている。

第5章でもみたとおり、他の先進国中央銀行と比較した場合、MBSの購入がFRBの資産購入の特徴である。QE3でのそれについては、「住宅ローン市場をサポートし」という後段部分と、「長期金利に低下圧力をかけ」という前段部分の2カ所に、その波及経路が示されている。後段の点は、アメリカの金融市場において、MBSは民間資産ながら市場規模が大きく、特にQEでの買入れ対象であるGSE組成のMBSは信用度も高いので、その金利は国債金利同様に諸金利のベンチマークとしての役割も果たしてきたためといえる。

　このようにMBSの購入については、①住宅金利が低下し住宅市場が活発化するというルートと、②リスクプレミアムの低下が金利体系全体の低下に影響するルート、の2つが含意されている。

　第三に、フォワードガイダンスにはどのような波及ルートが想定されていたのだろうか。第5章3(Ⅱ)にみたように、FRBが世界金融危機後に行ったガイダンスは、いずれも長期金利の低め誘導（第5章2における**FG1**）をねらったものといえる。

　失業率とインフレ率を閾値とした2012年12月以降の金利ガイダンスは、成長期待形成策（**FG2'**）の要素をもつとの見方もできそうだが、本書はその立場に立たないことはすでに述べた。同年1月から始まっていた緩和政策スタンスのガイダンス、および同年9月からの資産購入継続のガイダンスについても、同様である。

　フォワードガイダンス**FG1**の波及ルートは、政策金利の将来予想を低下させることで、長期金利の低下、それによる金利

体系全体の低下を見込むもので、さらに株価の上昇にも影響を
及ぼすとみることができる。

　以上3点からの長期金利低下、ないし金融緩和全般（やそれ
への期待）が為替をドル安に導き、輸出を増加させるルートも
想定できる。為替の誘導を中央銀行が金融政策の目的として公
式に掲げることは、国際政治上できないが、現実には実体経済
を刺激する重要なルートとして考慮され、その効果も測定され
る必要がある。

(2)　非伝統的金融政策下のアメリカ実体経済

　では、FRSがねらった「長期金利の低下（金利体系全体の低
下）」「住宅市場の活性化」「株価の上昇」、さらにそれらの結果
としての「実体経済の活性化（失業率の低下や生産水準の上昇）」
は、どの程度引き起こされたのだろうか。具体的なデータを手
がかりに、考察を行ってみることにしよう。

　第一に、経済全体を見渡すと、この間、金融市場は危機前の
活況を比較的早く取り戻したが、実体経済面では危機前の状況
を回復するのにかなり時間を要した。金融の活況と実体経済の
もたつき——、これがこの時（とりわけ初期）の景気回復過程
の特徴である。

　図表6−1で失業率と株価の動きを、FRSが行った資産購入
のタイミングに留意しながら追ってみた。株価はQE1、QE2
などの資産購入を行うたびに上昇し、これらを終了すると下落
に転じるが、再開すると上昇を続け、QE3発動後の2013年に
は世界金融危機前の水準を回復したばかりか、14年にはこれを

2割も上回って史上最高値更新を続けた。さらにその後、利上げや資産縮小が開始されても上昇の勢いは衰えず、コロナ危機直前の20年1月には2万8,000ドル台と、世界金融危機前の2倍の水準に達している。

　これに対し、4％台だった失業率は、金融危機で10％にまで急上昇した後、当初、低下の度合いが緩慢だととらえられていた。しかし、その緩やかな低下が長期にわたって継続し、当時FOMCメンバーが自然失業率と考えていた5.2～6.0％に2014年終盤に到達した後、16年になるとこれを下回り始めた。結局コロナ直前には3.5％と、「黄金の60年代」以来約50年ぶりの低水準に達していた。

　だが、こうした失業率の低下は、良好な景況感や、まして景気過熱感を伴うことなく、一方で、インフレ率の異様な落ち着き、ないし2％のインフレの長期的ゴールをなかなか達成できない状況と共存していた（後掲・図表7－4）。これは、自然失業率の低下という現象（フィリップス曲線の下方シフト）としてとらえることができるが、コロナ危機後に低インフレ下の物価コントロールのむずかしさとして、問題が顕在化することになる（第7章2(2)参照）。

　第二に、金融政策の波及メカニズムを検討するために、長期金利の動向をみてみよう。長期金利を問題にするのは、資産購入もフォワードガイダンスも、その実体経済への波及メカニズムは長期金利の低下に依存することが、FRBによって公式に説明されているからである。もっとも、この2つの手段の効果を個別に測ることは困難であり、非伝統的金融政策を受けて長

図表6−1　資産購入と失業率、株価（アメリカ）

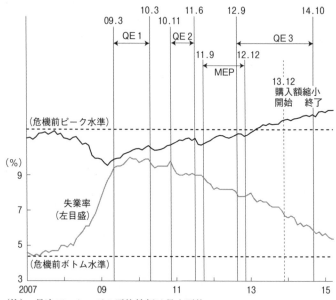

（注）　月次データ。ダウ平均株価は月中平均。
（資料）　アメリカ労働省、ダウジョーンズのデータより筆者作成。

期金利が低下してきたことを実証するのはむずかしい。

　図表6−2で年限別の国債の利回り推移をみると、FFレートが2008年12月以降、16年末まではほぼ0.1％で変わらないのに対し、長期金利はアップダウンを繰り返しながらも大局的には低下してきた。11年半ばまでは2〜3％台で推移していた10年物利回りが、それ以降1〜2％台に下がってきたととらえることができる。

　だが上下動のタイミングをみる限り、大量資産購入が行われると長期金利はむしろ上昇し、それが終了すると低下する、と

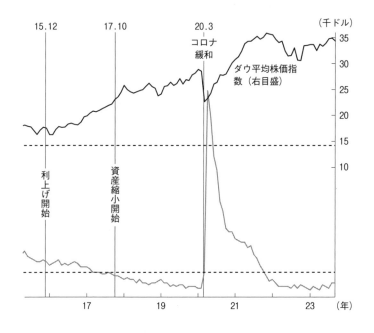

いう逆の傾向がみられる。これは、資産購入が始まると株式の
買いに伴って安全資産の国債が売られ（金利は上昇）、終わると
株式が売られて国債が買われる（金利は低下）というノーマル
な動きともいえる。また金利低下は、市場が景気の悪化を織り
込む局面だったというのが事実に近い（その景気動向が次の大量
資産購入を必要とした）。そうしたなか、図表6－2をみる限り
では、ツイストオペ（MEP）は長期債利回りの低下に顕著に貢
献したようにも見受けられる。QE3の発動後、特に2013年半
ばからいったん跳ね上がるが、大局的には1～2％の水準を維

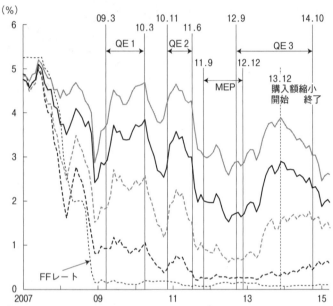

図表 6 − 2　資産購入と長短金利の推移

(%)

(注)　FFレートと国債金利の月次データ。月中平均。
(資料)　FRBデータより筆者作成。

持し、利上げ開始後も大きく跳ね上がらなかった（この状態
は、資産縮小開始後に 3 ％に向けて上昇するまで続く）[3]。

　総じていえば、大規模な資産購入が金利低下をもたらす関係
は、株価上昇をもたらしたようには直感的に確認できないが、
大局的には（フォワードガイダンスと相まって）長期金利を低下
させたといえそうだ。

　なお、この時期における緩和の度合いをみるために、図表
6 − 3 で10年物の実質長期金利の推移を確認しよう。ツイスト

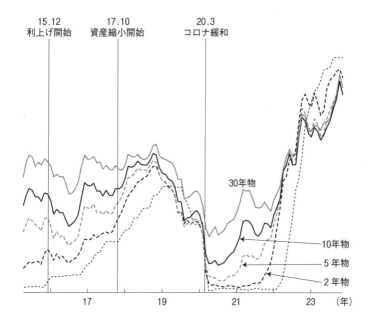

15.12
利上げ開始

17.10
資産縮小開始

20.3
コロナ緩和

30年物

10年物

5 年物

2 年物

17   19   21   23   (年)

---

3 このような分析の仕方に対し、イベントスタディの手法によって、資産購入の長期金利低下への効果を実証する研究もある。たとえば、Gagnon *et al.*〔2011〕は、QE 1 に関するFRSの 8 回の発表に関し、発表日当日の金利変動を観測し、それを累積した結果、10年物国債で0.91％、MBSで1.13％、10年物GSE債で1.56％の金利低下効果があったとしている。資産購入政策の継続期間中には金利に影響を与えるその他のイベントが数多くあるから、それらの要因を取り除くために、当日の金利の動きのみを取り上げる、という考え方だ。しかし、Woodford〔2012〕はこのような手法に懐疑的な見方を示し、資産購入の効果についても否定的な見解に立っている。

図表6−3　資産購入と実質長期金利の推移

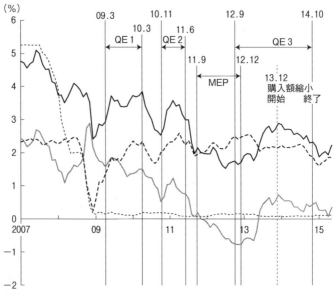

(注)　月次データ。月中平均。実質化は、名目値からBEI（ブレークイー
(資料)　FRBデータより筆者作成。

オペからQE3の初期、つまり2011年末から13年半ばまで、金
利は実質でマイナス圏に沈んでおり、世界金融危機後、金融政
策からの景気刺激が最も強く行われた期間であったといえる。
ちなみに、20年3月のコロナ危機後はそれを上回る実質の低金
利がより長く引き起こされている。
　第三に、いずれにしても景気回復が引き起こされたわけだ
が、その経路を見極めるために、この間のGDPとその構成項
目の動きをみよう。この時の景気回復の動きは個人消費が主導
したものであり、その背後に、株価上昇による資産効果の影響

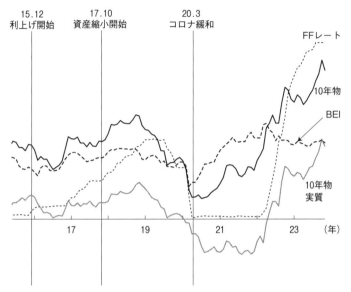

| 15.12 | 17.10 | 20.3 |
| 利上げ開始 | 資産縮小開始 | コロナ緩和 |

FFレート

10年物

BEI

10年物
実質

17   19   21   23 （年）

ブンインフレ率）を差し引くことにより行った。

の大きさを推測することができる。

　図表6－4で実質GDPの水準をみると、2011年初には金融
危機前の水準を取り戻し、資産購入を終了する14年10～12月期
にはこれを9％も超えていることがわかる。これは、他の主要
国に比べると、かなり良好なパフォーマンスであったといえ
る。イギリス、日本が危機前の水準に戻ったのは13年中、ソブ
リン危機でもたついたユーロ圏は15年のことである。

　その需要構成項目の主要なものを示した図表6－5による
と、金融危機前の水準を最も早く取り戻したのが個人消費と輸

図表6-4 金融危機前をピークとした各国実質GDP水準の推移
（コロナ危機前）

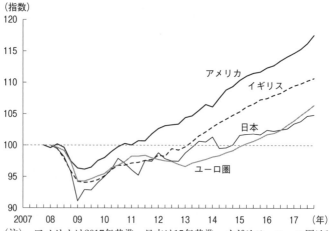

（注）　アメリカは2017年基準、日本は15年基準、イギリス、ユーロ圏は10
　　　年基準チェーンウェイト方式。アメリカは07年10〜12月期を、日本、
　　　イギリス、ユーロ圏は08年1〜3月期を100として指数化。
（資料）　アメリカ商務省、Eurostat、内閣府データより筆者作成。

出である[4]。設備投資は、2012年にほぼピークを回復し、全国
銀行の商工業貸出もこれと同じタイミングでピークを取り戻し
た。当初の戻りは遅かったが、14年頃からは伸び始め、景気拡
張をけん引して行ったといえる。一方、住宅投資は、今回危機
の引き金ともなった住宅バブルの崩壊でピークから半分以下に

---

[4]　なお、世界金融危機・同時不況からの回復過程では、日本でも個人消
　費のみが早期に危機前の水準を回復し、超えている。日本では、アベノ
　ミクスが喧伝され、2013年4月に黒田総裁下の日銀が発動した量的・質
　的金融緩和後の株価上昇の影響（資産効果）が大きかったと思われる。

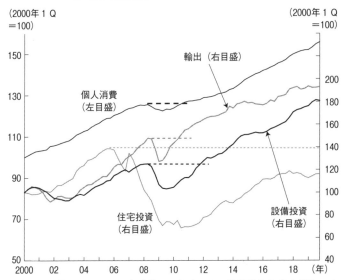

図表 6 - 5　アメリカの実質GDP構成項目の水準推移
　　　　　　（コロナ危機前）

（2000年 1 Q
＝100）

（2000年 1 Q
＝100）

輸出（右目盛）

個人消費
（左目盛）

住宅投資
（右目盛）

設備投資
（右目盛）

（注）　四半期データ。2017年基準。06年までは、設備投資と住宅投資の実
　　　額が非公表なので、民間資本形成を09年データの構成比で按分した。
　　　点線は、各項目の世界金融危機前ピーク水準を示す。
（資料）　アメリカ商務省データより筆者作成。

落ち込んだ。10年をボトムに回復を始め、住宅価格の下げ止ま
りとも整合的（前掲・図表 4 - 6 参照）だ。12〜14年頃にはそ
れなりに伸びて景気回復を支えたが、コロナ危機前までの時点
で、金融危機前のピークを回復するには至らなかった[5]。
　以上の需要構成項目の動きと非伝統的金融緩和策の関係につ

5　もっとも、その後、コロナ危機後の超金融緩和策を受けて、住宅投資
　は2021年初に住宅バブル時の水準をいったん回復した。

いて、前掲の図表2－6と第5章2の記述を振り返りつつ推測してみよう。FFレートがもはや低下しない状況で、実体経済の拡張に働きかける政策には、(i)メインの中長期金利の低下による設備投資・耐久財消費・住宅投資の増加に加え、(ii)株価上昇による資産効果からの消費増加、(iii)為替のドル安誘導による輸出増、の3ルートがあった。

　このうち何よりも(ii)のルート、すなわち株価が史上最高値をつけるなかで資産効果が働き、危機前を上回って個人消費が盛り上がる波及の道筋が効いたように見受けられる。(i)のルートに関しては、大局的には長期金利が低下して低金利状況を保つなかで、設備投資がそれなりに拡大する景気拡張過程をもたらしたといえるだろう。QE3のMBS購入の増加は、住宅投資の回復に寄与したようすもうかがえる。(iii)の為替ルートも、ある程度寄与した。10年物長期金利が3％台から2％前後まで低下した2012年頃から1ドル＝70円台の大幅なドル安／円高が発生し、ドルの実効為替レートも大きくドル安に振れている（図表6－6）。これは15年末に利上げを開始するまで続いており、アメリカの金融政策が為替レートに素直に反映することを示している。

　なお、図表4－4に立ち返って、09年6月以降の景気回復過程を過去の景気循環のなかに位置づけてみよう。直前の景気後退期間は18カ月で戦後平均の10カ月を超えるが、第一次および第二次オイルショック後がともに16カ月だったのと比べて、とりわけ長かったというわけではない。戦前の大恐慌の景気後退が1929年8月の山から33年3月の谷まで43カ月にわたったのと

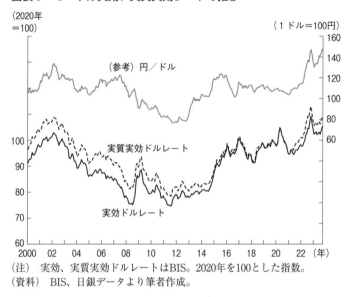

図表6−6　ドル実効、実質実効レートの推移

（2020年＝100）
（1ドル＝100円）

（参考）円／ドル

実質実効ドルレート

実効ドルレート

2000　02　04　06　08　10　12　14　16　18　20　22（年）

（注）　実効、実質実効ドルレートはBIS。2020年を100とした指数。
（資料）　BIS、日銀データより筆者作成。

比べれば、ずっと短い。「100年に1度」ともいわれた世界金融
危機を、FRSは直後の金融システム安定化策と、その後の総需
要調整策としての非伝統的金融政策の発動によって、世界大恐
慌のような惨事に発展させることなく収束させた、という評価
は可能だろう。

⑶　経済学者による評価

　もっとも、そうであったとしても、非伝統的政策手段の中心
に位置した大量資産購入に対する、経済学者や金融関係者の評
価はさまざまである。金融システム安定化のための初期の資金

供給や資産購入に異を唱える者はないにしても、とりわけ総需要刺激策としての国債や民間資産の大量購入には副作用が指摘され、いわば「やり過ぎ」だった可能性も否定できない。

QE 2 発表の約10日後（2010年11月15日）、マイケル・ボスキンやジョン・テーラーなどの経済学者グループが、『ウォールストリート・ジャーナル』に、「バーナンキ議長への公開書簡」というかたちで、大量資産購入に反対する声明を発表した[6]。資産購入は効果がないばかりか金融市場をゆがめる副作用が大きいことを理由に、これをやめるべきことを提言している。

一方、非伝統的金融政策を評価する学者も多い。資産購入にせよフォワードガイダンスにせよ、そもそも純粋にその政策効果を推計することはむずかしい。そうしたなか、Gagnon *et al.*〔2011〕は、資産購入の効果の計測をさまざまな方法で試み、その効果については幅をもってみる必要があるとしながらも、政策金利を1.5〜3.0%引き下げると同等の効果があった、という推測を述べている。

FRSの見解を示すバーナンキ議長—自身が学者でもある—はどうとらえていたのだろうか。2012年8月の講演（Bernanke〔2012〕）では、これまで（QE 3 導入前時点）の政策（全体）が経済をサポートしたために、ボトムから雇用が200万人増加したと主張している。非伝統的金融政策の効果がどの程度寄与したかは確かでないし、資産購入にはコスト（リスク）も発生す

---

6 *The Wall Street Journal*〔2010〕。その他、マッキノンなど総勢22名の経済学者が名を連ねている。

るが、そのコストは吸収可能であるので、雇用を増やすための
この政策は是認される、という立場だ（本章2に後述）。

　マイケル・ウッドフォードは非伝統的金融政策推進派の学者
だが、2012年8月の時点（QE3開始前）で、資産購入の効果を
否定している（Woodford〔2012〕）。そして、むしろフォワード
ガイダンスにこそ効果があるという立場をとり、名目GDPや
雇用情勢をターゲットとするなどコミュニケーション手段を進
化させれば、金融緩和効果を強めることができると主張した
（つまり、ガイダンスの④（ねらい）の観点からはFG2やFG2'の導
入である）。ちなみにその後、FRSが翌9月に、QE3を開始し
た際に、資産購入に「雇用情勢が改善するまで」というガイダ
ンスを付し、12月に、政策金利のコミットメントに失業率の閾
値を使い始めたのは、この主張を取り入れたものとも評されて
いる（だが、第5章3(Ⅱ)(3)に記したとおり、これは長期金利の低下
をねらうFG1の範囲にとどまるというのが本書の立場である）。

　ポール・クルーグマンはFRSの資産購入を支持してきた。し
かし、資産購入策やフォワードガイダンスの効果が十分に大き
いとみているわけではなく、基本的には財政出動のほうが効果
は大きい、という立場をとっている（Krugman〔2008〕）。その
うえで、ただし失業率が非常に高い現状では、非伝統的金融政
策を行わないよりは行ったほうがよい、という主張だった。同
氏のこうした立場は、FRSのこれまでの政策を支持する学者の
考え方を、ある程度典型的に示していたともいえる。

2 大量資産購入の問題点

(1) FRSによる問題の把握

こうした非伝統的金融政策、とりわけ大量資産購入を支持する考え方は、そのコストを低く見積もっている可能性がある。政策にわずかながら効果があったとしても、その効果と副作用（リスクあるいはコスト）との比較考量が重要であり、後者が大きい場合には、その政策は是認されない。

非伝統的金融政策のうち、資産購入には多くの問題点が指摘されている。FRS自身も当然これらを認識しており、元議長のバーナンキ氏は、先にも触れた2012年8月の講演で以下の4点をあげている（Bernanke〔2012〕）。すなわち、①大量購入が行われる金融資産市場における市場機能の低下、②「出口」の困難化によるインフレ懸念の発生、③過度のリスクテイクの促進による金融市場の不安定化、④FRSが損失を出すことによる国庫の負担増──を同氏は「コスト」ととらえている。ただし結論としては、どのコストも大きくないと認識し、ゆえにQE3に突入していった。

第一点は、資産─たとえば長期国債─を大量購入した場合に、長期国債の流動性が失われ、流動性プレミアムが高まって長期金利が上昇し、所期の目的である金利の引下げという効果が損なわれることを懸念するものだ。この場合、市場の大きさが問題になるが、現状（つまり2012年8月の時点では）、国債もMBSも民間セクターの保有量が大きく、市場参加者間の取引

も活発なので問題がないと述べている。

　第二点は、あまりにFRSのバランスシートが大きくなっていると、FRSが適時適切に緩和政策から抜け出せるという信認が失われ、インフレ期待が高まるという懸念だ。これに対してバーナンキ氏は、資産を大量に保有したままでも、超過準備への付利水準を引き上げることで、政策金利を引き上げて金融引締めができること、そのような「出口」戦略をきちんと検討していることを強調している。

　事実、FRSは2015年12月からこのやり方で利上げを開始したのだった（第5章4(1)）。この間、懸念されたインフレ予想の高まりはみられなかった。それどころか、（コロナ危機からの経済活動再開とウクライナ危機を受ける21年までは）現実のCPI上昇率は「ゴール」の2％をやや下回っており、予想インフレ率も高まっていたようすはみられない。

　第三点は、いわゆるバブルの懸念である。バブルに金融政策がどう対処すべきかについては、従来から2つの立場があることを述べたが（第4章2(2)）、世界金融危機後、バブル防止の政策論議は、総需要調整策としての金融政策というよりも、金融システム安定化策（プルーデンス政策の事前的対策）に落とし込まれていった。そうしたなかで、FRSは新設されたFSOC（金融安定監督評議会）などとともに、金融システムをよりシステミックな観点からモニタリングしていくこととしている。

　だが、特にアメリカでは、大量資産購入が引き起こすバブルの懸念は大きい。すでにみたように実体経済にさほどの勢いがないにもかかわらず、株価は史上最高値に達した。さらに、こ

れら金融資産のリスクプレミアムの低下を受けて、より高いリターンを求めた資金が新興国へ流出した（この現象はメディアなどで「緩和マネーの流出」と表現された）。資産購入がこうして新興国も含めた世界全体のバブルを発生させるという懸念を、バーナンキ前議長をはじめFRS首脳は直接には語っていない。しかしFRSのQEに対する批判の多くは、この点も含めたバブル発生への懸念に向いていた。

　第四点は、金利が予想外に上がったときに、国債などの資産価格が下落してFRSに損失が発生し、国庫納付金がマイナスとなって、国民負担が増加するという懸念である（より正確には、利上げ時に超過準備への付利水準が増加し、保有する国債の金利と逆鞘になることから損失が発生する）。バーナンキは、過去３年間の国庫納付金は歴史的最高水準にあるから、FRSの資産購入は連邦債務の削減に貢献していると述べている。その一方で、国庫納付金の多寡にこだわるべきではなく、資産購入による経済状況の改善効果のほうに注目すべきであるとも述べている。景気が回復すれば、仮にFRSの国庫納付金がマイナスとなったとしても、それは大した問題ではない、という含みだ[7]。

　その後の現実の動きをみると、第５章で述べた非伝統的金融政策の「正常化」が１回頓挫した後、第７章で後述するコロナ危機後に２度目の利上げが行われているなかで、国庫納付金は

---

[7]　当時、IMF〔2013〕は、資産購入による先進国中央銀行の損失を、金利上昇に仮定を置いて計算していた。FRSの場合、最大でも累計でGDP比４％程度の額である。損失の割引現在価値を対GDP比で示したものだ。ちなみに、FRSで１〜４％だが、日銀では３〜７％程度とかなり大きい。

2023年9月時点ですでにゼロになっている（第7章3(3)）。そして、それはたしかに直ちに大きな問題を引き起こしているわけではない。

　これらの点については、第7章ないし終章でも、さらに論じることにしよう。

(2)　究極の問題は何か——財政の持続可能性と金融政策

　このようにみてくると、資産購入の問題点として、当時クローズアップされたのは、バブルの発生とその崩壊によるダメージであり（本章2(1)の第三点）、それに伴う国際資本移動のゆがみの形成が資産購入批判の焦点になっていたように思われる。

　しかし大量資産購入の究極の問題点は、やはり将来的なインフレ予想の形成にかかわる部分にある。そして、それは財政の持続可能性の問題と表裏の関係にある。やや結論を先取りした言い方をすると、財政赤字があまりに大きく、その持続可能性が疑問視される状況下では、非伝統的金融政策としての大量資産購入はインフレ期待の形成、長期金利の上昇を通して財政破綻をもたらす可能性を高める。この点は、少なくとも前述したバーナンキ議長の講演では、ほとんど明示的に問題視されていない[8]。

　そこで、ここでは財政の持続可能性と金融政策という論点に踏み込むことで、中央銀行の資産購入の究極の問題点を検討してみることにしよう。両者の関係は通常、次のように考えることができる[9]。

① 多くの中央銀行は、財政への配慮とは独立に金融政策を運営している。しかし、債務残高がふくらんで、将来の増税や歳出削減による黒字の捻出で穴埋めするのがむずかしいと市場が判断するレベル（これを「財政限界」という）に近づくと、中央銀行の政策もこれに対応せざるをえなくなる。つまり、国債に対する民間需要を超えて政府が財政赤字を続けるには、中央銀行が通貨（ベースマネー）を供給して国債を買うしかなくなる（いわゆるマネタイゼーション）。これが「財政ファイナンス」である。

② マネタリスト的な想定ではこの時点でインフレが起きるが、現実には、独立性をもった中央銀行が物価安定にコミットし、インフレで実質債務残高を削減することはしない、と市場参加者に確信させれば、ある程度まで（ベースマネーの発行で）国債を購入してもインフレは起きない。

③ だが、このような「中央銀行の信認」があったとしても、政府が際限なく債務を累増させるとすれば（そして、それに応じて中央銀行が国債の購入を続ければ）、この限りではない。

8 　翁〔2013②〕は当時、(1)の第四点の懸念（中銀の損失による国民負担増）がインフレ期待の上昇を招く可能性を、Greenlaw *et al.*〔2013〕のロジックをもとにして強調していた。長期金利の上昇が起きれば大量の長期国債を抱えるFRSが自己資本の数倍の損失を出し、信認が低下する。それゆえFRSはこのような信認の低下を避けるために、金利引上げを回避する可能性がある。これを市場が織り込むと予想インフレ率の上昇が引き起こされる——というものだ。

9 　この部分は、翁〔2013①〕が「第7章　財政の持続可能性と金融政策」で、Sargent and Walles〔1981〕やHaltom and Weinberg〔2012〕の議論を引用しながら述べた箇所（207〜215頁）を一部参考にした。無論、記述の全体に関しては、筆者の責任に帰するものである。

このとき、インフレが起きるかどうかは結局、市場が財政当局の行動をどう読むか——財政再建を行うと考えるか、インフレによる調整が起きるまで放置しておくと考えるか——の予想（期待）に依存する。後者（放置するとの予想）の場合、悪性のインフレとしての「財政インフレ」が起き、政府債務と利払いを実質で減少させる（国債が紙切れになる）かたちでの調整（「財政再建」）が現実のものとなる。

以上が、財政の持続可能性と金融政策の究極的な関係だ（なお、このようにして財政規律とその将来に対する市場の予想が物価水準を決める、という考え方が「物価水準の財政理論（FTPL）」である）。

なお、③の状況が決定的ならしめるのが、中央銀行がフィスカルドミナンス（財政優越。財政従属、財政支配の訳語もある）に陥ってしまう状況である。これは、「金利上昇による利払い負担増からの財政破綻を懸念するあまり、中銀が国債購入や低金利政策から撤退できない」状況を指す。すなわち、財政優越のもとでは、インフレが来ても中銀は国債購入を停止（金融引締め）できないとの予想（**期待1**）が発生する。これは、政府が債務残高削減をインフレに委ねるであろうとの予想（**期待2**）を誘発する。**期待2**は、国債の信認をますます低下させ中銀はこれを買い続けざるをえなくなり、**期待1**はますます強まる、というスパイラル的な過程を経て、暴力的な政府債務解消にまで突き進む。

第二次世界大戦中の中央銀行は、アメリカでも日本でも国債を大量購入した。こうした行動は国債の安定消化を助ける点で

前記①に近いが、戦争遂行に必要な財源をその期間だけ調達することを意図していた点で、初発から③まで突き進む契機をはらむものではなかった（しかし、日本では結果的にこれに陥ったといえる。また、両国とも②・③に相当する局面では、物価統制でインフレを抑えていたが、日本では敗戦とともに高インフレが発生した）。

　これに対し、世界金融危機後のFRS（や日銀）の大量資産購入は、①のような「財政限界」を意識した対応として行われたものではないが、戦時中の資産購入ともまた異なっている（ただしコロナ危機下での大量資産購入は、これに近い）。つまり、その目的は国債の安定的消化ではなく、景気刺激であった。しかしその結果、そこそこの景気刺激効果が得られたにしても、意図せざる結果として中央銀行による肩代わり（財政ファイナンス）が進行した。

　このことの帰結は何であろうか。政府債務残高が非常に大きい状況下でのことだとすれば、②・③の議論がそのまま成り立つ。つまり第一義的には、インフレが起きるかどうかは財政当局の行動（とそれに対する市場の見方）に依存する。

　さらにこのケースでは、インフレが起きるかどうかは「出口」における中央銀行の戦術（手際のよさ）にも依存する。つまり、景気刺激のために始めた資産購入を、市場を混乱させることなく元に戻すことが重要になる。もし資産購入の縮小あるいは資産売却の過程で長期金利が急上昇するようであれば、意図せざる結果として③の「高インフレによる政府債務の調整」まで突き進んでしまう可能性がある。これは、景気刺激のため

に始めた資産購入が、国債消化のために不可欠になってしまっているか否かに依存するといってもよい。

先のバーナンキ議長の講演では、資産購入の第二の問題点として、「出口」が見つからないことがインフレ予想を引き上げるという懸念が提起された。しかし、その真の問題点は以上みてきたように、政府債務残高がきわめて大きい状況下で中央銀行による大量の資産購入が行われたがゆえに、その「出口」で長期金利が急騰し、利払い費の増加によって財政再建のメドが失われるかたちで、意図せざる「高めのインフレによる政府債務の調整」にまで突き進んでしまう可能性——これを高めてしまう点にある。

3 政府債務の累増と中銀による資産購入の「出口」

(1) 第二次世界大戦後の経験

この危険な状況から脱するには、第一に、政府が債務残高を増やさず、できれば漸減させることが必要だ。第二に、中央銀行が資産購入を減らし、さらに資産の保有残高を減らして、自らのバランスシートを市場の混乱を招かずに正常化させる必要がある。

第二次世界大戦における戦中から終戦直後にかけて、先にも触れたようにアメリカはこの状態に陥ったが、やや時間をかけて完全に抜け出した。この経験を、データを中心に振り返ってみよう。

図表6－7をみると、終戦直後のアメリカの連邦政府債務の

図表6−7　アメリカ・連邦政府債務残高対GDP比

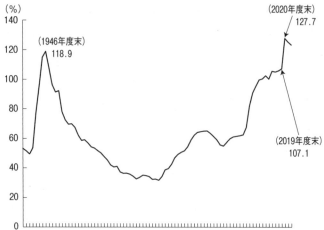

（注）　アメリカの財政年度末は、1976年まで6月末、77年からは9月末。
（資料）　Council of Economic Advisers, *Economic Report of the President*
　　　　より筆者作成。

対GDP比は118.9％だった。ここからいったん抜け出した後、
80年代から再び増加に転じていたが、世界金融危機後の2009年
度から著増し始め、さらにコロナ危機で20年には一気に
127.7％まで増加して戦後ピークを上回っている。

　終戦直後、現在に近い水準にあった連邦政府債務残高は、
1959年に60％を割り、69年には30％台にまで達している。この
ような漸減はどのようにして可能になったのだろうか。それ
は、単年度の財政収支が改善したのに加え、名目GDP成長率
が高く、長期金利水準を上回ったからだ。

　第一に、単年度の財政収支が改善されたのは、そもそも財政

収支悪化の原因が大戦による戦費調達であったからだ。大戦が終われば、これを元に戻せるのはある意味で当然である。第4章で述べたアイゼンハワー大統領時代の「高雇用均衡予算」に象徴されるように、均衡財政を組むことも可能になった。

　第二に、名目成長率が高いと、政府債務残高対GDP比は、分母が大きく増加するので、低下スピードが速まる。1950〜60年代の名目GDP成長率を平均すると7％前後であり、実質成長率4％台半ば、インフレ率が2％台半ばという良好な経済パフォーマンスに支えられていた。

　第三に、長期金利が低く抑えられていたからだ。名目成長率が長期金利よりも高く、かつプライマリーバランスが均衡している場合には、政府債務残高対GDP比の分母の伸びが分子の伸びを上回るので、この比率は収束していく[10]。これは、財政がサステイナビリティ（持続性）を保つための条件として、財政再建を論じる場合によく引き合いに出される（ドーマー条件）。図表6−8をみると、名目成長率が長期金利を上回る状況が1970年代後半まで保たれている。均衡財政が組まれることもあった60年代半ばまでは、当然にプライマリーバランスは均衡を保っていた（いや、それを超えて黒字になっていた）はずだから、戦後のアメリカ経済はまさにドーマー条件を満たしていたのだった。

10　通常の財政収支が（歳出）−（公債などによらない歳入）であるのに対し、プライマリーバランスは、（公債費を除く歳出）−（公債などによらない歳入）である。公債費とは、金利支払および借換えの費用である。

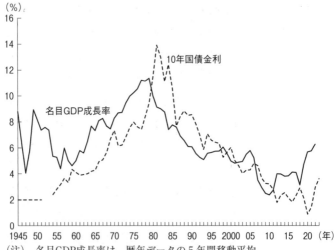

図表 6 - 8　アメリカの名目成長率と長期金利の推移

(%)

10年国債金利

名目GDP成長率

1945 50 55 60 65 70 75 80 85 90 95 2000 05 10 15 20 (年)

(注)　名目GDP成長率は、暦年データの5年間移動平均。
(資料)　アメリカ商務省、FRBデータより筆者作成。

　名目成長率が長期金利を上回る状況は希有だといわれる。な
ぜこの時期のアメリカでこれが実現したのだろうか。1つに
は、インフレ率が高くなかったからだ。2つには、預金金利上
限規制により、金利体系全体が低く抑えられていたからであ
る[11]。この規制は1970年から段階的に自由化され、86年に撤廃
された。

11　銀行預金に付される金利は、いわゆる連邦準備制度理事会規則Q（レ
　ギュレーションQ）によって、その上限が画されていた。1933年銀行法
　に基づき、FRS加盟銀行を対象に導入され、35年銀行法で、非加盟銀行
　であってもFDICに加入していれば規制に服することになった（佐久間
　ほか〔1982〕219〜220頁）。

(2) 金融抑圧政策と「アコード」

ラインハート〔2013〕は、このような金利規制をはじめとする人為的低金利政策を「金融抑圧」政策と呼んだ（第4章1参照）。そして、戦後のこの時期、アメリカは政府債務残高を減らすためにこの政策をとったこと、そして最近の先進国では、中央銀行が長期国債を購入することによって（長期金利を低下させ）、すでに金融抑圧政策に踏み込んでいる可能性が高いこと、を指摘している（図表6-8から、特にFRSが大量資産購入に踏み込んだ後は、再び長期金利が名目成長率を下回っている。この点は、終章で再び論じる）。

そこで、戦中戦後の金融抑圧政策を、FRSの金融政策との関係で概観しておくことにしよう。アメリカでは戦中から1951年の「アコード」までは、さまざまな規制による直接的な人為的低金利政策がとられていた。「アコード」後は、よりモデレートな、市場メカニズムを尊重するかたちに変わったといえる。

日米開戦後の1942年4月に、財務省の要請をFRSが受け入れるかたちで、国債の金利構造に上限を設け、これを維持することを約束した。すなわち、TB（財務省短期証券）については0.375％、債務証書[12]で0.875％、10年物国債で2.0％、10年超の国債で2.5％を金利の上限とすると公示し、特に国債売出期間中は消化が円滑に進むようこれを維持して、売れ残りが出た場合にはFRSが制限なしに買い取るというものだった（須藤〔2008〕271頁）。この間、物価は統制されていた。公定歩合は

---

12 Certificate of Indebtedness。第一次世界大戦以降に緊急避難的に発行された満期1年以内の短期債券。

1.0%であった。

　戦後、インフレが懸念され始め、政府債務の利払いを引き続き低く抑えたい財務省と、金融引締めのため国債価格支持政策から脱却しようとするFRSの間に対立が起きた。1946年10月に物価統制が終了し、47年7月にまずTBの公示レートが撤廃された。公定歩合は48年9月に1.5%まで、50年8月には1.75%に引き上げられ、51年3月に財務省とFRSの間に有名な「アコード」が成立して、FRSは国債価格支持政策から解放された。その共同声明は、「公債の貨幣化（マネタイゼーション：monetization）を最小限にする」ことを両者共通の目標の1つに掲げている[13]。

　「アコード」後、FRSは国債の購入から解放されたため、その保有残高も低下していった。FRSの保有する国債の量を対GDP比でみると、開戦直後の1941年末に1.7%だったのが、終戦直後の45年末には10.6%までふくらんだ（後掲・図表6−9参照）。これが、アコード直前の1950年末には6.8%まで低下しており、その後も次第に低下している。FRSは、52年11月のFOMCで、公開市場操作による買いオペの対象を3カ月物TBに限ることを決定した（ビルズオンリー政策）。これにより、金利を誘導する目的でFRSが中長期国債を売り買いすることは行われなくなった。

---

[13]　この時、①発行ずみの2.5%利付国債（満期1967〜72年）と交換に非市場性の2.75%長期国債の交付に応じることとし、②この新国債は、満期前の譲渡・償還はできないが、市場性のある中期国債（後に1.5%の利付5年債とされた）に交換するオプションをもち、また保有者の連邦遺産税・相続税の支払に使用できる、という措置がとられた。

もっとも、中長期債を含む国債残高の実額がその後大きく減っていったわけではない。残高を減らそうと思えば、償還を待つことで（売却しなくても）国債保有残高を減らすことはできたはずだ。だが、成長通貨の供給という意味での長期国債の買切りオペは必要だったはずであり、実額としての残高は維持され、若干増加しさえした。しかし、前述のように名目GDPの伸びが高かったので、対GDP比での政府債務残高は低下し、1950年代後半〜70年代前半にかけてほぼ5％台前半で推移した。

　以上みてきたように、アメリカの戦時における国債の大量発行、そしてそれを支えたFRSの大量購入は、高インフレを引き起こすことなく、（1970年代後半からの高インフレが発生する前に）見事に収束させられたことがわかる。

(3)　今次FRSの「出口」

　では、今回はどうか。意図せざる「高インフレによる政府債務の調整」に突き進む危険性を除去するには、まず政府債務残高の縮小が必要だが、中央銀行も保有国債残高を減らすことを模索しなければならない。

　しかし、政府債務残高を減らすのは、前回（第二次世界大戦後）に比べるとかなりむずかしい。

　第一に、今回の歳出は戦費調達で一時的にふくれ上がったわけではない。日本と同様、高齢化が進むなかで社会保障費が増大しており、これはコロナ危機を越えて今後も続く[14]。

　第二に、名目成長率は、前回のように7％程度の水準を保つ

のがむずかしそうだ。その後の数字の平均をとってみると、1990年代が5.6％、2000年代が3.9％、10年代が3.6％だ。潜在成長率（実質）を2％とみれば、よほどインフレ率が高くならないと、前回のような状況は訪れそうもない。ちなみに、FOMCメンバーは長期的な実質GDP成長率を1.8％、インフレ率を2.0％とみている（2023年3月時点）から、名目成長率は3.8％になる。

　ただし、長期金利は、金融引締めとインフレの影響で2023年に一時5％近くまで上昇したが、それが収束した段階で3％台に落ち着くとすれば、名目成長率を大きく上回ることにはならないだろう。だが、1960年代のように債務残高削減に好ましいかたちとはいえない。

　もっとも、そうしたなかでも、アメリカ連邦政府は債務残高を2020年度末のピークから、21、22年度末と2年連続でわずかながらも縮小させている。

　次に、FRSは保有国債をスムーズに減少させることができるだろうか。これも、前回よりもかなりの困難を伴いそうだ。

　図表6－9にみるように、FRSの国債保有残高は対GDP比で、現在、終戦直後の2倍を超える水準にある。1945年の10.6％に対し、世界金融危機後の2014年には14.0％とそれをやや上回るに至り、さらにコロナ危機対応の大緩和措置で21年末に24.0％にまでふくれ上がった。なお、FRSはQE1、QE3や

14　アメリカの財政問題については、ここで立ち入った考察を加えることはできないが、コロナ危機後の政府債務残高急増については第7章1参照。

図表6−9　FRBが保有する国債の残高推移（対GDP比）

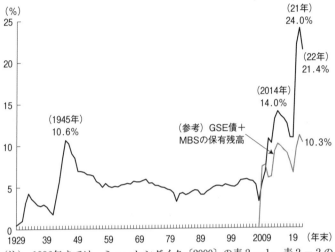

(注)　1996年までは、ミューレンダイク〔2000〕の表2−1、表2−2の
　　　データを使用（原出所は、1950年までがニューヨーク連銀、51〜54
　　　年がFRB『銀行・通貨統計』、54〜96年がニューヨーク連銀『公開市
　　　場年報』）。97年以降は、FRBのH4.1。
(資料)　ミューレンダイク、FRBデータより筆者作成。

コロナ危機後の資産購入で国債だけでなくMBSなども多く買
っており（同年末10.3%）、これを合算した場合には、31%を超
える。

　もっとも、FRSは2017年から一度保有資産残高の縮小を進め
ており、いったん頓挫するものの、コロナ後にも第7章に後述
するとおり22年から縮小を始め、現在国債を年間7,200億ドル
（GDP比約2.8%）、MBSを4,200億ドル（同1.6%）ペースで減ら
している。これは、まったく国債の購入を12年以上止めること
なく継続している日銀に比べれば、はるかに良好な状況といえ

る。

　このようにみてくると、今回は、政府が債務残高を減らすのも、FRSが国債保有残高を減らすのも、終戦直後よりもむずかしいが、ともに減らしている事実がある。連邦政府もFRSも、本章2(2)でみた2つの悪い期待が起きないよう、すなわち財政優越に陥らないよう、適切な政策運営を心がけていると評することができる。ちなみに、日本政府と日銀はこの点をほとんど無視しているようにみえる。

　いずれにしても、FRSに関する限り、大量資産購入に関するいくつかの問題を抱えながらも、その究極の問題—財政優越に陥ることにより、暴力的な政府債務解消に突き進む可能性—は、現在のところ大きくないといえよう。

コロナ危機と「超過準備保有型」
金融政策への転換

世界経済は、米中貿易摩擦の激化とブレグジットの実行時期が迫るにつれ、すでに2018年央から減速し始めていた。それゆえ、第5章でみたとおり、FRSの大量資産購入の正常化は頓挫していた。そこに追い打ちをかけたのが、新型コロナウイルス危機である。

2019年12月に、中国武漢市で初めて検出された新型コロナウイルスは、20年初から日本でも感染が確認されるようになり、3月以降急速に世界中で猛威をふるいはじめた。その拡大は世界の経済に、少なくとも瞬間風速的には世界金融危機を上回るショックをもたらした。アメリカ政府、FRSをはじめ、各国政府、中央銀行は、さまざまな対策を講じることになった。

コロナ危機により、FRBをはじめとする中央銀行の金融システム安定化策に、新たに企業金融の直接支援の役割が加わった。一方、総需要調整策面では、40年ぶりの高インフレに見舞われることで混迷の度合いが増すと同時に、ポスト非伝統的金融政策の「新常態」の政策枠組みへの移行が決定づけられた。

1 コロナ危機への政策発動

(1) 金融安定化策としての初動──世界金融危機時との相違を念頭に

世界金融危機時には、初動として金融システム安定化のための流動性供給、資産購入を行い、金融が安定を取り戻したところで、それらを総需要調整策に転じて行った。今回も、この順

序は変わらないが、初動の金融システム安定化策に企業金融支援の要素が加わった。

　FRBが2020年3月以降に繰り出した政策の第一は、FFレート誘導目標の引下げである。それまでの目標幅1.5～1.75％が3月中、2回に分けて計1.5％引き下げられ（3、15日）、0～0.25％となった。FRBは約4年ぶりにゼロ金利制約に直面した。同時に、雇用最大化と2％の物価安定ゴールを達成するまで金利を据え置くフォワードガイダンスが発せられている。

　第二に、大量資産購入が5年半ぶりに再開された。3月15日に、数カ月間に少なくとも国債を5,000億ドル、MBSを2,000億ドル買い入れるとしたが、23日には、必要に応じて無制限に買うことを宣言した。もっとも、6月になってその額を月額国債800億ドル、MBS400億ドルと明確化している[1]（図表7－1）。

　この大量資産購入の目的は「家計と企業への信用の流れを支援する」ためとされており、総需要調整策とは一線を画した金融システム安定化策であり、しかも家計や企業などの経済主体を支援する点が強調されていた。そして、FRBはまったく言及していないものの、とりわけ国債の無制限購入の宣言は、その後巨額化する財政支出をファイナンスする意志があることを示したメッセージであり、これによって長期金利の跳ね上がりを抑えることができたのは間違いない。

1　6月のFOMCの公表文では「今後数カ月間、少なくとも現在のペースで保有を増加させる」としたうえで、オペを担当するニューヨーク連銀の声明として実額が公表されている。これは、12月のFOMCからは公表文に明記されるようになった。

図表7－1　コロナ危機下（2020年3～4月）のFRBの流動性供給と資産購入の措置

発表日	ファシリティなど	性格[1]	終了時期[2]
3.15	「今後数カ月間、少なくとも国債5,000億ドル・MBS2,000億ドル保有量を増加」	(iii)	（3.23の措置で事実上キャンセル）
	5中銀とドルスワップ協定拡充	(i)	－
3.17	CPFF（CP資金供給ファシリティ）	(ii)	～2021.3.31
	PDCF（プライマリーディーラー信用ファシリティ）	(i)	～2021.3.31
3.18	MMLF（MMF流動性ファシリティ）[3]	(ii)	～2021.3.31
3.19	9中銀と新規ドルスワップ協定	(i)	－
3.20	5中銀とドルスワップ協定拡充（追加）	(i)	－
3.23	PMCCF（発行市場企業信用ファシリティ）	◎	～2020.12.31
	SMCCF（流通市場企業信用ファシリティ）	◎	～2020.12.31
	TALF（ターム物ABS融資ファシリティ）	(ii)、◎	～2020.12.31
	「国債・MBSの保有量を必要なだけ増加させる」（国債・MBS購入の無制限化）[4]	(iii)	（6.10の措置で事実上キャンセル）
3.31	FIMAレポ（中銀等向けレポ取引ファシリティ）	(i)	－
4.9	MSLP（メインストリート融資プログラム）[5]	◎	～2021.1.8
	MLF（地方政府流動性ファシリティ）	◎	～2020.12.31
	PPPLF（給与保証プログラム流動性ファシリティ）	◎	～2021.7.30

（注）1）　(i)～(iii)は、世界金融危機時の措置の復活ないし同コンセプトの措置であり、バーナンキ〔2009〕の分類による。◎および網掛け部分は、今回新たに登場した企業金融支援などを図る措置。
　　　2）　有期のファシリティは、いずれも当初の終了予定は20.9.28（PPPLFのみ20.9.30）だったが、PMCCF、SMCCF、TALF、MLFは1回、CPFF、PDCF、MMLF、MSLPは2回、PPPLFは4回、それぞれ延長された結果。
　　　3）　世界金融危機時のAMLFを拡充。
　　　4）　この後、6.10に「今後数カ月間、少なくとも現在のペースで保有を増加させる」とし、事実上その増加が月額国債800億ドル、

MBS400億ドルであることを表明。

5) このプログラムのなかに、MSNLF（MS新規融資ファシリティ）、MSELF（MS追加融資ファシリティ）が設けられ、4.30に MSPLF（MS優先融資ファシリティ）が、さらに6.15に非営利機関への貸出も視野に入れたNONLF（非営利機関新規融資ファシリティ）とNENLF（非営利機関追加融資ファシリティ）が追加された。

（資料） FRB資料、田中〔2020〕より筆者作成。

　第三は、資金供給や特定資産買入れの数多くのファシリティ（措置）の導入である（図表7－1）。2008年の世界金融危機時に発動された金融システム安定化策が軒並み復活したうえに、特に23日以降に発表された対策のなかに、やはり「家計や企業への信用の流れを支援する」とされ、企業金融に直接踏み込むものが多かった。

　同表では、ここでFRBが発動した主なファシリティのうち、金融危機時の施策の復活ないしそれと同じコンセプトの施策を(i)～(iii)で、新たに登場した企業金融支援策を◎で示した。(i)～(iii)は、第5章で触れたバーナンキ元FRB議長の金融システム安定化策の3分類を示している[2]。これらは、流動性供給や、中銀の最後のマーケットメーカー機能を発揮して、金融危機時と同じ意味での金融システム安定化を図るものだ（(i)(ii)は資金供給、(iii)は資産購入）。

　これに対し、新たに登場した措置は、信用を供与する金融機関ではなく、信用供与を受ける側が経済的ダメージを受けた時

---

[2]　すなわち、(i)預金取扱金融機関等への流動性供給、(ii)信用市場における借り手、貸し手（投資家）への直接流動性供給、(iii)期間の長い債券の購入である。第5章1(3)、図表5－2も参照。

に、いかにそれを金融面から支援するかの対策であるといえ、大きく3つに分類できる。

1つは、連銀と財務省が設立したSPV（特別目的事業体）を通して適格な社債を発行時点で、また流通市場から買い取る枠組み（PMCCF、SMCCF）と、適格ABSの所有者への融資（TALF）である。ABSには自動車ローンや学生ローンを束ねたものも含むので、企業はもとより家計への信用の流れも支える。合計で8,500億ドルの枠が設けられ、財務省がSPVに拠出する850億ドルが事実上の信用保証といえる。

中銀がCPを買い入れるCPFFは、世界金融危機下で始まり(ii)に分類されるが、コロナ危機下では、企業支援の性格が強まっているといえよう。

2つには、やはり連銀と財務省が設立したSPVが、銀行やS&Lから中小の適格債務者向けの新規または既存の貸出債権を買い入れる措置である（MSLP）。上限は6,000億ドルで、財務省がSPVに750億ドルを拠出する[3]。

3つには、政府による雇用維持のため給与保護プログラム（PPP）を、FRSが補完する制度としてのPPPLFだ。PPPは、3月27日に成立した総事業規模2.2兆ドルのコロナウイルス支援・救済・経済安全保障（CARES法）を背景とし、中小企業の賃金や不動産賃料支払のための借入に対し、中小企業庁（SBA）が100％の信用保証を行う。正規雇用の維持、賃金削減の抑制等の条件を満たせば、返済も免除される点で補助金に近

3　6月に非営利機関向貸出債権に関しても、同じ措置がとれるようになった。

い。このスキームで融資を行った金融機関に、その貸出を担保にFRBが資金供給を行うわけだ(いわゆるバックファイナンス)。

　4中銀のなかでFRSだけが、非伝統的な景気刺激策の1つである貸出誘導資金供給を行ってこなかった。アメリカの金融システムでは間接金融ルートが細かったからだ。他の3中銀は、コロナ危機下における企業金融支援策を、この手法を発展させて組み立てている[4]。だが、FRBも、この3つ目の措置(PPPLF)によって、テクニカルな政策手法としては、まさしくこの領域に足を踏み入れたといえる。

　以上の3つの措置は、1つ目と2つ目が資産購入、3つ目が資金供給であり、いずれも世界金融危機時と同様、連邦準備法13条3項の「異常かつ緊急時」に理事会の決定をもって個人や企業に有担保で貸付ができるという規定に基づくもので、今回は企業への信用供与に活用された。MSNLFなどの名称に冠された「MS」(メインストリート)は、ウォールストリート(金融街)の反対概念であり、通常アメリカで評判の悪い金融機関救済ではなく、企業や家計の支援であるという意味が込められている。

　金融システム自体は、コロナの感染拡大がまだ続こうとする2020年6月頃に、すでに安定を取り戻している。だが、同年9月末までの時限措置だった数多くのファシリティは、その後いずれも延長、継続され、金融を通した家計や企業の支援によ

4　BOEではFLS(ファンディング・フォア・レンディング・スキーム)、ECBではTLTRO(貸出条件付長期資金供給オペ)、日銀では貸出増加支援資金供給などである。

り、金融システムの不安定化を防ぐ役割を果たしたといえる。

それら諸ファシリティは、図表7−1に記したように、2020年末〜21年3月末にかけてほぼ終了し、大量資産購入は、国債とMBSを合わせて月額1,200億ドルという、QE3の同850億ドルをはるかに上回る規模で、純粋な総需要調整策、つまり危機終了後の景気テコ入れ策に転化していくことになる。

FRSのバランスシートは、危機前の4.2兆ドルから2021年3月末までに7.7兆ドルへと3.5兆ドル増加し（1.8倍）、そのほとんどが資産購入によるものであったのは、他の主要国中銀と大きく異なる部分である。なおその後の国債とMBSの購入によって、バランスシートはピークの22年4月には8.9兆ドルと、コロナ前の2.1倍までふくらんだ。主要国4中銀のなかで、最もバランスシートを拡大させたのがFRSだった。

⑵　コロナ危機後のフォワードガイダンス

この時期のフォワードガイダンスについて、図表7−2に沿って簡単に述べておこう。前述した3月の金利ガイダンスは、そのねらいが長期金利の引下げだった。これに9月から緩和スタンスのガイダンスが加わって二重化するが、「インフレ率の平均がしばらくの間2％を超え、長期のインフレ予想が2％にしっかりアンカーされる」という結果が達成されるまで緩和スタンスを維持するとし、本章2で述べる金融政策の「見直し」とL4L政策導入の結果を反映している。FRSの場合、この時初めてインフレ期待の引上げをねらうFG2が導入されたとみてよい[5]。

図表7-2　FRBのコロナ金融危機以降のフォワードガイダンス

FOMC				概　　要	備　　考
2020.3.15	◆			「経済が最近の出来事を乗り越え、完全雇用の達成と物価安定のゴール達成の軌道に乗ったことが確信できるまで、(FFレート0～0.25％の) 目標を維持すると予想する」	コロナ後大規模緩和を経て
20.9	◆			「労働市場がFOMCによる完全雇用の評価と整合的な水準に達し、インフレ率が2％に上昇してしばらくの間2％を緩やかに超える軌道に乗るまで、FFレート0～0.25％の目標を維持することが適切であると予想」【FG2の導入】	政策の「見直し」(2020.8) の直後
		○		「(インフレ率の平均がしばらくの間2％を超え、長期のインフレ予想が2％にしっかりアンカーされるという) 結果が達成されるまで、緩和的な金融政策スタンスが継続すると予測」【FG2の導入】	
20.12	◆			(先の◆の文言と同じ)	国債、MBSの購入額を公表文に明記
		○		(先の○の文言と同じ)	
			◇	「FOMCの完全雇用と物価安定の目標に向けて実質的なさらなる進展がみられるまで、国債月額800億ドルとMBS (GSE組成) 月額400億ドルの購入を継続する」	
21.11	◆			(先の◆の文言と同じ)	テーパリング開始
		○		(先の○の文言と同じ)	
			◇	(先の◇の文言を削除)	
21.12	◆			(先の◆の文言と同じ)	—
		○		(先の○の文言を削除)	
22.1	◆			(先の◆の文言を削除)	—

(注)　◆は政策金利に関するガイダンス。○は緩和政策スタンスに関するガイダンス。◇は資産購入に関するガイダンス。図表5-8も参照。
(資料)　FRS資料より筆者作成。

さらに12月からは、資産購入額が明示されるタイミングで資産購入ガイダンスが加わり、ガイダンスは三重化した。コロナ危機前（前掲・図表5−8）と同様、3つのうち資産購入ガイダンスのみがオデッセイ型である。

(3) アメリカ政府の突出した財政出動

　コロナ危機に際し政府が行った施策が世界金融危機時と違うのは、金融システム安定化のための金融機関への資本注入がなかった点だ。コロナ危機は実体経済直撃型のショックだったので、信用を供与される企業や家計がまずダメージを受けた。中銀の金融システム安定化策に企業金融支援策が加わったのはそのためだったが、それゆえ政府の施策としても、金融機関より企業、家計の支援が重要となった。

　それを中心とする財政出動は、世界金融危機時をはるかに上回る巨額なものとなった。2020年3月にトランプ政権下でコロナ対策の第1弾が出され、その後21年3月にバイデン新政権が打ち出した財政規模1.9兆ドルの第5弾までを合計すると5.8兆ドル（GDP比27％）の財政支出が追加されたことになる。ワクチン開発、ウイルス検査など医療関係費も含まれるが、多くは中小企業や家計への給付である。世界金融危機の翌年、オバマ政権発足直後に打ち出された総額7,872億ドル（GDP比5.6％）の景気対策法が小さくみえる。その内容も大きく異なり、公共

5　なお、金利ガイダンスも、「インフレ率がしばらくの間2％を緩やかに超える軌道に乗るまで」という表現に変わり、同様に「見直し」の結果を反映している。

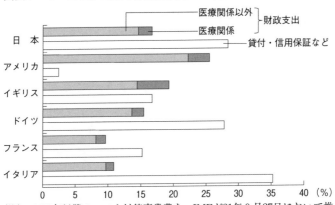

図表7－3　コロナ対策の事業規模対GDP比

（注）　2020年以降のコロナ対策事業費を、IMFが21年9月27日において推計。GDP、換算為替レートはWorld Economic Outlook, October 2021を使用。

（資料）　IMF, Fiscal Monitor Database of Country Fiscal Measures in Response to the COVID-19 Pandemic, October 2021より筆者作成。

投資（高速道路・通信網整備や環境・エネルギー関連投資）が全体の4割を占め、3割強が給付や補助金（失業者・低所得層支援、教育・自治体支援）、3割弱が減税に充てられる総合的な総需要喚起型だった。

図表7－3で、コロナ危機に対応した追加財政支出の状況をみると（IMFの集計。2020年以降、21年6月初までが対象）、上段の財政支出でアメリカが群を抜いて多いのがわかる。

　緩和縮小・引締めへの急旋回

(1)　FRSのコロナ緩和撤退

　金融システム安定化のための施策（企業金融支援を含む）は各国中銀で時限的なものが多かったこともあり、2020年末から21年にかけ順次終了させられていった。FRSが設けた数多くのファシリティも、前掲・図表7－1に示した「終了時期」のとおり、ほぼ21年3月には手仕舞われた。

　一方、大量資産購入は、当初は金融システム安定化が進むにつれて、すでに述べたように総需要調整策の意味合いを強めたが、これに関しても、感染状況が落ち着き、経済が比較的順調に回復した2021年初夏から、「出口」が意識され始めた。

　しかし、FRSは結果的に緩和解除・引締めに出遅れる結果となった。2021年4月頃からインフレ率が急上昇していたが（後掲・図表7－11参照）、当初これを「一時的なもの」として放置する姿勢をみせた。9月のFOMCでようやく年内テーパリング開始の意向が明らかにされ、11月から開始された。これは資産購入開始から20カ月後だが、QE3の時は15カ月後にテーパリングが始まっていた（図表7－4）。

　それには、2つの原因、背景がある。第一に、FRSが物価の先行きを見誤ったことだ。そもそも、①コロナ危機による景気後退は、世界金融危機に比べると供給ショックの側面も強く、需要の戻りはすみやかなはずだった。行動制限で積み上がった貯蓄に、巨額の公的給付が上乗せされ、潜在的な需要はふくら

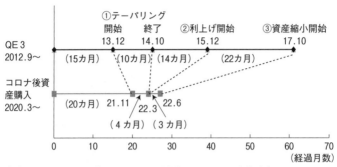

図表 7 − 4　QE 3 とコロナ後資産購入の「正常化」過程

（注）　それぞれの政策における、正常化プロセスの発動時点。
（資料）　FRB資料より筆者作成。

図表 7 − 5　アメリカの家計貯蓄額

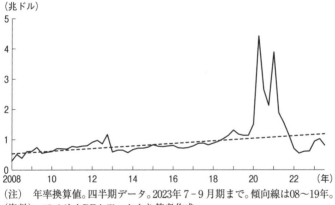

（注）　年率換算値。四半期データ。2023年 7 − 9 月期まで。傾向線は08〜19年。
（資料）　アメリカBEAデータより筆者作成。

んでいた。図表 7 − 5 でアメリカの家計貯蓄額をみると、コロ
ナ危機直後の2020年 4 〜 6 月期には、通常であれば1.3兆ドル
程度なのが 5 兆ドル弱まで積み上がっており（年率換算値）、そ

の後の5四半期を均すと2兆ドル近いペントアップデマンド（押し込められた需要）が発生したこと、それが21年後半以降取り崩されていることがわかる。また、②すでにみたように、金融緩和が急速かつ大規模で、財政出動も世界金融危機をはるかに上回る巨額なものだった。その分、緩和解除も大幅、急速でよかったといえる。

　第二に、政策論的な観点からより注目すべきは、長い間練ってきた物価戦略が裏目に出たことである。項をあらためて、述べてみよう。

(2)　平均インフレ目標政策の導入とL4L政策

　FRSは、第4章2の最後で述べたように、2000年代の初めに日本がデフレに陥ったのをみて、デフレ懸念への対処を進めてきた。08年秋の世界金融危機後、CPI上昇率が再び2％を下回ることが多くなり、この懸念が高まっていく。10年には、セントルイス連銀のブラード総裁（当時）が、アメリカも日本型のデフレに近づいているという警告を発し、デフレ均衡論を展開した。インフレ均衡とデフレ均衡の2つが存在し、ひとたび後者に陥った場合には、そこからなかなか抜け出せなくなる、という考え方である[6]。

6　Bullard〔2010〕で展開された。中銀は物価上昇率に反応して名目金利を上げ下げする（政策反応関数）が、一方で名目金利は物価上昇率の関数でもある（フィッシャー方程式）ので、物価と金利がその交点（均衡点）で決まると考える。金利はゼロが下限なので政策反応関数はゼロ近辺で水平に屈折する一方、フィッシャー方程式は直線なので均衡が2つ発生する。

2014年頃になると、懸念はさらに強まっていく。現実のインフレ率もさることながら、予想（期待）インフレ率が、12年に導入した「長期的なインフレのゴール」である2％を下回り始めたからだ。FRSは、経済主体のいわば頭のなかにあるインフレ予想（期待）が、2％近辺にアンカー（つなぎ留め）されていることを重視するようになっていた。予想インフレ率は、国債市場参加者のインフレ予想を反映するブレークイーブンインフレ率（BEI）が参照されることが多いが、FRBは、このBEIや家計・企業などへの各種アンケート調査ベースの数字など計21の指標を合成し、総合インフレ期待（CIE）指数を作成して

図表7-6　アメリカのインフレ率と予想（期待）インフレ率

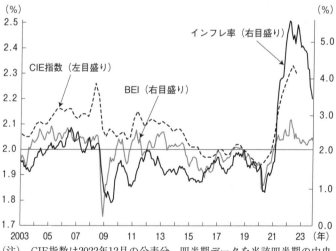

（注）　CIE指数は2022年12月の公表分。四半期データを当該四半期の中央月に置いて作図。BEIは10年物国債利回りと同物価連動国債の差。インフレ率はコアPCEデフレータ。水平線は2％。
（資料）　FRB、セントルイス連銀資料より筆者作成。

いる（20年９月から公表開始）。図表７－６で、現実のインフレ率としてPCEデフレータの「除く食品エネルギー」（コア）[7]と、予想（期待）インフレ率としてのBEI、CIE指数をみてみよう[8]。世界金融危機後も12年頃までは、現実のインフレ率が２％に届かないなかでもCIE指数はおおむね2.1％付近で推移し、BEIもおおむね２％を超えていた。しかし、それぞれ14年、15年以降２％を割り込んでいる。

　こうして、予想（期待）インフレ率を２％近辺に再アンカーすることがFRBにとって最重要の課題となり、コロナ危機後、インフレ率が上がってこないなか、2020年８月の金融政策の「見直し」が行われた。

　この「見直し」で、２％物価ゴール導入を表明した2012年の文書が、８年半ぶりに改訂された。新しい文書には、①中立金利が低下したため、政策金利がゼロ金利制約に直面しやすくなったこと、②長期的な期待インフレ率を２％にアンカーすることが必要であり、そのため２％の「平均インフレ目標」を目指すこと、③（物価安定と並ぶFRBの使命である）雇用最大化で

7　アメリカでは、インフレの指標としてCPIよりもPCE（個人消費）デフレータが使用されるようになっている（2002年の数字まで遡及可）。ただし、特に国際比較には依然CPIも利用される。なお、食品とエネルギーを除いた「コア」が注目される。

8　CIE指数は、FRBのウェブサイトで四半期に１度公表されるが、過去のデータの改訂が激しい。ここでは、2022年12月時点で公表されたものを載せたが、その後21年６月時点以降には、15～20年のデータが２％を若干上回る水準まで上方改定されている。あえて22年12月時点の公表データを使用したのは、当時までのFRBがこの数字を前提に政策を決定していたと考えられるからだ（公表開始の20年９月時点のデータとも異なるが、15～20年に２％割れしている形状は変わらない）。

は、雇用が最大水準を超えても必ずしも金融を引き締めない、などが記されている。

　平均インフレ目標は、「物価水準目標（price level targeting)」政策[9]の流れをくむ。物価の上昇率ではなく水準を目標とすれば、物価が低下した場合に、その低下分を取り戻さなければならず、瞬間的にはより高い上昇率を目指すことが必要になる。平均で2％の物価上昇を目指す場合には、物価上昇率がある期間2％を割った場合、同じ期間だけ同じ程度2％を上回らねばならないので、その分、強い緩和が求められる。

　翌9月のFOMCの声明文で、この平均インフレ目標が具体化され、「インフレ率がしばらくの間緩やかに2％を超える軌道に乗るまで」ゼロ金利を続けるとされた（前掲・図表7－2参照）。通常よりも低い金利をより長く継続するので、「L4L (lower for longer) 政策」と呼ばれ、2020年3月のコロナ緩和時にFRBとしては初めて導入したインフレ予想引上げ策（FG2）（第5章2）を、一段と強化するものといえる[10]。

9　Svensson〔1996〕などがそれである。なお、物価目標政策を最初に採用したのは1931年のスウェーデンといわれている（Berg and Jonung〔1999〕）。

10　クラリダFRB副議長（当時）は、翌2021年1月の講演で、この政策は「一時的物価水準目標政策（TPLT）」であり、利上げ開始後に再び従来の「柔軟なインフレ目標政策」に戻ると説明している。なお、L4L政策は、日銀が16年9月に導入したオーバーシュート型コミットメントとほぼ同じ考え方に立つものといえる。ECBもFRSの「見直し」の翌21年7月に「戦略の見直し」を行い、03年以来となる「物価安定の定義」の改訂を行った。すなわち、「中期的に2％を下回るが2％に近い水準」を「中期的に上下に対称的な2％」にかえたうえで、これは「一時的に緩やかに目標を超えることを含意する」と公表した。

「見直し」による予想インフレ率２％アンカーの目論見は、2020年後半〜21年にかけ、コロナ危機からの経済再開という経済情勢を巧みに利用して実行に移されたかに見受けられる。そこで、上昇率が２％を超えてもあえて引締めを急がないことで、予想インフレ率を２％まで引き上げようと、FRSは考えていたのであろう。

　したがって、2021年４月にインフレ率（PCEコア）が２％を上回り始めても、この物価上昇を「一時的なもの」として放置する姿勢を堅持し、まさしくL4Lを貫いた。だが、インフレ率が３％台を超えようとする９月になって、引締めに方針転換せざるをえなかった。

(3)　出遅れた分を取り返す超金融引締め

　出遅れた分、その後の利上げは急速なものになった。2021年11月時点では、翌年６月にこれを終了させその年内に利上げを開始する予定だったが、翌12月のFOMCでテーパリング終了時期が３月に前倒しされ[11]、22年内に３回（0.75〜１％）程度の利上げを見込む方針転換を行った。その後、ロシアのウクライナ侵攻によるエネルギー価格の急上昇で、米欧を中心に物価

11　「出口」の手順は、まずテーパリング、次に利上げの開始、そして再投資の停止による資産残高の縮小という、かつての2013年12月から19年８月までの経験が踏襲された。当初、月額合計1,200億ドル（国債800億ドル、MBS400億ドル）の購入額を、毎月150億ドル（それぞれ100億ドル、50億ドル）ずつ減額して翌年６月に終了する計画だった。だが、22年１月から、購入額の減額幅を合計月額300億ドル（国債200億ドル、MBS100億ドル）ずつに増加させた。

がさらに高騰した（後掲・図表7－11参照）ため、結局FFレートは同年末に4.25〜4.5％まで急ピッチで引き上げられた（2024年3月時点では5.25〜5.5％。後掲・図表7－12参照)[12]。

この水準は、前回ピークの2.25〜2.5％をはるかに超えている（図表7－7）。ちなみに、リーマンショック前の住宅バブル時には、5.25％まで引き上げられたが、この時の中立金利は4.3％程度とされていた（後掲・図表終－1参照）。現在は中立金利が2.5％前後とみられるので、かなり強力に引き締められたことになる。

図表7－7　FFレート誘導目標水準推移の比較

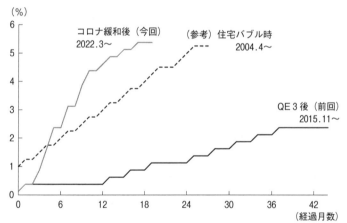

（注）　2008年12月以降はFF金利誘導目標レンジの中間値。
（資料）　FRB資料より筆者作成。

---

[12] この間、フォワードガイダンスについては、2021年11月に資産購入ガイダンスが外された。さらに、12月に緩和スタンスのガイダンスが、また22年1月に金利ガイダンスが外されている（前掲・図表7－2参照）。

再び図表7－4で資産購入の正常化スピードをみると、世界金融危機後は、月額合計850億ドルのテーパリングに10カ月をかけ、その後利上げ開始までに14カ月のインターバルがあった。これに対し、結局今回は月額合計1,200億ドルの購入をわずか4カ月でゼロにし、2022年3月、同時に利上げを開始している。また、その後、保有資産の縮小を開始するまで、世界金融危機後はさらに22カ月を要したのに、今回はわずか3カ月の6月に始めている。資産縮小は、QE3の正常化時と同様、満期到来分の再投資を見送る方法で行われている[13]。国債は年間7,200億ドルを、MBSは年間4,200億ドルを上限に、残高が縮小していくことになる（23年末の残高はそれぞれ4.1兆ドル、2.4兆ドル）。

　利上げで後手に回り、その後急速な引上げを余儀なくされたのは、物価見通しの誤りだけでなく、長い間練ってきた物価戦略が裏目に出たためでもある（この点は終章(2)で詳述）。

3 金融政策の「新常態」

(1)　ポスト非伝統的金融政策へ

　FRSは世界金融危機後、第5章でみたとおり、2014年10月に大量資産購入から、そして15年12月にゼロ金利制約から（すな

13　保有資産購入の縮小は、2022年5月に発表された計画のとおり、満期到来分につき6～9月は毎月475億ドル（国債300億ドル、MBSとGSE債175億ドル）、10月以降は950億ドル（同様に600億ドル、350億ドル）を上限に再投資していない。なお、満期到来の国債が、当該額に満たない場合は、その額と同額のTBの再投資が見送られる。

わち非伝統的金融政策の世界から）いったん抜け出した。その後、コロナ危機を経て、FRSを含む主要国中銀は再びゼロ金利制約に直面し、大量資産購入を中軸とする非伝統的な政策手段を駆使することとなったが、FRSは22年春に、もう１度それらから抜け出すこととなった。

　この間、FRSの政策手段としてFFレートの誘導が２度復活したわけだが、すでに述べたように、大量の超過準備を抱えるがゆえに、かつての公開市場操作における準備預金量の微調整による誘導はできない。その意味で、「短期金利誘導型」にまでは戻っていないのだが、コロナ危機は、FRSがおそらくこの先もかなり長い間、その世界に戻れないことを決定的なものにした。

　このため、筆者は、図表２－１に示したように、FRSはすでにコロナ前の2015年12月の時点で「超過準備保有型」金融政策に移行した、と整理することにしている。この新しい政策体系のもとでは、非伝統的政策手段も併用されることになり、また、政策金利がゼロ金利制約下にある「ゼロ金利局面」と、そうではない「プラス金利局面」を行ったり来たりすることになる（図表７－８）。詳しくは、田中〔2023③〕第５章５節を参照されたいが、すでにFRBとBOEは、１回このサブレジーム間を往来し、現在その中のプラス金利局面にあるととらえることができる。

(2)　新しい枠組み下での政策運営

　超過準備保有型金融政策を、「（ゼロ金利制約下にあってもなく

図表 7 - 8　超過準備保有型金融政策の 2 つの局面

		サブレジーム	
		プラス金利局面	ゼロ金利制約局面
ゼロ金利制約		なし	あり
超過準備		発生	
政策手段 （可能なもの）	短期金利誘導	短期政策金利誘導 （準備預金への付利）	ゼロ金利維持 or マイナス金利政策（**E**） （準備預金への付利）
	その他	大量資金供給（**A**） 大量資産購入（**B**） フォワードガイダンス（**C**） 貸出誘導資金供給（**D**）	

（注）　（**A**）～（**E**）は、図表 5 - 4 の記号と符合している。
（資料）　筆者作成。

ても）中銀が大量の超過準備を抱えたまま、短期政策金利の誘
導もしくは非伝統的金融政策手段により、総需要の調整を行う
政策体系」と定義することができるだろう。

　プラス金利局面では、超過準備への付利水準の変更で政策金
利を誘導するだけでなく、大量資産購入が利用できるので、後
者の量の調節による緩和（QE）や引締め（QT）も可能にな
る。FRSは使った経験がないが、超過準備が潤沢であるなか、
緩和手段としての貸出誘導資金供給も原理的には併用すること
ができ、特に間接金融優位のユーロ圏や日本では利用しやす
い。

　ゼロ金利局面では、マイナス金利政策（これもFRSは未経験）

が、超過準備の一部または全部にマイナスの付利をして政策金利を誘導する手段として採用可能だが、プラス金利局面ではプラス金利の付利により政策金利を誘導するので、両局面を通じてこれが一貫した金利誘導手段となる。当然のことだが、大量資産購入による緩和（QE）と貸出誘導資金供給も、この局面においてこそ活用される。

フォワードガイダンスも両局面で利用可能であり、長期金利の誘導を目的とする（FG1）は、特に緩和局面で使われるであろう。引締め局面においても、長期金利の過度の跳ね上がりをけん制する手段として有用であることは、過去の例からも実証されている。

(3) 超過準備保有型がもたらす新たな問題

超過準備保有型の世界に入ることにより、金融政策は新たな問題を2つ抱えることになった。

第一に、政策金利の誘導の難易度が飛躍的に高まった。これは、まずFRSによる、世界金融危機後の利上げ開始によるFFレート誘導での経験で明らかになった。新たな誘導は、公開市場操作ではなく超過準備への付利水準の変更を中心に行うが、すでに第5章4で述べたように、さらにリバースレポも導入する必要が出てきた。それでも、金利誘導は困難を極めるのだが、それは次のような事態である。

FRBは、利上げ開始後、2017年10月から保有資産の縮小を開始するが、それ以降の利上げ、利下げにおいて、FFレートの高止まり問題に直面した。大量の超過準備が存在しながら資

金需給が逼迫し、超過準備への付利水準を超えた金利での取引が市場で成立するという現象である。図表7－9から、その後（第五次利上げで）誘導目標が1.25～1.5％になったあたりから、実効FFレートが誘導目標レンジの中心から上方寄りに推移しているのがわかる。そして、ついに18年6月の第七次利上げでは、それまで誘導目標の上限と同じレベルに設定していた超過準備への付利水準（IOER）を、それよりも低く設定せざるをえなくなった。

利上げが打ち止めとなり、将来的に利下げが見込まれ始める2019年央になると、FFレートはIOERを超え始めた。FRSはIOERを引き下げて誘導目標の上限との開きをさらに大きくす

図表7－9　大量資産保有下でのFFレートのコントロール
　　　　　（2018年1月～19年12月）

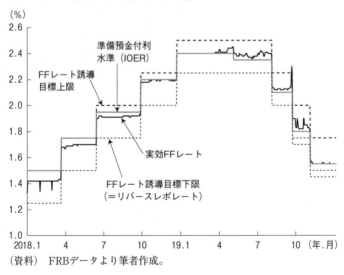

（資料）　FRBデータより筆者作成。

るという手段で、その後の利下げ局面でFFレートのコントロールに苦慮しながら対応したことも、同図から読み取れるであろう。8月以降、バランスシート縮小は停止されたが、それでもこの傾向はなかなか収まらなかった。

　一方、コロナ後の2022年3月以降の引締め過程では、まったく逆の現象を経験する。資金余剰気味となるなか、実効FFレートが低めに推移したのである。そこで、FRSは図表7－10にみ

図表7－10　大量資産保有下でのFFレートのコントロール
（2020年3月〜21年5月）

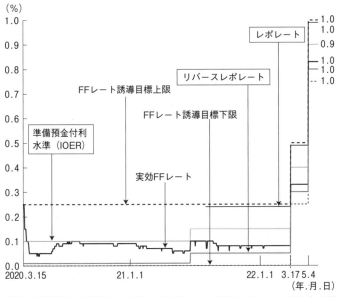

（注）　2020年3月15日に、FFレートが1.0〜1.25％から0〜0.25％まで引き下げられた。
（資料）　FRBデータより筆者作成。

られるように、21年6月にIOERを引き上げ、それまで目標レンジの下限に置いていたリバースレポ金利を引き上げた。そのうえで、金利引上げが射程に入ってきた7月には、逆にFFレートの跳ね上がりをけん制するためレポ（売戻し条件付債券購入）金利をレンジの上限に設定した。ちなみに、同図表には示していないが、コリドーの上限を画するプライマリー貸出レート（第2章2）も、誘導レンジの上限に置かれている。

FRSは、このようにFFレートの誘導目標圏内に、一定の金利水準で資金吸収や供給を行う手段を複数設定し、FFレートの精緻な誘導に腐心している。もっとも、この問題は、こうした諸措置による工夫でその後なんとか克服されているといえる。

超過準備保有型金融政策下での第二の問題は、特に「プラス金利局面」で中央銀行に損失が発生し、債務超過に陥る可能性が高まる問題だ。金利上昇がその発端となるが、債務超過を引き起こす2つの道筋がよく指摘される。

1つは、金利上昇で保有資産、つまり国債やMBSなど民間資産に評価損が発生し、実質債務超過が発生する。FRSに関しニューヨーク連銀が2022年5月に行った試算[14]では、23〜24年にかけ3,000億〜8,000億ドルの含み損が見込まれている（FRBのバランスシート規模は当時約9兆ドル）。だが、FRSなど多くの中銀は償却原価法を採用している[15]ので、これはあくまで「実質」での債務超過であり、会計上は債務超過にはならない。

---

14 Federal Reserve Bank of New York〔2022〕。
15 日銀、ECBも同様である。ただし、BOEやRBA（オーストラリア準備銀行）は時価法を採用している。

２つ目の道筋は、利上げに際し、超過準備への付利金利を引き上げていくと、FRSなど中央銀行が抱える国債などの保有資産に付される金利との間で逆鞘になり、損失が発生する。同じニューヨーク連銀の試算によると、FFレートが4.6％まで上昇した場合、２〜３年間損失が発生するとされている。ただし、この場合も繰延資産を立てて処理するので、会計上は債務超過を免れることになる。

　FRSはじめ中央銀行では、通常は資産サイドから得る金利が負債サイドで支払う金利を上回るので、利益が出ていた。とりわけ、短期金利誘導型金融政策のもとでは、準備預金に付利をしていなかった（無利子だった）からであり、その利益は国庫に納付されてきた。だが、「新常態」（超過準備保有型金融政策）のもとでは、「プラス金利局面」で政策金利を大きく引き上げた場合は逆鞘となり損失が発生する。事実、FRSでは2022年９月から損失が発生し、国庫納付を停止して繰延資産を計上し始めた。23年末では、1,189億ドルを繰延計上しており、会計上の資本（純資産）は429億ドル（資産超過）だが、事実上は761億ドルの債務超過ということになる。

　BOEの場合には、資産購入はAPFが行い、損失が出た場合には財務省がその補てんを行うことになっているが、FRSの場合にはそうした取決めがない。だが、損失を資産として繰延計上し、金利が下がって再び利益が出た時に返していくことになるので、やはり中央銀行が会計上債務超過になることはない。

　だが、次の３点に留意が必要だ。１つには、繰延計上の結果、将来、益が出た時に国庫納付金で穴埋めされることになる

から、国民負担が増加するのは間違いない。財政赤字、政府債務残高を増やすことになる。

　2点目として、このような実質債務超過状態に対する市場の反応である。その国の財政赤字（政府債務残高）や経常収支赤字の大きさなどによっては、資本逃避が起き、通貨安、株安、債券安（金利上昇）のトリプル安が引き起こされる可能性が捨てきれない。アメリカは基軸通貨国であり、国際通貨ドルの信認は厚いから、相対的にはそこまでいく可能性は低いが、市場とのコミュニケーションのとり方が重要であることに変わりはない。

　3つ目は、政治的な問題だ。仮に繰延資産が巨額化し、政府が損失補てんをする必要が出てくれば、中央銀行は政府に対し弱い立場に置かれかねない。中銀の独立性の問題があらためて議論の俎上に載せられる可能性もあるだろう。

補論 2　主要国他中銀のコロナ危機対応

　新型コロナ危機に直面し、日銀・BOE・ECBの3中央銀行も、まずは金融システム安定化策を、企業金融の直接支援を加えるかたちで発動した。世界金融危機時と同じように、その後に総需要調整策としての金融緩和が続いたが、供給ショック的な色彩の強い危機であったがゆえに需要の回復は早く、BOEとECBは、FRS同様、緩和からの撤退、引締めのスピードが急速だった。ただし、日銀のみは、それと一線を画する対応を行うこととなった。

　この【補論2】では、3つの中央銀行のコロナ危機への対応策と、その後の経済活動再開に伴うそこからの撤退の状況を概観することにしよう。

(1)　それぞれのコロナ緩和

　BOEもFRS同様、2020年3月に利下げと大量資産購入の再開、その他の資金供給・資産購入策を打ち出した。

　第一は、政策金利であるバンクレートの引下げだ。3月10日にそれまでの0.75%が0.25%まで、さらに19日にはブレグジット決定直後を下回る史上最低水準の0.1%まで引き下げられた。

　第二に、大量資産購入の再開である。BOEの場合も、非伝統的金融政策の一手段としての意味合い（つまり総需要調整策）というよりも、金融システム安定化策としての性格が強かった。ただし、FRSのように月額の購入額を示すのではなく、購

入枠（残高上限）を示す方式がとられたのは、世界金融危機後と同じである。3月19日に、APFの資産購入枠を、国債と社債を合わせて2,000億ポンド増加させて6,450億ポンドとしたが、ほぼ国債の購入が念頭に置かれていた。さらに7月に1,000億ポンド、11月に1,500億ポンドの国債購入枠が追加された。これら一連の措置はQE5と称されている。

第三に、金融システム安定化と企業金融支援のため、資金供給（流動性供給）と資産購入が行われた。資金供給として、①インデックス長期レポ（ILTR）、臨時タームレポ・ファシリティ（CTRF）など既設の長期オペが発動され、②TFSMEを新設して、TFS（貸出を増やす金融機関への低利の資金供給）[16]を中小企業貸出の促進策として組み立て直した。

資産購入としては、①前述のAPFにおける社債と国債の購入枠増のほか、②CCFF（新型コロナウイルス企業金融ファシリティ）を設定して、大企業の資金繰りを支えるためにCPを購入した。②は、財務省と共同でファシリティを設立し、財源はBOEの準備発行によってまかなうが、損失は財務省が補てんするというスキームである。当初から1年間の時限措置であり、2021年3月に終了した。

BOEの場合も、この時点前後を境に、国債の大量購入が総需要調整策に転化したと考えてよいだろう。BOEのバランスシートは、危機前の6,000億ポンドから2021年3月末に9,500億

16　ターム・ファンディング・スキーム。ファンディング・フォア・レンディング・スキーム（FLS）の後継としての貸出誘導資金供給であり、ブレグジット決定後の2016年8月に発表されていた。

ポンドへと1.6倍にふくらんだが、8割は資産購入によるものだった（その後の国債購入の継続で、バランスシートは同年末に1兆1,400億ポンド、コロナ前の1.9倍までふくらんだ）。

ECBでは、FRBやBOEと違い、マイナス金利政策下で政策金利はマイナス圏にあり、大量資産購入もすでに2019年9月に再開していた。したがって、政策金利を据え置いたまま、流動性の供給、資産購入の強化が行われた。

第一に、資産購入としては、①民間資産の購入額と、②国債の購入額をそれぞれ増加させた。①には、既存のAPP（資産購入プログラム）を使った。APPは、国債の購入手段であるPSPPと、民間資産の購入手段であるCSPP（社債）、ABSPP（資産担保証券）、CBPP（カバードボンド）の計4つを包含するが、コロナ危機前に月額200億ユーロの国債購入を再開していたPSPPは増加させず、3月12日に2020年末までの時限措置として1,200億ユーロの購入枠（月額にすると120億ユーロ）を追加し、CSPP、ABSPP、CBPPに充てることとした。企業金融支援に重点を置いた、金融システム安定策である。

②の国債の購入では、あえてAPP内のPSPPを使わずに、同月18日、新たにPEPP（パンデミック緊急購入プログラム）を立ち上げた。APPの購入対象資産と同じ資産を2020年末までに7,500億ユーロ購入する（月額にすると750億ユーロ）というものだ。つまり、国債に加え、社債、CP等の民間資産も買うことのできる設定なのだが、実際は多くが国債購入に向けられた[17]。PEPPは、その後枠が2回増額され、期間も延長された。これに対し、①のAPPの追加購入枠（民間資産の購入分）は、

延長されずに20年末で打ち切られた（満期到来分は再投資し残高は維持）。

　第二に、資金供給は３つの手段で行われた。①TLTRO（貸出条件付長期資金供給オペ）の拡充、②LTRO（長期資金供給オペ）の活用、③PELTRO（パンデミック緊急長期資金供給オペ）の新設である。①は、コロナ前に設定されていたTLTRO３の拡充で、そもそも総需要喚起のため貸出誘導資金供給だったが、金利を大きく引き下げることで、危機時の資金供給手段に転用された。銀行が貸出を増やす場合には、それと同額の資金をECBから調達でき、さらにその額に対する金利（マイナスの付利）分の「補助金」を受け取ることになったかたちだ。コロナ危機のダメージを受けた中小企業への資金供給を促すのに加え、低金利下で利鞘が薄くなった金融機関を支えることによって、金融システムの安定化にも寄与するといえる。

　②は、もともとECBの資金供給スキーム内に存在したLTROを、やはり適用金利を大きく引き下げて行った。これも「補助金」支給による資金供給の促進を図るものといえる。③のPELTROは、2020年５月から同年末までに毎月１回行われることになった。金利はTLTRO３よりも高めだが、TLTRO３実施の間隙を埋める補完手段である[18]。

17　APP（のPSPP）では各国債をキャピタルキーに沿って買わなければならないのに対し、PEPPはそれに縛られない。またギリシャ国債は格付が基準を満たさないためにPSPPでは買えないが、PEPPでは買えることになる。PEPPの主目的が、金融システム安定化（そして企業金融支援）を図る点に置かれていることがわかる。月々の購入額ではなく購入枠を提示したのも、PSPPと異なる。

ECBのバランスシートは、コロナ危機前の4.7兆ユーロから7.7兆ユーロへと約３兆ユーロ（1.6倍）拡大したが、資産購入による増加分と資金供給によるそれとがほぼ半々になっている。

　日銀も、ECB同様、コロナ危機勃発時に、短期政策金利はマイナス圏にあり、大量資産購入を継続していた。そこで、やはり金利は据え置いたまま、流動性の供給、資産購入の強化が行われた。

　第一に、国債購入の「強化」であり、それまで年間80兆円ペースの残高増加を目途としていたが、これが「上限を設けず必要な金額」に変更された。それまでの総需要調整策としての大量資産購入が、金融市場安定のための施策に使われたとみてよい。だが、表面上は大変な緩和強化だが、実際の購入ペースはそれまでの20兆円から大きく増加しなかった（長短金利に操作目標を置くYCCの基本的枠組みは継続）。

　第二に、ETFとJ-REITの買入れも、国債買入れと同様、金融市場の安定化の手段に位置づけられた。それまでの残高増加ペースはそれぞれ年間６兆円、900億円だったが、その倍の12兆円、1,800億円に「相当する残高増加ペースを上限に、積極的な買入れを行う」（傍点筆者）と変更した。実際の瞬間風速の残高増加ペースは、それぞれ７兆円、1,100億円がピークで、その後逆に漸減していった。

　第三に、企業金融支援策として、①CP、社債の購入枠が追

18　TLTROやPELTROの詳細は、田中〔2023③〕の第５章２節を参照されたい。

第７章　コロナ危機と「超過準備保有型」金融政策への転換　289

加され、②「新型コロナ対応資金繰り支援特別プログラム」が導入された。①は、15兆円の枠が追加され、合計20兆円とされた（実際は6割強の枠が使われた）。

②に含まれる第一の措置は「新型コロナウイルス感染症対応企業金融支援特別オペ」で、金融機関に対する、民間企業信用を担保とする資金供給である[19]。「補助金」支給により貸出を促進する点で、ECBのTLTRO 3に近いものになっており、技術的には総需要調整策としての貸出誘導資金供給策と共通である。

第二の措置は、日銀が「新たな資金供給手段」と称し、5月に追加した措置である。政府が発表した「緊急経済対策」（4月20日変更閣議決定）における無利子・無担保融資に、日銀が資金面で呼応するもので、上記「特別オペ」と一体運用される。FRBのPPPLFと類似のコンセプトに立ち、政府の経済対策を支援する。なお、金融機関が制度融資を使わずに、コロナ危機の影響を受けた中小企業等にこれに準ずる融資を行った場合（これを「プロパー融資」と呼ぶ）も含まれる。

一体運用された2手段による資金供給残高は、2020年末で約52兆円となったが、その後も増え22年3月末でピークの87兆円

---

[19] 世界金融危機時の企業金融支援特別オペでは金利が0.1%だったのに対し、今回は逆に0.1%の付利を行い（つまり金利を−0.1%とする資金供給）、さらにオペ利用残高の2倍に相当する額を準備預金のマクロ加算残高に加算する措置がとられた（「マクロ加算2倍措置」）。その分、「政策金利残高」が減り−0.1%の付利が減免されることになった。期間も最長1年と、世界金融危機時の3カ月から大幅に長期化された。詳しくは田中〔2023③〕第6章4を参照。

に達した。

　この間のバランスシート全体は、コロナ前の580兆円から
ピークの740兆円へと約1.3倍になったが、FRB（2.1倍）、BOE
（1.9倍）、ECB（1.6倍）と比べると増加の度合いは相対的に小
さく、6割強が資金供給によるものだった。コロナ前からの大
量資産購入の継続で長期国債市場はすでに相当に緩んでおり、
FRBが国債購入を急拡大させたのとは好対照だった（前掲・図
表5−10参照）。

(2)　再び「正常化」へ

　コロナ危機対応の大規模緩和からの撤退・引締めに、BOE
とECBはFRSとおおむね同じタイミングで向かい、その後急激
な利上げに突き進んだ。

　金融システム安定化のための施策（企業金融支援を含む）は、
FRSと同様、2020年末から21年にかけ順次終了されていった。
BOEではCCFFを21年3月末で、ECBでもAPPを使った社債、
ABSなど民間資産購入の上乗せ分（月額120億ユーロ）が20年末
で、それぞれ予定どおり終了している。もっとも、TFSMEや
TLTRO3などのインセンティブ付きの資金供給手段は継続さ
れた。

　国債購入については、その目的が初期の金融システム安定化
から総需要調整に転じて行ったが、BOEでは、APFの資産購
入枠を拡大する当初の段階で、その縮小を意識した検討が進め
られていた。ベイリー総裁は2020年8月の講演で、大規模な資
産購入が危機対応として有効であるとし、だからこそ次の危機

に備えてその余地を確保するためにバランスシートを縮小する可能性があると述べている（Bailey〔2020〕）。CPI上昇率がアメリカを追いかけるように急上昇するなか（図表7-11）、21年12月のMPCで、バンクレートを0.15％ポイント引き上げて0.25％とすることを決定したが[20]、この利上げは、コロナ危機後、主要国中銀の先陣を切る動きとして注目された（図表7-12）。3月から「期落ち」による資産縮小が開始され、10月からは国債の売却も始まった。その後も急激な利上げが続き、2024年3月

図表7-11　各国物価（CPI）上昇率

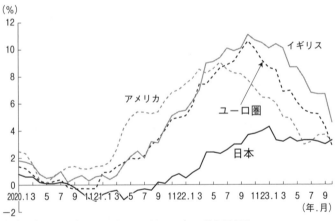

（注）　各国CPI（ユーロ圏は19カ国HICP）の前年同月比。
（資料）　アメリカ商務省、Eurostat、英ONS、総務省資料より筆者作成。

---

[20] BOEは資産購入残高の枠を設定する方式で緩和を進めてきたので、月額の資産購入額を設定するFRSと違い、テーパリングの必要がない。ちょうどこの12月の時点で8,750億ポンドの残高上限まで購入が終わったので、すみやかに利上げに移ることができた。

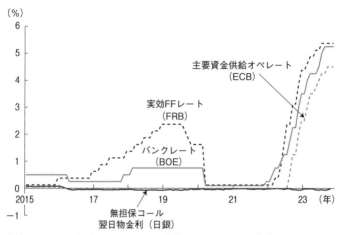

図表7−12　主要国中銀の政策金利推移

(注)　データは月次。FFレートは誘導目標レンジの中央値、無担保コール翌日物は月平均、その他は誘導目標水準。
(資料)　日本銀行、アメリカ連邦準備制度、イングランド銀行、欧州中央銀行資料より筆者作成。

時点では5.25％まで引き上げられている。

　ECBも、ユーロ圏のインフレ率が上昇するなか、2021年12月の政策理事会で、国債購入からの撤退を打ち出し、PEPPが、（2回延長された後）22年3月末で打ち切られることになった。PSPPは、翌4月から月額400億ユーロにいったん増額し[21]、7月から300億ユーロに減らし、10月から従来どおりの200億ユーロに戻すことにしたが、結局前倒しされ、7月に完全に打ち切られた。

　PSPPの買入れ停止が7月初に前倒しされたのは、インフレ率の急上昇と米英の利上げを受けてのことだ。そして、同じ7

月にはECBも11年ぶりの利上げを敢行した。3本の政策金利が同時に0.5％引き上げられたので、主要資金供給オペ（MRO）金利が0％から0.5％に、預金ファシリティ金利が－0.5％から0％に引き上げられて、マイナス金利政策は8年ぶりに解除された。その後も大幅な利上げが続き、2024年3月時点でMRO金利は4.5％まで引き上げられている。

　購入が停止されたPSPPについては、12月の政策理事会で、2023年3月からその保有残高を期落ち時に減らす方針も決定され、FRBやBOEに倣いバランスシートの縮小が行われている。

　資金供給策としてのTLTRO3では、特別措置で引き下げられていた金利が、利上げ開始後に引き上げられており[22]、また2022年11月からはこの制度で資金供給を受けている銀行に繰上返済を促している。TLTRO3はコロナ危機下では金融システム安定化に転用されていたが、本来の総需要調整策としての貸出誘導資金供給策に戻っていたとみてよいだろう。

　こうした金融引締めの動きと一線を画してきたのが日銀であ

21　PEPPを打ち切ることによる激変を緩和する措置。PEPPとPSPPとの合計額は2021年12月時点月額900億ユーロ、1〜3月期に700億ユーロと推測された。その後PSPPのみで4〜6月期400億ユーロ、7〜9月期300億ユーロ、10月以降200億ユーロと、なだらかにコロナ前の額への着地が見込まれていた。ECBはPEPPの停止でキャピタルキーに縛られずに国債を買うことはできなくなり、国債購入は純然たる総需要調整策に転化する。だが、PEPPの再投資を柔軟に行うことで、たとえばギリシャ国債の購入も考えられると言及し、金融システム安定化策にもフリーハンドを残していた。

22　特別措置としてMRO金利と預金ファシリティ金利よりそれぞれ0.5％低い水準の中間に置かれていたが、それゆえ2022年7月の利上げ開始に連動して上昇した。同年11月には、この金利の決定方式を3つの政策金利の平均に変更し、さらに引き上げられている。

る。そのコロナ対応策は、他の主要国中銀に遅れて撤収に向かった。前述のCP、社債購入枠の追加による買入れは2022年3月末で終了し、「特別オペ」も同年3月末に、また「新たな資金供給手段」の制度融資対象分は12月末に、プロパー融資対象分は23年3月末で終了した。ETFとJ-REITの買入れは、残高増加ペースの「上限」が残されたが、実際はその水準まで買い入れられなかったどころか、「包括緩和」以来、総需要喚起目的で行われてきた購入部分までもが、なし崩し的に手仕舞われた。もっとも、「上限を設けず」とされた長期国債の購入は、残高の年間増加ペース20兆円前後で変わらなかった。

　この間、日本でも、米欧ほど急激ではないもののインフレ率が高まり（前掲・図表7-12）、物価安定目標の2％を超えたが、日銀は先行き再び2％を割り込む見通しのもと、金融緩和姿勢を崩していない。期待インフレ率を2％にアンカーするためには、「賃金の上昇を伴うかたち」での物価上昇が起きるまで緩和政策を続ける、という説明を前面に掲げ続けた。

　それでも物価上昇の抑制と円安阻止のため、日銀が引締めに転じるとの思惑が高まり、2022年になるとYCCの撤廃をにらんだ市場の長期国債売り（金利上昇）が次第に強まった。日銀は、これに買い向かわざるをえず、翌年にかけて国債残高の年間増加ペースは60兆円を超えるに至った。この間、10年物長期金利の変動許容幅は21年3月に±0.25％に、さらに22年12月に±0.5％に拡大され、長期金利は上昇した。そして、23年7月には運用の柔軟化と称して、この±0.5％を新たに「目途」と位置づけ、実勢金利が0.5％を上回ることを許容する一方で、

1.0％水準で連続指値オペによる上昇のけん制を行うことにしたが、同年10月には、「上限の目途」を１％とした[23]。

　こうしたなか、日銀は、24年３月、賃金と物価の好循環を確認したとし、①マイナス金利政策の解除、②長短金利操作の撤廃、③ETFとJ-REITの新規購入の停止、④オーバーシュート型コミットメントを含むすべてのフォワードガイダンスの削除、を行った。①では、操作目標がそれまでの長短２つの金利からコール金利に移され、誘導目標レンジが０〜0.1％とされた。「政策金利残高」は廃止され、準備預金付利の三層構造が、所要準備残高と超過準備残高の二層型になり、後者に0.1％の付利が行われた。ECBに約２年遅れて超過準備保有型金融政策に移行したことになる。だが、長期国債の買入れを継続し、金利急騰時には買入れ額の増加や指値オペも実施する。YCC撤廃後も、国債購入が止められない点に問題が残る（他の３中銀はいずれも利上げ前に国債購入を手仕舞っている）[24]。

　10年以上国債を買い続けた結果、日銀の保有残高は政府の発行済残高の５割を超え、バランスシート規模は対GDP比で他中銀の２倍を超える（前掲・図表5−10）。日銀は、一度国債の購入を停止してみせ、財政優越（第６章２。また終章(3)）に陥っていなかったことを証明する必要がある。

23　2022年以降、国債が売られ長期金利上昇する局面で、日銀が10年物金利を目標水準に抑え込もうとすると、そこだけが不自然に落ち込む。12月以降の修正は、表面的にはこのイールドカーブの「歪み」問題に対応するためのものだった。

24　筆者のこの件に関する考え方は、田中〔2023②〕５節、田中〔2023③〕第７章６節を参照。

終　章

FRSの課題と展望
―世界金融危機とコロナ危機を経て―

設立時のFRSに期待された役割は、①金融システムの安定化であった。第4章1でみたように、戦後これが主として金融の規制によって達成されると、経済の課題は②成長の促進（失業率引下げ）に移り、これを推進する政府をFRSもサポートした。しかし1970年代にインフレが高進すると、FRSが政府からの独立性を高めるかたちで③物価の安定（インフレ抑制）をはかる役割を一手に引き受けた。90年代に、②成長の促進と③インフレ抑制にほぼ成功するが、世界金融危機で再び金融の不安定化が始まり、アメリカ経済の課題は、①金融システムの安定化と②成長の促進とに回帰したといえる。

　この間、インフレの抑制に成功したことで、逆にデフレ懸念が生まれる。金融緩和が、②の成長の促進と同時に、デフレ阻止の意味で③物価の安定を追求する手段となり、一方的な緩和政策がとられるようになる。それを担うため、数々の非伝統的金融政策手段が「開発」された（第5章2）。

　デフレ予防の一環として、期待インフレ率の2％までの引上げに腐心しながら、非伝統的金融政策の世界から抜け出し始めた矢先、コロナ危機が勃発し、アメリカ経済（および主要国経済）は40年ぶりの高インフレに遭遇することとなった。

　現在、FRSだけでなく、先進国の中央銀行が共通に直面する問題のいくつかは、こうした歴史の流れのなかから生まれてきたものだ。第4章2で、グリーンスパン議長時代の金融政策の課題をみたが、「中央銀行はバブルにどう対処するか」はまさに①金融システムの安定化というFRS設立当初の役割から派生している。デフレにどう対処するかの問題は、その後②の成長

の促進と関連しつつ、③の物価の安定の意味が逆転したことに伴い、中央銀行の独立性を見直す議論を呼び起こした。世界金融危機後に、主要国中央銀行がこぞって打ち出した非伝統的金融政策も、②の成長促進の文脈のなかで試みられてきたといえる。

　FRSが現在抱える問題は、これらの課題の延長上にあるものもあれば、その後の経済情勢の変化を受けて新しく発生したものもある。本章では本書を締めくくるにあたり、これらの問題を幅広い文脈のなかで整理しておきたい。

(1)　経済構造の変化と中央銀行

　FRSをはじめとする主要国中央銀行が現在抱える問題が、なぜ、どのように重要性を増してきたのかを説明するため、ここ30〜40年ほどの経済構造の変化に注目してみたい。その構造変化とは低成長・低インフレ・低金利化の傾向であり、とりわけ2000年代に入ってから明確化した。この現象が、金融政策運営にいくつかの難題をもたらすことになった。

　OECD加盟国計の実質GDP成長率を1991〜2000年、01〜10年、11〜20年の各10年間につき平均すると、それぞれ2.8%、1.7%、1.4%である。CPI上昇率は、この間5.0%、2.5%、1.9%であり、金利は、便宜上アメリカの長期金利（10年物国債金利）をとると、それぞれ6.4%、4.2%、2.2%となっている。

　3つの構造的な変化は、中央銀行と金融政策にどのような影響を与えたのだろうか。

第一に、低金利は、政策手段としての政策金利の引下げ余地を狭めるに至った。FRSは、現在四半期に１度、FOMCメンバー19名が想定する（その時点の）中立金利の水準を公表している。図表終－１でこれをみると、2012年当時には４％程度はあると想定されていたが、低下の一途をたどり22年には2.5％となっている[1]。

　その結果、中銀は新たに非伝統的金融政策の諸手段を開発せ

図表終－１　FOMCメンバー中立金利予測

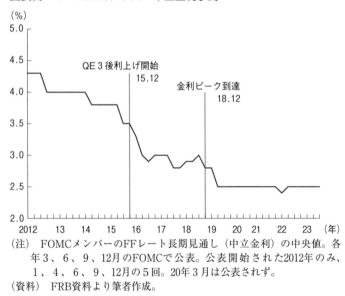

（注）　FOMCメンバーのFFレート長期見通し（中立金利）の中央値。各年３、６、９、12月のFOMCで公表。公表開始された2012年のみ、１、４、６、９、12月の５回。20年３月は公表されず。
（資料）　FRB資料より筆者作成。

1　年４回発表されるSEP（Summary of Economic Projections）のFFレートの「長期（Longer-run）」見通しの中央値を中立金利と見立てている。

ざるをえなくなり、主要国中銀の金融政策は、それまでの「短期政策金利誘導型」から大幅に多様化されることとなった。

　第二に、低インフレが、すでに述べたとおり中銀の政策課題をインフレ抑制からデフレ阻止へと大きく変化させた。金融政策の目的としての「物価の安定」の意味が、180度旋回した。2010年代半ば以降、主要国中銀はグローバルスタンダードとされる「2％物価」の達成を目指し、インフレ率をいかに引き上げるか、に腐心するようになる。

　「物価の安定」の意味の逆転は、それにとどまらず金融政策に大きな影響を与えた。図表終－2をみると、そもそも1980年代までのインフレの時代には、❶物価の安定（インフレの抑制）と❷完全雇用の達成（景気刺激）がトレードオフの関係に立ち、前者のためには金融引締めが、後者のためには金融緩和が必要となる対抗関係が存在した（同図表上段の「◆インフレ下」

図表終－2　中央銀行の目的間のトレードオフ

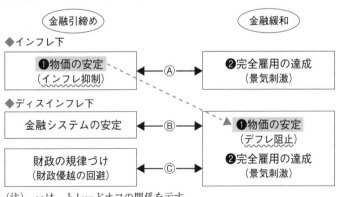

（注）　↔は、トレードオフの関係を示す。
（資料）　筆者作成。

Ⓐ）。こうしたなか、中銀はインフレ抑制に専念すべきだという通念が疑われることはなかった。

ところが、ディスインフレが到来すると、このトレードオフは解消し、デフレを回避するためにも低成長を回避するためにも、金融緩和が必要となった（同図下段の「◆ディスインフレ下」）。言い換えれば、中銀は短期的にはインフレをおそれることなく成長を追求できる。だが、もとより金融緩和でトレンドとしての成長（潜在成長率）を引き上げることはできないから、中銀が緩和政策を強化・長期化させても直ちに低成長の壁を突き破ることはできない、という現実に突き当たった。

「中銀に何ができるのか」があらためて問われる状況下で、これまで考えもされなかった役割が期待され、現実にそれが中銀の政策のなかに位置づけられる事態が進行している。

また、短期的にはインフレをおそれずに総需要喚起が可能となったため、一方的な緩和を行うことにより、バブルの発生と崩壊で金融システムの安定が損なわれたり、また財政の規律づけが失われたりするケースが発生する懸念が高まる（同図の「◆ディスインフレ下」ⒷⒸ）。

すなわち、中央銀行は資産価格バブルにどう対応するべきかという問題と、財政ファイナンスの危険性をどう回避するかという問題が、ともに重要性を増すことになる。

以上の鳥瞰をふまえて、FRSおよび主要国中銀が直面する問題、課題をみていこう。

(2) 物価コントロール策の立て直し

第一に、物価コントロール策の立て直しが急務である。

世界金融危機後のFRSは、デフレを予防し経済成長をサポートすることが重要になった。成長率の世界的低下が大きな問題となるなか、2014年2月のG20（20カ国・地域）財務省・中央銀行総裁会議は、世界経済の成長率を今後5年間で2％以上底上げするという目標を明示した共同声明を発表して閉幕している。

デフレ懸念が高まるなか、FRSは2012年に「長期的なインフレのゴール」を導入して事実上のインフレターゲットを掲げた（第5章3(Ⅲ)）。当時、「インフレターゲット政策の死」というフランケル論文（Frankel〔2012〕）は、インフレ目標に依存するのでは資産価格バブルや1次産品価格の上昇などの供給ショックに十分に対応できない、という難点を指摘し、その後継手段として名目GDPターゲティングに注目していたし、これとは別に、マイケル・ウッドフォード（Woodford〔2012〕）も名目GDPターゲティングを推奨していた。もっとも、結局FRSがこれらを導入することはなかった。

だが、2014年頃から期待インフレ率の2％未達が続いたのを受け、FRSはコロナ後の20年の「見直し」で平均インフレ目標を導入し、L4L政策を展開する（第7章2）。期待に働きかけてインフレ予想（期待）を引き上げるため、あえて引締めを遅らせる戦術だ。しかし、21年にコロナ危機からの回復過程で40年ぶりの高インフレに遭遇し、この政策が裏目に出てインフレ抑制に出遅れた。

金融引締めで供給インフレを抑えることはむずかしいが、予想インフレ率のコントロールは重要である。FRBはその観点から、とりあえず強めの引締め姿勢をみせて、インフレ予想が２％を超える高い水準にアンカーされるのを防ぐ必要がある。現状、幸いにも予想インフレ率がディスインフレ時代以降の水準から極端に上放れするような事態には至っていない（前掲・図表７−４参照）。

　インフレ率をそれなりの水準に抑え込んだ時点で、FRSは物価コントロールの枠組みを再検討する必要がある。1990年代にインフレ鎮静化をほぼ達成した後、20年の歳月を経て、「予想インフレ率のコントロール」は金融政策運営におけるスタンダードとなりつつある。しかし、その基盤、妥当性は危うい。

　第一に、L4L（より低い金利をより長く）という政策そのものの妥当性が再検討されざるをえず、2020年８月の「見直し」の再見直しが必須かと思われる。もっとも、クラリダ副議長（当時）は、この政策が一時的なもので、利上げ開始後に再び従来の「柔軟なインフレ目標政策」に戻ると述べていた（第７章注10）から、そもそもその必要がない建て付けなのかもしれない。

　だが、少なくとも今後、インフレ抑制が後手に回ることがないよう、制度上、あるいは運用上の検討は必要であろう。

　第二に、予想インフレ率を現実にどう測るかについても、さらに手法を進化させていかねばならない。FRBはとりあえずインフレ予想を示すとされる多数の指標を合成したCIE指数を参照していることを公表してきたが、これをベンチマークとすることを明言しているわけではない。そして、既述のようにこ

の指標は遡及改訂が著しく、信頼性に難がある。

いずれにしても、今後の物価安定をめぐる金融政策運営において、予想インフレ率のコントロールという要素の重要性が減じることはなく、ますます高まっていきそうだ。低成長、低金利下においてデフレ、インフレ両にらみの政策展開が必要となる主要国中銀にとって、この要素をどう扱っていくのかが大きな課題であり続けるだろう[2]。

(3) 中央銀行のマンデートと独立性にかかわる問題

第二に、中央銀行のマンデート（使命）や役割、そしてそれと密接に関連する独立性の問題が、しばしば論じられ大きく揺れ動いてきた。

「物価の安定」の意味がインフレの抑制である時代には、そのための金融引締めで成長が抑制されるのはやむをえないことと考えられた。しかし、デフレの阻止が政策課題となると、デフレと低成長が克服できないのは、緩和政策を進めない中央銀行に問題があるからだと考えられるようになった。

そうしたなか、マネタイゼーション（国債の貨幣化）を肯定的にとらえ、中央銀行の独立性を相対化する議論が提起されたのが注目される。これは第5章でみた非伝統的金融政策の一環として、中銀による大量の国債購入が行われ始めたことを前提

2　日銀は、物価目標（予想インフレ率アンカーの具体的水準）を2％とすることの是非も検討すべきであろう。日本では、物価上昇率が過去30年間2％にほとんど達したことがない履歴をもつ。その弊害は、日銀の大量国債保有とそれによる財政ファイナンスの危険性というかたちで表れている。

とする議論である。

2012年秋〜13年前半にかけて、マネタイゼーションの是非をめぐる議論が国際的に盛り上がった。折しもFRSが12年9月にQE3に踏み込み、イギリスでは11月に、翌年6月末で退任が決まっているマーヴィン・キングBOE総裁の後任に、新しい緩和手段を擁しているとされたマーク・カーニー氏（当時、カナダ中央銀行総裁）が決まった。日本では、11月の総選挙で安倍政権の成立が確実視されるようになるに従い、日銀にさらに踏み込んだ国債購入を行う圧力がかかり、ついに翌年4月の量的・質的金融緩和に至る──その時期である。

端的にいえば、マネタイゼーションは時と場合によっては必要であり、今日の先進各国ではむしろ必要で望ましい政策ですらある、という議論が登場し、メディアを賑わせた。これは中央銀行の独立性にかかわる問題でもあった。そして、「中央銀行の独立性はないほうがよい」という主張までもが、とりわけ安倍政権から日銀への緩和要求が強まる局面で現れて論議を呼んだ。

マネタイゼーションについては第5章2で簡単に触れたが、中央銀行がベースマネーの発行で国債を購入することにより赤字財政の財源を支えることをいう。財政ファイナンス、もしくはヘリコプターマネーという言葉が使われる場合もある。政府がこうして得た財源で支出を行えば、（民間セクターの預金増加を通して）間違いなくマネーストックも増えるから、景気拡大とインフレが発生すると考えられる。

したがって、景気刺激策やデフレ脱却策にはなりうるが、制

御に大きなコストがかかる悪性のインフレ（後述する財政イン
フレ）が発生する可能性があるため、常識的には支持されにく
い。無論、どの先進国の中央銀行も、これまでの大量資産（国
債）購入を、マネタイゼーションをねらったものと認めている
わけではなく、むしろこれを完全に否定している。

　この時に出てきた肯定論には2つのタイプがあるが、1つ
は、マネタイゼーションはたしかに危険だが、節度をもって行
うならばかえって有益だ、とする議論だ。たとえば、当時、イ
ギリスの金融サービス機構（FSA）の長官だったアデール・
ターナー氏は、2012年2月6日付のイギリスの経済紙『フィナ
ンシャルタイムズ』で次のように述べる。各国中央銀行による
資産購入は景気の刺激効果が薄い一方、通常の財政赤字を伴う
財政出動は将来の増税を予見させるので、家計は支出を切り詰
め、政府の借金にも限度がある。両者の壁を打ち破るのが財政
ファイナンスである（*Financial Times*〔2013②〕p.2）——と[3]。
そして、財政ファイナンスのすべてがインフレにつながるわけ
ではなく、限定的に行えばインフレは絶対に起きない、として
いる。独立の中央銀行によって厳格なコントロールがなされる
限りにおいて、問題はないということになろう。

　これはある意味で常識的な議論ともいえ、主要国中央銀行は
すでにこれを行っていたし、その後も行ったといえるのかもし
れない。中央銀行がどこまでならば国債を買ってもインフレが

---

[3]　同氏は、日本は過去20年間これを行っておくべきだったとし、もし行
っていれば、より高い名目成長率が達成でき、GDP比の政府債務残高
も低く抑えられた、とも述べている。

起きないのかの閾値はだれにもわからないのが問題だが、結果的にそこまでいかなければ、そしてある時点で適切な退却ができれば、たしかに問題は大きくないということもできる。

　注目すべきは2つ目の議論であり、それを最も極端なかたちで提起したのがマカリー＝ポーザーのそれだ（McCulley and Pozsar〔2012〕、同〔2013〕）。彼らは、そもそも民間セクターがデレバレッジ（資産の圧縮）を行っている時には、金融政策は無力で、財政出動と組み合わせたヘリコプターマネーこそが有効であるとする。そして、民間資産の圧縮が続く限り、中央銀行が財政赤字をファイナンスするというコミュニケーション（ガイダンス政策）を行うことが重要だ、とした。

　さらに彼らは、過去の例をみると、中央銀行が財政へ従属する（fiscal dominance。後述の財政優越）か独立性を確保する（independence）かは、民間セクターが資産を積み上げているか圧縮しているかに対応しているとして、中央銀行の独立性を相対的なものと位置づける考え方を示している[4]。そして戦時や、デフレと民間資産圧縮が起きる時代には、財政が不可避的に金融に優越するし、平和時や民間資産積上げとインフレが起きる時代には、金融が財政に優越すると述べ、現在は前者の時期に当たると強調している。

　中央銀行の独立性を歴史のなかで相対化する議論は、チャー

4　やや具体的な点を敷衍すると、①1931〜51年を、マネタイゼーションと金利規制が行われた、FRSの財政への従属（財政優越）の時代、②51〜78年を、財政による経済のコントロールとFRSの独立性確保が並存した時代、③78〜2008年を、金融政策の財政政策に対する優越の（つまりFRSの独立性が確保された）時代、ととらえている。

ルズ・グッドハートも行っており（Goodhart〔2010〕）、今後は中央銀行が独立性をもつべきという考え方が脇に追いやられる可能性を指摘していた[5]。

これに対する反論は、ドイツの中央銀行関係者からのものが多かった。たとえば、アクセル・ウェーバー前ブンデスバンク総裁が、日銀をはじめ先進国中央銀行の超金融緩和策を「危険な領域に向かっている」と評していた（*Financial Times*〔2013 ①〕p.5）。

中央銀行の独立性を、歴史の変転のなかでフレキシブルに着脱すべき便宜的仕組みとみなすか、人類が歴史のなかで獲得した英知として永続させるべき制度ととらえるか、識見は大きく分かれた。

もっとも、そうしたなかで国債を含む大量資産購入は事実として進んだが、一方でその後、とりわけFRSはその停止と資産圧縮を粛々と進め、現実には中銀の独立性が奪われたわけでも、マネタイゼーションが緩和政策の手段として位置づけられたわけでもなかった。

なお、コロナ危機では、各中銀、特にFRSは世界金融危機時をはるかに上回る大量の資産（国債）を購入したが、その目的は、景気刺激策としてのマネタイゼーションではなく、すでに

─────────────

5 グッドハート自身は、中央銀行がこれまでどおり政策金利を決定するという意味での独立性の維持を支持している。なお同氏は、1840〜1914年（ヴィクトリア朝時代）を金本位制、1980〜2007年をインフレターゲットにより、市場メカニズムと中央銀行の独立性によって成り立っていた時代とし、一方で1930〜60年を中央銀行の政府への従属の時代と位置づけている。

指摘したように（金融システム安定化のため）危機時の国家財政を支える「一時的」財政ファイナンスだった（(5)に後述）。

いずれせよ、2010年代後半に入ると中銀の独立性をめぐる論議は次第に姿を消し始めたが、やや異なる角度から中銀に新しい役割が求められるようになった。「中央銀行は気候変動対策にどうかかわるべきか」の問題が議論の俎上に載せられ、中銀にその責務が課され始めた。項をあらためて、みていこう。

(4) 中央銀行の気候変動対応

気候変動問題の起源は、1990年のIPCC（気候変動に関する政府間パネル）報告書が、CO_2をはじめとする温室効果ガスの排出による地球温暖化の危機を警告した時点にさかのぼるが、世界が大きく動き出したのは2015年のパリ協定締結により、各国が国別温暖化ガス削減目標（NDC）を立て始めてからである。各国中銀と金融監督当局が構成するNGFS（気候変動リスク等にかかわる金融当局ネットワーク）が17年に設立され、21年にはパリ協定の目的に沿って気候変動対応に貢献するグラスゴー宣言が採択されている。BOEや独仏蘭のNCB（ECB傘下の各国中銀）は当初からのメンバーであり、ECBの加盟は18年であるものの、欧州主導といえる。日銀が19年に加盟した後、FRSは翌20年12月にようやくメンバーとなり、主要国中銀のなかでは最も出遅れている。

中銀のこの問題へのかかわり方には2つあり、1つには気候変動の金融システムへの影響の計測（計量経済モデル開発、統計整備）や、金融機関のリスク把握の枠組みづくりなど、プルー

デンス政策強化に類するもので、NGFSの主目的はこれだったといってよい。BOEやECBはこの分野で先行していたが、この動きは当然のことともいえ、その是非に議論の余地はない。

だが、2つ目に、中銀が資産購入の対象を、脱炭素目的で発行されるグリーン債に広げるなどの動きがあり、議論を呼んでいる。具体的には、BOEはAPFですでに保有する社債のポートフォリオのなかでグリーン債の比率を高める入替えをすることとし、日銀も温暖化対策を行う企業へ融資する金融機関に優遇的に資金供給する「気候変動対応支援資金供給オペ」[6] を始めた（ともに2021年）。

これに対して指摘される問題点は、①コンセプトが中銀の中立性に抵触するのではないか（中銀は伝統的には資源配分にはかかわらない。資源配分は財政政策の範疇に入り、政府系金融機関の仕事である）。②「グリーンウォッシュ」（温暖化対策を行っているかのように装う）企業が横行する懸念がある。③温暖化対策の促進目的で行う資金供給や資産購入が、金融引締め局面で総需要抑制と背反する可能性がある——などである。

政策論上①の点は重要だが、長期的にみれば気候変動の克服は経済の安定をもたらし、中央銀行の使命である物価の安定に寄与する、という理屈が成り立たなくもない。また、そもそも民間金融機関を中心とする金融界では、ESG投資（環境・社会・ガバナンスの観点を企業評価に組み込んだ投資）が進められてきており、BOEや日銀のグリーンな社債購入や資金供給オ

6　詳しくは、田中〔2023③〕第7章3節を参照。

ぺは、金融界や経済社会全体の脱炭素を目指した投融資の傾向にそのまま従ったものと解釈できるかもしれない。

FRSは、主要国中銀のなかでこの点で最も保守的であるといえる。2023年1月に、気候変動に関連する金融リスクの分析プログラムを発表し、大手銀行6行に対し気候変動に関連する物理的および移行リスクを分析して提出するよう求めることとした。BOEや日銀のような、資産購入や資金供給を使って環境投資をバックアップする施策には踏み出していない。

(5)　金融システムの安定化とバブルへの対処

第三に、金融システムの安定化が、再びFRSの役割として期待され始めている。

図表終－1でみたように、インフレをおそれずに景気刺激できる環境下で、過度の金融緩和が資産価格バブルを引き起こし、その崩壊で金融システムの安定が損なわれる可能性が高まったからだ（図表終－2「◆ディスインフレ下」の⑧）。もっとも、その背景には、金融の自由化、IT化、そして共産圏の崩壊や新興国の台頭によるグローバル化の所産として、より自由な経済・金融活動が可能になるという動きもあった。金融諸変数のボラティリティが上昇した分、金融システムが不安定化したのであり、世界金融危機はその結果でもあった。

これは、FRSはバブルの発生にどう対処すべきかという問題を引き起こし、既述のように、FRBビューとBISビューという2つの考え方が対立した（第4章2）。ITバブルの崩壊に際し、グリーンスパン議長は前者の考え方に立つ超金融緩和を行った

が、これがサブプライムバブルとその崩壊による世界金融危機につながった点で批判も多い。

このバブル防止の政策論議は、その後、金融システム安定化策（プルーデンス政策の事前的対策）としての金融政策の役割に落とし込まれる方向に進んで行った。金融規制のあり方が見直されるなか（第5章1）、マクロプルーデンスの考え方が提起された。FRSは新設されたFSOCの一員となってバブルをマクロ的な観点から監視する一方、金融システム上重要とみなされる非銀行金融機関をも監督することになった（第1章3(3)参照）。

プルーデンス政策の金融危機への事後的対応という点では、証券化などが高度に発達するなかで、FRSは流動性供給の手法を広げ、「最後の貸し手」（LLR）機能だけでなく、「最後のマーケットメーカー」（MMLR）機能をも担うようになっている（第5章1）。

しかし、このような金融安定化策の革新と同時に、FRSはバーナンキ議長（当時）のもとで、この時も大幅な金融緩和を行い、結果的には住宅価格や株価のバブルを形成することを通して（第6章1参照）、サブプライムバブル崩壊の後始末をしたようにも思われる。

そもそもバブルの発生を政策で抑えるべきなのか—抑えるとすれば中央銀行が金融引締めで抑えるのか、金融規制などの措置で抑えるのか—、抑えるべきではなく自然に崩壊したときに中央銀行が超金融緩和で対処すべきなのか、については依然として結論が出ていない。

(6)　財政ファイナンスと中央銀行

　第四に、中銀の課題として、財政ファイナンスに陥る危険性への配慮が重要性を増している。緩和政策が長期化することで、図表終－2で©のトレードオフが発生するからだ。とりわけコロナ後、FRSはじめ主要国中銀は大量の国債を購入したため、それは日銀だけの問題ではなくなった。

　すでに(3)で、2012～13年頃に、マネタイゼーションとそれによる財政ファイナンスの是非、さらにその先に起こりうる財政優越（フィスカルドミナンス）が論じられていたことを述べた。その議論でのマネタイゼーションの目的はあくまで金融緩和の効果を高めることにあったが、コロナ後のとりわけFRSの大量資産購入では、国家財政を「一時的に」中銀が支えること、つまり一時的財政ファイナンスが目的化したといえる。

　もっとも、これもすでに述べたとおり、FRSは大量資産購入の究極の問題点である財政優越に陥らないよう、保有資産を縮小させている（第6章3）。

(7)　「超過準備保有型」金融政策下の諸問題への対応

　第五に、第2章および第5、7章でみたとおり、主要国中銀は政策の枠組みを大きく転換させてきており、「短期金利誘導型」から非伝統的金融政策を経て、すでに「超過準備保有型」の世界に入っている（図表2－1参照）。先陣を切ったのがFRSであり、それゆえ超過準備保有型金融政策下での2つの問題にもいち早く直面した。

　これについてはすでに第7章3(3)で検討したとおり、第一の

問題である、短期金利誘導のむずかしさについては、テクニカルな諸対応で克服されそうだ。

　第二の問題であるFRSの損失問題は、会計上、債務超過には陥らないものの、財政負担が増加するのは明らかで、また中銀の実質債務超過への市場の反応が懸念される。後者の問題は、FRSの場合、日銀などに比べれば資本逃避や国債暴落などの事態は起きにくいといえるが、市場とのコミュニケーションが重要性を増すことは間違いない。

(8)　世界経済とFRS──新興国、そして日本

　アメリカの中央銀行であるFRSの金融政策発動は、世界経済への影響も大きい。最後に、この側面について触れておこう。

　第一に、FRSがとりわけ世界金融危機後に相次ぐ量的緩和策を繰り出し、またそこから撤退した際に、新興国の金融・経済が大きく撹乱されたことが問題視された。すなわち、緩和時にはアメリカから投機マネーが新興国に向かう結果、それらの国の為替レートが上昇し、株高や金利の低下が起きてバブルの兆候が心配される一方、輸出が打撃を受けて経常収支が赤字化するなどの動きがみられた。多くの新興国では、自国為替レートの上昇を抑えようと金融緩和を行うと、インフレが高進するし、バブルの危険性も高まるというジレンマに悩まされた。また、小麦・原油などをはじめとする１次産品価格も乱高下した。ブラジルのギド・マンテガ蔵相は、とりわけドル安が新興国に与える影響を問題視し、QE３を強く批判した。

　2013年にQE３のテーパリング（資産購入額の漸減）の観測が

出始め、暮れ以降、実際にそれが行われる局面では、逆に新興国からマネーが流れ出し、為替レートの下落や株安が起きて金融危機の懸念も広がった。影響は経常収支や外貨準備などの状況によってバラつきはあるが、トルコや南アフリカなどは大きな打撃を受けた。この局面では、多くの新興国は逆にFRSの緩和縮小を批判している。

なお、コロナ緩和からの撤退、引締め時には、途上国ならぬ日本経済にも大きな影響が及ぼされた。FRSなどの急激な利上げの一方で、日銀が緩和政策を継続したため、2022年10月下旬、また23年秋にも、１ドル＝150円を超える32年ぶりの円安が発生している。

アメリカの中央銀行であるFRSが、金融政策を行うに際し、海外諸国よりも自国の経済情勢への対応を優先させるのはある意味で当然だ。しかし新興国の株安が、アメリカをはじめとする先進国の株安に跳ね返る局面もみられ、新興国のプレゼンスが高まりつつあるなかで、国際政治上もFRSにとって無視できないファクターになってきている。

第二に、やはり世界金融危機後のFRSの超金融緩和は、先進国中央銀行の「金融緩和競争」のいわば先頭に立つことによって、それらの政策にも大きな金融緩和圧力を与えた。とりわけ日銀は、市場やメディアから圧力を受け、否応なく金融緩和に追い込まれる局面もあった。

１つには、バーナンキ率いるFRSの金融緩和を賛美し、日銀もそれに追随すべきだといった論調が日本の内外に強く存在したからだ。第６章でも述べたとおり、FRSの金融緩和そのもの

について、アメリカの経済学者の評価は割れていたにもかかわらず、日本国内ではこれを「国際標準」とする見方が喧伝された。また、『フィナンシャルタイムズ』やイギリスの経済誌『エコノミスト』も、日銀がそれまで限定的な金融緩和しかしていないという認識に立ち、さらなる金融緩和が必要であると一貫して主張していた。

　２つに、この時、FRS発の金融緩和圧力として現実に作用したのは為替を通じるルートだ。日本経済は金融危機後、とりわけ2010年以降の時期にドル安・円高に苦しんだ。それは、①欧州のソブリン・通貨危機により、円がリスクオフ通貨（リスクをとれない経済状況で買うべき通貨）とされたために買い進まれたことに加え、②FRSが強力な緩和策を繰り出す一方、日銀の緩和政策は生ぬるい、という認識が為替市場における円買い材料とされたからだ。

　実際は第５章【補論１】でみたとおり、日銀は１％程度までのインフレ率引上げを目指し、2012（平成24）年央までにBOEに匹敵しFRSを凌駕する量まで資産購入を進めていた。しかし同年秋に成立した安倍政権は、デフレ脱却を強力に進めるという旗印のもとに、日銀を翌13（平成25）年４月の量的・質的金融緩和に導くことで、市場のセンチメントを変化させ、すでに欧州情勢の落着きを受けて始まっていた円安を一気に加速することに成功した。

　しかし、この緩和で所期の２％物価目標は達成できず、それ以降、日銀は国債保有残高でFRSの２倍を超える水準に向かって突き進むことになったのはすでに述べたとおりである。これ

は、日本サイドにもある程度の原因があったことは確かだが、FRBの金融政策が先進国中央銀行の政策に大きな影響を与えた例として記憶されよう。

＊　　　　＊　　　　＊

　以上みてきたように、FRSの金融政策は現在、さまざまな問題、課題に直面している。FRSの起源にさかのぼる根源的な問いとして、①バブル防止と金融システムの安定に、中央銀行はどのような役割を果たすべきなのか、②成長率を傾向的に引き上げることが中央銀行にできると考えるべきなのか、の２つがある。2023年に創立110年を迎えたFRSは、この間、①と②に対処するなかで、時代の大きなうねりのなかで、インフレ抑制とデフレ回避という物価のコントロールに取り組んできた。

　中央銀行のマンデートがあらためて問われ、超過準備保有型金融政策の新しい枠組みのもとで、財政の持続性との関係が重要性を帯びるなか、FRSは諸課題の克服に向け、新たな模索を続けていかなければならない。

要約的総括

　これまで述べてきた内容を簡潔に要約することで、本書の総括としたい。

1　連邦準備制度（FRS）は、アメリカ特有の分権的構造のうえに成り立つ中央銀行組織であり、ワシントンに置かれた理事会（FRB）と、全米を12地区に分けて管轄する連邦準備銀行（地区連銀）とからなる。連邦公開市場委員会（FOMC）がFRBの理事と地区連銀総裁によって運営され、政策金利であるFFレートの誘導目標水準の変更を中心に、金融政策諸手段に関する意思決定を行っている（第1章1）。

2　FRSは1913年の連邦準備法によって設立されたが、当初これに期待された役割は、「最後の貸し手」機能の発動などにより、周期的恐慌を防止して、金融システムの安定化を図ること（プルーデンス政策）であった。しかし、次第に連銀による債券の売買が、景気平準化の手段として有効であることが認識され、とりわけ第二次世界大戦後、総需要刺激策（マネタリー政策）を明示的に担うことになった（第1章2）。

3　アメリカでは、商業銀行を中心とする預金取扱金融機関が州と連邦の二元主義に基づいて設立されているうえ、連邦レベルでも複数の金融監督当局が並存しているので、規制監督権限は複雑に入り組んでいる。規制監督の体系は、2008年の世界金融危機後、見直されている。マクロプルーデンスの考

え方が重要性を帯び、新たに金融安定監視評議会（FSOC）が設立される一方、預金を取り扱わない金融機関であっても金融システムの安定にかかわる巨大なものについては、FRSが監督するようになった（第1章3）。

4 FRSにおける「短期金利誘導型」金融政策の枠組みでは、FOMCにおける操作目標であるFFレートの誘導目標水準の決定が出発点である。ニューヨーク連銀のオペ担当支配人は日々の需給を予測しながら公開市場操作（買いオペ、売りオペ）を行うことで、これを目標水準に誘導する（第2章1）。

5 そこでは、公開市場操作がFFレートコントロールの中心手段であり、かつて金融政策の手段とされた支払準備制度や連銀貸出は、これを補完する手立てとなっている。支払準備制度は、FRSにとって準備預金需要の予測をしやすくすると同時に、FFレートの変動を緩やかなものとする役割を果たす。連銀貸出は、公定歩合（プライマリー貸出レート）をFFレートよりも高い水準に設定することで、同レートの跳ね上がりを抑えるロンバート型貸出として再編された（第2章2）。

6 FRSの金融政策の実体経済への波及経路（緩和のケース）は、FFレートの低下が(i)その他の短期金利や中長期金利の低下をもたらし、それが消費、投資を増やす（同時に信用が拡張する）のがメインルートだ。これに、(ii)株価の上昇を通した消費拡大や、(iii)為替の下落を通した輸出・国内財消費拡大という派生ルートが伴う。ただし世界金融危機以降、FFレートはほぼゼロに達し、それ以上の引下げが不可能になっ

た。ゆえに、FRSをはじめ先進国中央銀行は、政策金利の引下げを介さない非伝統的金融政策に突入した（第2章3）。

7　先進国中央銀行のほとんどが、金融政策の目的を「物価の安定」1本に絞ってきたのに対し、FRSはこれと「完全雇用の達成」の2つを目的に掲げてきた点でユニークである。そもそも1946年雇用法は「完全雇用の達成」を連邦政府の責任と明記しており、FRSもこれをサポートする位置にあった。だが、インフレ抑制の重要性が増したため、77年の連邦準備法改正は、2つの目的を併記した。このデュアルマンデートが世界金融危機後に再認識されたのは、長引く景気停滞のなかで、金融政策への期待が雇用増や成長促進に移っていることを反映している（第3章1）。

8　前記4でみた現在のFRSの短期金利誘導型金融政策の枠組みは1990年代に確立したものだ。戦後初期には、操作目標が必ずしも明確でなく、それと目的変数（つまり実体経済）との間にある参照変数についても、時代による変遷があった。70年代以降、事実上FFレートを操作目標に、マネーストックを中間目標（参照変数を1つに絞ったもの）に置く「2段階アプローチ」が定着したが、80年代末から、その運用は形骸化し、93年に事実上放棄された。94年にFFレート誘導目標水準の変更がFOMC直後に公表されるようになり、これを操作目標とし中間目標を置かない短期金利誘導型の枠組みがほぼ整った（第3章2・3）。

9　FRS設立当初、前記2でみたように、その役割として①金融システムの安定化が期待された（プルーデンス政策）。戦

後、経済の課題は②成長の促進（失業率の低下）に移り、FRSもこれをサポートしたが、1970年代にインフレが高進すると、政府からの独立性を高めるかたちで③インフレ抑制を担った（マネタリー政策）。しかし、90年代末から、再び金融の不安定化が始まり、世界金融危機・同時不況を経て、アメリカ経済の課題は、①金融システムの安定化と②成長の促進とに回帰した（第4章1）。

10 グリーンスパン議長時代（1987〜2006年）の政策運営と、その時代に発生した新たな課題は、その後のFRSの金融政策のあり方に大きな影響を及ぼしている。すなわち、80年代からのインフレの抑制と財政再建という課題、90年代の資産価格バブルに金融政策がどう対処すべきか、という課題、そして、2000年代になってからのデフレ懸念への対処という課題である（第4章2）。

11 2008年世界金融危機後の先進各国では、初期に金融システム安定化のための政策（プルーデンス政策）として、中央銀行がリクイディティー対策を、政府がソルベンシー対策を打ち出した。その後、景気刺激策として、政府が大型の財政出動を行ったが、その後は中央銀行のマネタリー政策に委ねられた。FRSはリクイディティー対策として、伝統的な「最後の貸し手」機能を担うものだけでなく、証券化が高度に発達した金融市場において「最後のマーケットメーカー」機能を担うものを操り出した。またその一部は、マネタリー政策としての非伝統的な資産購入（後記12で述べるB）につながっていった（第5章1）。

12 政策金利がゼロに達してしまうと、前記 **6** にみたような通常の金融緩和の波及経路が寸断される。こうしたなかで行われる非伝統的金融政策は、政策金利を下げずに中長期金利の低下や貸出の増加を直接引き起こそうとする手段である。これを一般的に整理すると、準備預金の増加（**A**）、非伝統的な資産の購入（**B**）、経済主体の期待に働きかけるフォワードガイダンス（**C**）、銀行の貸出を促進する貸出誘導資金供給（**D**）、政策金利をマイナスに誘導するマイナス金利政策（**E**）の5つがある（第5章2）。

13 FRSがバーナンキ議長のもとで行った非伝統的金融政策は、大量資産購入（**B**）とフォワードガイダンス（**C**）の2系統に分かれる。資産購入は、QE1、QE2、ツイストオペ（MEP）、QE3などの形態で、長期国債やMBSを対象に行われた。QE3は、2012年9月に始まったが、13年暮れから購入額の漸減（テーパリング）が始まり「出口」に向けて動き始めた。フォワードガイダンスは、コミットメント（約束）の仕方や、だれのどのような期待に働きかけるのかという点で、複雑に重層化しつつ展開された。その理論は形成途上であり、現実の手法も試行錯誤を繰り返している（第5章3）。

14 大量資産購入は、①テーパリングの開始と終了、②利上げの開始、③保有資産の削減、の3ステップを踏んで「出口」に向かった。だが、米中貿易戦争の激化やブレグジット決定の影響を受けて世界経済が減速すると、2019年暮れには保有資産の削減を停止し、「正常化」は頓挫した（第5章4）。

15 FRSの非伝統的金融政策は、アメリカ経済に「金融の活況と実体経済のもたつき」をもたらした。長期国債や長期の民間金融資産の購入（B）とガイダンス政策（CのうちFG1）で、長期金利を引き下げることによる投資・消費増（前記6でみた(i)のメインルート）をねらったが、顕著に効いた形跡はない。だが、株価が史上最高値をつけ、消費を拡大させる(iii)のルートは強く作用している。経済学者の評価は分かれており、資産購入を支持する見解では、顕著な効果がないにしても、そのコストやリスクは大きくないので、行わないよりも行ったほうがよい、というのが1つの典型だ（第6章1）。

16 資産購入の問題点を、FRS自身は、①大量購入が行われる金融資産市場における市場機能の低下、②「出口」の困難化によるインフレ懸念の発生、③過度のリスクテイクの促進による金融市場の不安定化、④FRSが損失を出すことによる国庫の負担増——ととらえているが、いずれのコスト（リスク）も大きくないとの認識だ。しかし、中央銀行による資産購入の真の問題は、政府債務残高が大きい状況下で国債買入れが進んだ場合、「出口」で長期金利が急騰する懸念から引締めできない状況（フィスカルドミナンス。財政優越）に陥り、意図せざる「高めのインフレによる政府債務の調整」にまで突き進む可能性を高めてしまう点にある（第6章2）。

17 第二次世界大戦における戦中から終戦直後にかけて、連邦債務残高がGDP比120％程度、FRSの国債保有残高は同10％程度と、危険水準にあった。アメリカはいったんこの危険な

状態から抜け出した経験をもつ。しかし今回は、債務残高の削減も、FRSの資産保有の「出口」も、ともに当時より困難だ。とりわけ、（後記18のコロナ危機後）FRSの大量資産保有は常態化する。だが、残高の縮小を始めており、日銀よりははるかに良好だ（第6章3）。

18　2000年にコロナ危機に直面し、FRSは急激かつ大規模な金融緩和を行った。①大幅利下げ、②資産購入（長期国債とMBS）、③金融安定化のための数多くの資金供給・資産購入ファシリティの導入、であり、③では企業金融支援の性格が強まった。一方、政府は世界金融危機時を上回る財政出動を行った（第7章1）。

19　上記③の金融システム安定化のためのファシリティは、2021年3月には手仕舞われ、①の低金利と②の資産購入は総需要調整策の意味合いを強めて継続した。経済活動再開とウクライナ危機からインフレ率が急上昇するなか、当初、FRSはこれを一時的なものとみて金融引締めに出遅れた。デフレ予防のため長年練ってきた平均インフレ目標政策を2020年8月に導入していたのも、裏目に出た。その分、その後の利上げはかつてない急速かつ大幅なものになった（第7章2）。

20　コロナ危機を経て、FRSの非伝統的金融政策はもはや「短期金利誘導型」に戻ることなく、「新常態」としての「超過準備保有型」金融政策に移行することが明らかになった。そこでは、政策金利の上げ下げに加え、資産購入量の調節（QEおよびQT。**B**）、フォワードガイダンス（**C**）が併用される。FRSは未経験だが、マイナス金利（**E**）や貸出誘導資

金供給（D）も使用可能だ。このもとでは、政策金利誘導の難易度が高まり、また金利引上げに伴い中央銀行に損失が出て実質債務超過に陥る可能性があるため、市場とのコミュニケーションが重要度を増す（第7章3）。

21　歴史の大きな流れのなかで、前記9でみたように、FRBの課題は、①金融システムの安定化と②成長の促進に回帰している。これらの課題は、前記10で検討したグリーンスパン議長の時代に、①から中央銀行はバブルにどう対処するかという問題が派生し、デフレへの対処という課題とともに顕在化した。金融危機を経て、この文脈のなかで金融の規制監督体制が見直され、中央銀行に成長底上げの役割が課された。非伝統的金融政策は、その一環として敢行された。この間、実体経済が低成長・低インフレ・低金利に変化しており、これを背景に、FRSおよび現代の中央銀行は以下の課題を抱えている。(1)低インフレ下の物価コントロール、(2)中央銀行の独立性やマンデートをどう考えるか、(3)低金利下で起きやすいバブルへの対処、(4)財政ファイナンスからフィスカルドミナンス（財政優越）に陥る危険性への配慮、(5)超過準備保有型金融政策の適切なマネージ——である。FRSの金融政策は、新興国経済や主要国中央銀行の政策への影響も大きい。超過準備保有型金融政策の新しい枠組みのもとで、FRSは新たな模索を続けていかねばならない（終章）。

参考文献

Ahearne, Alan, Joseph Gagnon, Jane Haltmaier, and Steve Kaminand (and Christopher Erceg, Jon Faust, Luca Guerrieri, Carter Hemphill, Linda Kole, Jennifer Roush, John Rogers, Nathan Sheets, and Jonathan Wright) 〔2000〕 "Preventing Deflation: Lessons from Japan's Experience in the 1990s", International Finance Discussion Papers No. 729, June. (翻訳論文:「日銀は90年代の長期不況をまったく予期していなかった」『週刊エコノミスト』2002年8月20日)

Bailey, Andrew 〔2020①〕 "Bank of England is not doing monetary financing," *The Financial Times*, 6 April.

Bailey, Andrew 〔2020②〕 "The central bank balance sheet as a policy tool: past, present and future," Speech at Jackson Hole Economic Policy Symposium 28 Aug.

Bailey, Andrew, Jonathan Bridges, Richard Harrison, Josh Jones and Aakash Mankodi 〔2020〕. "The central bank balance sheet as a policy tool: past, present and future," *Staff Working Paper* No. 899, BOE, Dec.

Benford, J., S. Berry, K. Nikolov, C. Young and M. Robson 〔2009〕 "Quantitative easing", *Quarterly Bulletin* 〔BOE〕 Q2.

Berg, C. and L. Jonung 〔1999〕, "Pioneering price level targeting: The Swedisch experience", Journal of Monetary Economics, 43.

Bernanke, Ben S. 〔2009①〕 "Speech", At the Stamp Lecture, London School of Economics, Jan. 13.

Bernanke, Ben S. 〔2009②〕 "Reflections on a Year of Crisis", At the Federal Reserve Bank of Kansas City's Annual Economic Symposium, Jackson Hole, Wyoming, Aug. 21.

Bernanke, Ben S. 〔2010〕 "The Economic Outlook and Monetary Policy", At the Federal Reserve Bank of Kansas City Economic Symposium, Jackson Hole, Wyoming, Aug. 27.

Bernanke, Ben S. 〔2012〕 "Monetary Policy since the Onset of the

Crisis", To be presented at the Jackson Hole Symposium, Aug. 31.

Bernanke, Ben S. 〔2017〕 "Temporary price-level targeting: An alternative framework for monetary policy," *Commentary*, Brookings Institute, Oct. 12.

Bernanke, Ben S. 〔2020〕 "The New Tools of Monetary Policy," American Economic Association Presidential Address, January 4.

Bernanke Ben S. 〔2022〕 *21st Century Monetary Policy,* W.W. Norton & Company, Inc. (バーナンキ・B・S (高遠裕子訳) 〔2023〕『21世紀の金融政策』日本経済新聞出版)

Bernanke, Ben S. and Mark Gertler. 〔2001〕 "Should Central Banks Respond to Movements in Asset Prices?" *American Economic Review* 91.

Bernanke, Ben S., Michael T. Kiley, and John M. Roberts 〔2019〕 "Monetary Policy Strategies for a Low-Rate Environment." Board of Governors of the Federal Reserve System Finance and Economics Discussion Series 2019-009.

Bernanke, Ben S. and Frederic S. Mishkin 〔1997〕 "Inflation Targeting: A new Framework for Monetary Policy?" *Journal of Economic Perspective* vol.11, No.2, Spring.

Bernanke, Ben. S. and Vincent R. Reinhart 〔2004〕 "Conducting Monetary Policy at Very Low Short-Term Interest Rates," *American Economic Review*, vol.94, no.2.

Blanchard, Oliver 〔2019〕 "Public Debt and Low Interest Rates," *American Economic Review,* vol.109 no.4, American Economic Association.

Blanchard, Oliver 〔2022〕 *Fiscal Policy under Low Interest Rates,* The MIT Press. (ブランシャール・O (田代毅訳) 〔2023〕『21世紀の財政政策』日本経済新聞出版)

Blinder, Alan S. 〔1998〕 *Central Banking in Theory and Practice,* MIT Press. (ブラインダー・A (河野龍太郎、前田栄治訳) 〔1999〕『金融政策の理論と実践』東洋経済新報社)

Blinder, Alan S. 〔2004〕 *The Quiet Revolution,* Yale University Press. (ブラインダー・A(鈴木英明訳)〔2008〕『中央銀行の「静かなる革命」』日本経済新聞出版社)

Borio, Claudio〔2017〕 "Through the looking glass," OMFIF City Lecture, Sept.22. (https://www.bis.org/speeches/sp170922.pdf)

Borio, Claudio, Magdalena Erdem, Andrew Filardo and Boris Hofman〔2015〕 "The costs of deflations: a historical perspective," *BIS Quarterly Review,* Mar.

Borio, Claudio, and Anna Zabai〔2016〕 "Unconventional Monetary Policies: A Re-appraisal," BIS Working Papers No.570.

Broaddus, Alfred〔1988〕 *A Primer on the Fed,* Federal Reserve Bank of Richmond. (ブローダス・A(春田素夫訳)〔1989〕『アメリカ連邦準備制度の話』東洋経済新報社)

Bullard, James〔2010〕 "Seven Faces of 'The Peril'" *Federal Reserve Bank of St. Louis Review,* September/October.

Campbell, J.R., Evans, C. L., Fisher, J.D.M. and Justiniano, A〔2012〕, "Macroeconomic Effects of Federal Reserve Forward Guidance", *Brookings Papers on Economic Activity,* Spring.

CGFS Working Group〔2023〕 "Central bank asset purchases in response to the Covid-19 crisis," CGFS Papers No. 68, BIS, March 17.

Clarida, R.H.〔2021〕 "The Federal Reserve's New Framework and Outcome-Based Forward Guidance," At "SOMC: The Federal Reserve's New Policy Framework" a forum sponsored by the Manhattan Institute's Shadow Open Market Committee, New York, New York (via webcast).

Clarida, R.H.〔2022〕 "The Federal Reserve's New Framework: Context and Consequences," Finance and Economics Discussion Series 2022-001, Federal Reserve Board.

Edwards, Cherry L.〔1997〕 "Open Market Operations in the 1990's", *Federal Reserve Bulletin,* November.

Eggertsson and Woodford〔2003〕 "Zero Bound on Interest Rates and Optimal Monetary Policy," Brookings Papers on Economic

Activity, 34 (1)

European Central Bank 〔2010〕"The ECB's response to the financial crisis", *ECB Monthly Bulletin,* October.

European Central Bank 〔2011〕"The ECB's Non-Standard Measures——Impact and Phasing out", *ECB Monthly Bulletin,* July.

Federal Reserve Bank of New York 〔2022〕"Open Market Operation during 2021", May

Financial Times 〔2013①〕"Japan rejects currency war fears", Jan. 24, p. 5.

Financial Times 〔2013②〕"Turner defends giving 'helicopter money' a whirl", Feb. 6, p. 2.

Fisher, Paul 〔2009〕"The Bank of England's Balance Sheet : Monetary Policy and Liquidity Provision during the Financial Crisis", Speech at the Professional Pensions Show Excel Centre, London, Nov. 19.

FRB（Board of Governors of the Federal Reserve System）〔2005〕*The Federal Reserve System: Purpose and Functions,* 9th ed. System Publication.

FRB（Board of Governors of the Federal Reserve System）〔2021〕*The Fed Explained: What the Central Banak Dose,* 11th ed. System Publication.

FRB（Board of Governors of the Federal Reserve System）〔2022〕*109th Annual Report of the Board of Governors of the Federal Reserve System.*

Frankel, Jeffrey 〔2012〕"The Death of Inflation Targeting", May 16.（http://www.projectsyndicate.org/commentary/the-death-of-inflation-targeting）

Friedman, Benjamin M. 〔1981〕*Monetary Policy in the United States: Design and Implementation,* Association of Reserve City Bankers.（フリードマン・M・B（三木谷良一訳）〔1982〕『アメリカの金融政策』東洋経済新報社）

Friedman, Milton and Schwartz, Anna Jacobson 〔1963〕*A*

monetary history of the United States, 1867-1960, Princeton University Press.

Gagnon, Joseph, Matthew Raskin, Julie Remache, and Brian Sack 〔2011〕 "The Financial Market Effects of the Federal Reserve's Large-Scale Asset Purchases", *International Journal of Central Banking* 7(1) .

Goodhart, C.A.E. 〔2010〕 "The Changing Role of Central Banks", *LSE Financial Paper Series,* December.

Gordon, R. J. 〔2016①〕 *The Rise and Fall of American Growth: The U.S. Standard of Living Since the Civil War,* Princeton University Press. (ゴードン・R・J. (高遠裕子・山岡由美訳) 〔2018〕『アメリカ経済─成長の終焉』上・下巻、日経BP社)

Gordon, R. J. 〔2016②〕 "Is Economic Growth Over?: Faltering Innovation Confronts the Six Headwinds," NBER Working Paper 18315, National Bureau of Economic Research.

Greenlaw, David, James D. Hamilton, Peter Hooper, Frederic S. Mishkin 〔2013〕 "Crunch Time: Fiscal Crises and the Role of Monetary Policy", for the U.S. Monetary Policy Forum, New York City, Feb. 22.

Greenspan, Alan 〔1996①〕 *The Age of Turbulence: Adventures in a New World.* Penguin Press. (グリーンスパン・A (山岡洋一、高遠裕子訳) 〔2007〕『波乱の時代』上・下巻、日本経済新聞出版社)

Greenspan, Alan 〔1996②〕 "The Challenge of Central Banking in a Democratic Society," Remarks at the Annual Dinner and Francis Boyer Lecture of the American Enterprise Institute for Public Policy Research Washington, D.C., December 5.

Haan, Wouter den 〔2013〕 *Forward Guidance: Perspectives from Central Bankers, Scholars and Market Participants,* A VoxEU. org eBook, October.

Haltom, R. and Weinberg, J. A. 〔2012〕 "Unsustainable Fiscal Policy：Implications for Monetary Policy", *2011 Annual Report,* The Federal Reserve Bank of Richmond.

IMF〔2013〕"Unconventional Monetary Policies——Recent Experience and Prospect", *Background Paper,* Apr. 18.

IMF〔2021〕*Fiscal Monitor Database of Country Fiscal Measures in Response to the COVID-19 Pandemic,* October.

Issing, Otomar〔2012〕"Central Banks-Paradise Lost", *IME Discussion Paper Series,* Bank of Japan.

Jones, David. M〔1986〕*Fed Watching and Interest Rate Projections,* New York Institute of finance.（ジョーンズ・D・M（西脇文男訳）〔1987〕『Fedウォッチング』日本経済新聞社）

Krugman, Paul〔1998〕"It's Baaack：Japan's Slump and the Return of the Liquidity Trap", *Brookings Papers on Economic Activity 2.*

Krugman, Paul〔2008〕"Macro policy in a liquidity trap", The New York Times. Nov. 15.

Krugman, P.〔2015〕"Rethinking Japan," *The New York Times.* Oct. 20.

Maddison, Angus〔1995〕Monitoring the World Economy, 1820-1992, Development Centre of the Organization for Economic Co-operation and Development.（マディソン・A（金森久雄、政治経済研究所訳）〔2000〕『世界経済の成長史1820～1992』東洋経済新報社）

McCulley, Chair, Paul and Pozsar, Zoltan〔2012〕"Does Central Bank Independence Frustrate the Optimal Fiscal-Monetary Policy Mix in a Liquidity Trap?", Global Interdependence Center Working Paper Series, Mar. 26.

McCulley, Chair, Paul and Pozsar, Zoltan〔2013〕"Helicopter Money：Or How Stopped Worrying and Love Fiscal-Monetary Cooperation", Global Interdependence Center Working Paper Series, Jan. 7.

Meek, Paul〔1982〕*U.S. Monetary Policy and Financial Markets,* Federal Reserve Bank of New York.（ミーク・P（日本銀行米国金融市場研究会訳）〔1984〕『米国の金融政策と金融市場』時事通信社）

Meltzer, Allan H. 〔2009①〕 *A History of Federal Reserve volume2 Book 1 1951-1969,* The University of Chicago Press.

Meltzer, Allan H. 〔2009②〕 *A History of Federal Reserve volume2 Book 2 1970-1986,* The University of Chicago Press.

Meltzer, Allan H. 〔2003〕 *A History of Federal Reserve volume1 1913-1951,* The University of Chicago Press.

Mertens, Thomas M., and John C. Williams 〔2019〕. "Tying Down the Anchor: Monetary Policy Rules and the Lower Bound on Interest Rates," Staff Report 887. New York: Federal Reserve Bank of New York, May (revised August 2019).

Meulendyke, Ann-Marie 〔2000〕 *U.S. Monetary Policy and Financial Markets,* Federal Reserve Bank of New York. (ミューレンダイク・A（立脇和夫、小谷野俊夫訳）〔1998〕『アメリカの金融政策と金融市場』東洋経済新報社)

Mishkin, Frederic S. 〔2009〕 *The Economics of Money, Banking, and Financial Markets, 9th ed.,* global ed., Pearson Education Inc.

Mishkin, Frederic S 〔2012〕 *The Economics of Money, Banking, and Financial Markets, 10th ed., global ed.,* Pearson Education Limited.

Monetary Policy Committee 〔2012〕 "Monetary policy trade-offs and forward guidance", Bank of England, August.

NCUA（National Credit Union Administration）〔2022〕 *Quarterly Credit Union Date Summary 2022 Q4.*

Newton, Maxwell 〔1983〕 Inside the Federal Reserve, the secret power center that controls American economy.（ニュートン・M（佐藤栄二訳）〔1985〕『暴かれた聖域 米国中央銀行 The FED』東洋経済新報社)

Pozen, Robert 〔2009〕 *Too Big To Save?: How to Fix the U.S. Financial System,* John Wiley & Sons Inc.

Reifschneider, D., and J. C. Williams 〔2000〕 "Three Lessons for Monetary Policy in a Low-Inflation Era," Board of Governors of the Federal Reserve System, September.

Reinhart, M. Carmen and Rogoff, K. [2011] "This Time is Different," Prinston University Press. (ラインハート・カーメン ケネス・ロゴフ（村井章子訳）[2011]『国家は破綻する』日経 BP社)

Rogoff, K. [2003]. "Globalization and Global Disinflation," *Economic Review* Fourth Quarter, Federal Reserve Banak of Kansas City.

Sargent, T. J. [1982] "The end of four big Inflations," Robert E. Hall, Ed., *Inflation: Causes and Effects*.

Sargent, T. and Walles, N. [1981] "Some Unpleasant Monetarist Arithmetic", *Federal Reserve Bank of Minneapolis Quarterly Review,* Fall.

Summers, L [2013] "U.S. Economic Prospect: Secular Stagnation, Hysteresis, and the Zero Lower Bound", *Business Economics,* 49(2).

Summers , L [2016], "The Age of Secular Stagnation", *Foreign Affairs,* March/April.

Svensson, L. [1999], "Price level targeting versus inflation targeting: a free lunch?". *Journal of Money, Credit and Banking,* 31.

Svensson, L. [1996], "Price level targeting versus inflation targeting: a free lunch?" Working Paper 5719, National Bureau of Economic Research.

The Wall Street Journal [2010] "Open Letter to Ben Bernanke", *The Wall Street Journal,* Nov. 15.

Thornton, Daniel L. [2005] "A New Federal Funds Rate Target Series：September 27, 1982 - December 31, 1993", Federal Reserve Bank of St. Louis Working Paper 2005-032A.

Turner, Adair [2016] *Between Debt and the Devil,* Princeton University Press. (ターナー・アデア（高遠裕子訳）[2016]『債務、さもなくば悪魔』日経BP社)

Ueda, Kazuo [2012] "Deleveraging and Monetary Policy: Japan Since the 1990s and the United States Since 2007", *Journal of*

Economic Perspective, Vol.26, Num3, Summer.

U.S. Department of the Treasury〔2011〕"Troubled Asset Relief Program: Three Year Anniversary Report—A Supplement to the TARP Two Year Retrospective—", October.

Volcker, Paul A.〔2018〕*Keeping at IT: The Quest for Sound Money and Good Government,* Public Affairs: Hachette Book Group.（ボルカー・P（村井浩載紀訳）〔2019〕『ボルカー回顧録―健全な金融 良き政府を求めて』日本経済新聞出版社）

Woodford, Michael〔2003〕"Inflation Targeting and Optimal Monetary Policy," Prepared for the Annual Economic Policy Conference, Federal Reserve Bank of St. Louis, October.

Woodford, Michael〔2012〕"Methods of Policy Accommodation at the Interest-Rate Lower Bound", To be presented at the Jackson Hole Symposium, Aug. 20.

Yellen, Janet L.〔2012〕"The Economic Outlook and Monetary Policy", At the Money Marketeers of New York University, Apr. 11.

Yellen, Janet L.〔2013〕"Challenges Confronting Monetary Policy", To be presented at the 2013 NABE Economic Policy Conference, March. 4.

安藤道人・古川知志雄・中田大悟・角谷和彦〔2021〕「新型コロナ危機への財政的対応：2020年前半期の記録」『社会科学研究』第72巻第1号、東京大学社会科学研究所、pp129-158

池尾和人〔2013〕『連続講義・デフレと金融政策』日経BP社

池田洋一郎〔2009〕「米国財務省による金融安定化策」『ファイナンス』5月号

石崎昭彦〔2014〕『アメリカ新金融資本主義の成立と危機』岩波書店

伊東政吉〔1966〕『アメリカの金融政策』岩波書店

伊東政吉〔1985〕『アメリカの金融政策と制度改革』岩波書店

植田和男〔2013〕「経済教室　FRBの100年（上）――金融政策、失敗の歴史」日本経済新聞12月13日付

鵜飼博史〔2006〕「量的緩和政策の効果：実証研究のサーベイ」日本銀行ワーキングペーパーシリーズ No. 06-J-14

内田聡〔2009〕『アメリカ金融システムの再構築』昭和堂

梅田雅信〔2013〕『超金融緩和のジレンマ』東洋経済新報社

翁邦雄〔2011〕『ポスト・マネタリズムの金融政策』日本経済新聞出版社

翁邦雄〔2013①〕『金融政策のフロンティア』日本評論社

翁邦雄〔2013②〕『日本銀行』ちくま新書

翁邦雄〔2017〕『金利と経済』ダイヤモンド社

翁邦雄〔2022〕『人の心に働きかける経済政策』岩波新書

小川英治編〔2016〕『世界金融危機と金利・為替』東京大学出版会

小野亮〔2011〕「FRBの使命と課題—デフレ・リスクとその対応および出口戦略—」『みずほ総研論集』Ⅰ号

加藤出・山広恒夫〔2006〕『バーナンキのFRB』ダイヤモンド社

加藤涼〔2007〕『現代マクロ経済学講義』東洋経済新報社

河村小百合〔2021〕「コロナ禍における米英の金融面での危機対応とわが国の課題」『JRIレビュー』Vol.4, No.88、日本総研、3月。

河村小百合〔2015〕『欧州中央銀行の金融政策』金融財政事情研究会

工藤浩義〔2023〕『FRBの仕組みと経済への影響がわかる本』日本実業出版社

斉藤美彦〔2014〕『イングランド銀行の金融政策』金融財政事情研究会

坂井誠〔2007〕『現代アメリカの経済政策と格差　経済的自由主義政策批判』日本評論社

酒井良清・榊原健一・鹿野嘉昭〔2004〕『金融政策〔第2版〕』有斐閣アルマ

佐久間潮・打込茂子〔1982〕『アメリカの金融市場』東洋経済新報社

櫻川昌哉〔2021〕『バブルの経済理論　低金利、長期停滞、金融劣化』日本経済新聞出版

佐藤隆文〔2010〕『金融行政の座標軸—平時と有事を超えて—』東洋経済新報社

塩路悦朗〔2018〕「物価水準の財政理論と非伝統的財政・金融政策：概観」『PRI Discussion Paper Series』No. 18A-07、4月、財務省財務総合研究所

地主敏樹〔2006〕『アメリカの金融政策　金融危機対応からニュー・エコノミーへ』東洋経済新報社

地主敏樹・村山裕三・加藤一誠〔2012〕『現代アメリカ経済論』ミネルヴァ書房

篠原総一・原信編『アメリカの高金利政策』有斐閣選書

白川方明〔2008〕『現代の金融政策』日本経済新聞出版社

白川方明〔2018〕『中央銀行 セントラルバンカーの経験した39年』東洋経済新報社

白塚重典〔2023〕『金融政策』慶應義塾大学出版会

陣内了〔2022〕「やさしい経済学 合理的バブルの理論⑴〜⑽」日本経済新聞3月17日〜30日

須藤功〔2008〕『戦後アメリカ通貨金融政策の形成』名古屋大学出版会

高木仁〔2006〕『アメリカの金融制度〔改訂版〕』東洋経済新報社

田中隆之〔1990〕「対立深めるグリーンスパンvs.ブッシュ―インフレ抑制のため低成長を選ぶFRB―」『週刊エコノミスト』5月17日号

田中隆之〔1994〕「足並み揃うクリントン政権とFRB」長銀総合研究所『長銀レポート』No. 6-2, 2月

田中隆之〔2008〕『「失われた十五年」と金融政策』日本経済新聞出版社

田中隆之〔2009①〕『金融危機にどう立ち向かうか』ちくま新書

田中隆之〔2009②〕「危機時に重要性増すプルーデンス政策」『週刊エコノミスト』6月30日号

田中隆之〔2013①〕「先進国中央銀行の非伝統的金融政策―その手段、効果、問題点―」『証券アナリストジャーナル』2月号

田中隆之〔2013②〕「経済教室　FRB議長にイエレン氏」日本経済新聞10月22日付

田中隆之〔2014〕「経済教室　検証フォワードガイダンス（下）――FRBの修正、混乱は回避」日本経済新聞4月29日

田中隆之〔2017①〕「金融政策はこれでよいか」中野英夫編著『アベノミクスと日本経済』専修大学出版局

田中隆之〔2017②〕「経済教室 出口に向かう FRB（下）柔軟・慎重な政策運営奏功」『日本経済新聞』10月3日

田中隆之〔2018〕「日銀の大量資産購入とその「出口」」『証券アナリストジャーナル』日本証券アナリスト協会、5月

田中隆之〔2020〕「経済教室 世界的な金利消失（下）緊急時の中銀の役割高まる」『日本経済新聞』9月9日

田中隆之〔2021〕「経済教室 米経済対策をどう見るか（中）FRB、国債購入の出口 難題」日本経済新聞6月23日

田中隆之〔2022①〕「経済教室 米利上げ後の展望（上）低成長下、インフレ抑制難題」『日本経済新聞』4月12日

田中隆之〔2022②〕「物価コントロールと中央銀行」『運輸と経済』交通経済研究所、11月

田中隆之〔2023①〕「経済教室 米国財政・金融政策の行方（中）FRB、物価管理 一層難しく」『日本経済新聞』4月21日

田中隆之〔2023②〕「「異次元緩和」と国債大量購入─真の問題は何か─」『証券アナリストジャーナル』日本証券アナリスト協会、8月号

田中隆之〔2023③〕『金融政策の大転換 中央銀行の模索と課題』慶應義塾大学出版会

中臣久〔2013〕『現代アメリカ経済論』日本評論社

バーナンキ・B（小谷野俊夫訳）〔2012〕『連邦準備制度と金融危機 バーナンキFRB理事会議長による大学生向け講義録』一灯舎

春井久志〔2013〕『中央銀行の経済分析』東洋経済新報社

春田素夫〔1989〕「訳者解説」ブローダス・A〔1989〕『アメリカ連邦準備制度の話』東洋経済新報社

春田素夫・鈴木直次〔2005〕『アメリカの経済〔第2版〕』岩波書店

福田慎一〔2018〕『21世紀の長期停滞論』平凡社新書

藤井彰夫〔2013〕『イエレンのFRB』日本経済新聞出版社

米国連邦準備制度理事会〔1985〕『米国連邦準備制度──その目的と機能』日本信用調査

宮本邦夫〔1997〕『現代アメリカ経済入門』日本経済新聞社

山広恒夫〔2013〕『2014年、アメリカ発暴走する「金融緩和バブル」崩壊が日本を襲う』中経出版

湯本雅士〔2021〕「MMTをどう考えるか～異端からの挑戦～」『月刊資本市場』9月号、資本市場研究会

吉川洋〔2013〕『デフレーション』日本経済新聞出版社

ラインハート・C〔2013〕「経済教室　FRBの100年（下）金融政策の手段、再考を」日本経済新聞12月13日

渡辺努〔2022〕『世界インフレの謎』講談社現代新書

事項索引

世界の中央銀行

アメリカ連邦準備制度（FRS）の金融政策 ［第2版］

2024年4月23日　第1刷発行
（2014年9月29日　初版発行）

著　者　田　中　隆　之
発行者　加　藤　一　浩

〒160-8519　東京都新宿区南元町19
発 行 所　一般社団法人 金融財政事情研究会
出 版 部　TEL 03(3355)2251　FAX 03(3357)7416
販売受付　TEL 03(3358)2891　FAX 03(3358)0037
URL https://www.kinzai.jp/

校正：株式会社友人社／印刷：株式会社光邦

ISBN978-4-322-14434-5